文学阅读与创意表达

小学语文学习任务群解析与案例

金 玉 ———— 等著

写作组

金　玉　赵金龙　谢　攀　杨　皓　李菊红　陆丽萍
王开玲　倪雷雨　赵亚波　鞠振新　唐　波　祁明春
孙　欢　笪慧敏　王景艳　孙海平　巢肖琴　陆　霞
胥亚洁　宦　欢　张　婧　马文韬　卢嘉斌　廖慧芳
麦子君　赖玫羽　黄颖妍　冯哲韬　万晓霞　周小艳
瞿　虹　董会慧

序

  《义务教育语文课程标准（2022年版）》最令人关注的是提出"以语文学习任务群的方式来组织和呈现课程内容"。课程标准在课程内容一章分基础型、发展型和拓展型三个层次，设置了语言文字积累与梳理、实用性阅读与交流、文学阅读与创意表达等六种学习任务群，用了超过三分之一的篇幅详细阐述了六种任务群各学段的学习内容，并且逐一作出了教学提示。以学习任务群方式呈现语文课程内容，以学生的语文实践活动为主线组织学习过程，凸显了语文课程是"学习语言文字运用的综合性和实践性课程"的特点。正如高中语文课程标准指出的那样，"学习任务群的设计，旨在引领高中语文教学的改革，力求改变教师大量讲解分析的教学模式"。以学习任务群呈现语文课程内容，改变的不仅仅是语文课程内容，更在于转变教师的语文教学观，纠正语文课程长期存在的"以教师讲读分析为主"的顽症，回到"以学生在实践中学习语文"的正确轨道。这是现代语文课程改革路径的重新选择，是现代语文课程教学的百年之变，有望引领语文课程从根本上走出高耗低效的怪圈。

  当下语文学界专家以及一线语文教师对什么是语文学习任务群，尚处于探索研究的初级阶段；对学习任务群教学如何在语文课堂里有效实施，更缺乏成熟的实践经验。新课标颁布将近两年来，尽管一线语文教师认真学习，深刻领会，积极探索，掀起了学习任务群研究的热潮，但从各种不同级别的以学习任务群为主题的研讨活动上所展示的观摩课、示范课、研究课来看，广大一线教师对什么是学习任务群在认识上差异甚大，设计的学习任务群五花八门。可见当下有关语文学习任务群存在着大量的理论问题需要研究，特别是与新课标配套的语文教材没有出台之前，小学阶段如何合理设计学习任务群，设计的学习任务群如何在语文课堂里落地，更有诸多的实践问题亟须研究解决。

　　现行教育部统编语文教材是按照"人文主题"和"语文要素"双线组元的方式编写的。每个单元给出宽泛的人文主题和具体的语文要素，这是教材编写的底层逻辑，课文题材的选择组合，课后练习的编写，包括口语交际、习作题目、整本书阅读设计等，聚焦的都是单元人文主题和语文要素。因而在实际课堂教学中，教师一般也是以落实教材规定的人文主题和语文要素为目标开展教学。事实证明，这样教学语文，很难改变以讲解分析语文要素提出的知识点为主的课堂教学方式，难以体现语文课程实践性特点。由于现行教材没有结合学生生活情境提出真实的学习任务，因此教师要实施新课标的教学理念，其基本前提就是必须对教材重新加以整合，依据教材内容创设出与学生生活相结合的真实的学习情境和学习任务，这样才有可能"以学生的语文实践活动为主线组织学习过程"，以任务驱动组织学生开展语文实践活动。可见，在与新课标配套的语文教材出台之前，教师要按照新课标的教学理念实施学习任务群教学，不仅需要承担教材实施者的职能，还须承担起教材编写、教学资源收集和整合等各项工作。这对广大语文教师，实在是一道难以跨越的障碍。

　　江苏省特级教师金玉带领金玉名师工作室的全体成员，急一线教师所急，想一线教师所想，自新课标发布之日起就聚焦语文学习任务群这一全新的课题，以"文学阅读与创意表达"为研究重点，从理论和实践两个方面展开了艰苦而又深入的研究。他们认真钻研新课标的课程理念、课程目标、课程内容和学业评价方式，广泛收集、整理研究国内外有关"文学阅读和创意表达"的文献资料，撰写出版了这本《文学阅读与创意表达——小学语文学习任务群解析与案例》。这本著作的撰写意图非常明确，就是依据新课标的教学理念，依托统编语文教材精心设计学习任务群，撰写一个个典型的教学案例，为一线教师实施学习任务群提供范例与指导，助推语文学习任务群尽快在语文课堂教学中落地。对于广大一线语文教师来说，这本书的撰写与出版堪称雪中送炭，具有很强的现实针对性。

　　这本著作分为上下两编，上编侧重于文学阅读与创意表达任务群的理论研究，编者在大量阅读研究文献资料的基础上，对文学阅读与创意表达任务群的发展概况、特征与内涵、功能定位、内容解析、实施建议等方面，进行深入浅出的阐述。下编是配合现行统编语文教材中和文学阅读与创意表达有关的内容，分"革命文化""人与自然""人与社会"三个主题，选择性地设计了低、中、高三个学段共 21 个学习任务群案例。浏览这本著作，就会发现不少典型案例在学习主题和情境的确定上非常贴近学生的现实生活；在学习任务和学生活动的设计上很有创意，体现了语文课程综合性和实践性特点；在学习目标和评价标准的制订上，正确把握课程标准提出的总目标和分学段目标，努力体现各种学习任务群的主要特点，极具参考价值。特别是这些案例都是依托现行统编教材单元设计的，因此各个年级的教师都可以在语文课本中找到对应的教材资源，可以方便地结合自己班级学生的实际情况，迁移运用到自己的教学过程之中。

语文教师要设计并实施学习任务群，首先遇到的问题就是如何依托现行统编教材，结合学生生活创设真实的学习情境，设计出具有挑战性的学习任务，这是实施语文学习任务群的基础和前提，也是决定学习任务群实施能否成功的关键因素。对已经习惯于围绕语文要素进行教学设计的语文教师而言，如何结合教材设计学习任务，是一种全新的教学设计思路，很有挑战性。教师至少要考虑几个因素：一是考虑设计的学习任务要尽可能具体、明确，让学生明白需要做什么事情；二是设计的学习情境、任务要和教材的人文主题相吻合，要与教材提供的学习资源相匹配，还要尽可能有利于单元语文要素的落实；三是需考虑设计的学习任务学生是否有能力完成，知道评价学习任务完成质量的指标和方法；最后还需考虑设计的学习任务能否有效激发起学生的学习兴趣等多种因素。认真审视本书提供的 21 个任务群案例，会发现不少案例学习任务的设计很有创意，着实动足了脑筋。比如案例《用声音致敬伟人》，二年级上册第六单元的几篇课文都是写伟人的故事，设计者巧妙地创设校园电视台举办"用声音致敬伟人"栏目招募红色小主播的学习情境，结合单元课文引导学生讲述伟人故事，并且将自己讲故事的实况进行现场录像，向学校电视台推荐优秀小主播。语文课上讲述课文中伟人故事十分常见，但将讲故事设计成应聘校园电视台小主播这样一项具有挑战性的学习任务，就颇具创造性。学生带着这样一种非常明确的目的去学习课文，去练习讲故事，并拍摄视频参与学校电视台招募。在读故事、讲故事的实践中不仅能有效提高阅读和表达能力，还能深切了解伟人童年故事，接受革命文化教育。这样的学习任务设计使语文学习变得更有意义。还比如三年级上册第二单元主题课例《乘坐秋婆婆的时光列车》，设计了编一份"秋日专刊"手抄报的学习任务；六年级上册《触摸自然，开启"打卡"之旅》，设计的任务是为朋友圈打卡，创作一段有韵律的诗歌等等。这些学习任务设计不仅具有挑战性，并且能激发起学生学习的主动性和积极性。

语文是一门学习语言文字运用的实践性课程，不是一门知识性课程。心理学研究表明，直接教学语文知识并非是儿童学习母语的最佳途径。这就像学习游泳，无论教练将游泳知识讲得如何正确如何清楚，学习者听得如何投入如何明白，可是扎进水里还是会沉下去，只有在游泳中才能学会游泳，学游泳知识和学游泳不是一回事。语文是实践性课程，培养学生语文能力的最佳途径是学生亲身参与听说读写实践。以语文学习任务为载体组织教学，引导学生围绕学习任务的完成开展渐进式的语文实践活动，可以从根本上改变以教师讲解分析为主要方式的课堂教学样态。为此，实施学习任务群，应该以学习任务为载体，以学生的语文实践活动为主线组织教学。教师须精心设计进阶型的语文实践活动，使得每个学习活动都成为完成学习任务不可或缺的"环节"，这显得尤为重要。我们读一读六年级上册第二单元案例《跟着伟人走长征》，这个案例设计的学习任务是在主题汇报活动时"唱红歌、诵红诗、演红剧、讲英雄、写活动"，在升旗仪式发表主题演讲等。编者设计了三个前后连贯的子任务。

子任务一：梳理革命旅程，了解英雄故事。预学课文中故事发生的历史时期，梳理完成革命历史导图；借助史料书籍和影视作品，了解英雄故事，赞美英雄。

子任务二：品读《开国大典》中点面结合的写法，比较"一面多点"和"一面一点"的不同写法，感悟这样写的好处，迁移完成小练笔。

子任务三：开展家乡红色研学活动，运用点面结合写法写一次活动。以唱红歌、诵红诗、演红剧、讲英雄等方式汇报学习成果。

这样的学习过程设计，使得三个子任务前后联系，环环紧扣，成为完成学习任务不可或缺的组成部分。每个子任务都是以学生亲身参与的读写、口语交际、社会访谈等实践活动展开，在语文实践中提高学生语文运用能力，获得并迁移运用语文知识，同时接受革命文化的熏陶教育，充分体现了语文课程实践性的特点。

当下主流观点大都提倡按大单元设计学习任务群。高中语文教材提供的18个学习任务群，就是按单元来设计的。金玉名师工作室团队根据现行统编教材实际情况，除按大单元设计学习任务群之外，还提出按单篇课文设计学习任务群和选择单元部分资源组合设计学习任务群这样两种新的思路。

1. 单篇课文设计学习任务群。例如，二年级上册《刘胡兰》这篇课文，编者设计的主题是"登星光剧场，礼赞红色小英雄"，设计的学习任务是讲英雄故事，演英雄人物。依据这个学习任务设计了三个子任务：一是读课文，知故事；二是背台词，讲故事；三是演一演，赞英雄。讲故事、演英雄人物是小学生喜闻乐见的活动方式，通过完成这样的学习任务，学生不仅认识了刘胡兰这个英雄人物，还通过阅读、演讲、演出这样的实践活动，提高语文运用能力，这篇课文学习也变得更加有滋有味。又如，五年级上册《四季之美》这篇课文设计的任务是拍摄一部"四季"纪录片。根据拍纪录片的一般流程，设计四个子任务：编写剧本，了解拍摄脚本；做好导演，推进拍摄进程；了解技术，后期配乐配音；作品宣传发布。通过完成纪录片拍摄任务，着力提升学生发现美、感悟美、表达美的能力。

2. 单元部分资源组合设计学习任务群。比如四年级上册第七单元的人文主题是"天下兴亡，匹夫有责"，编排了《古诗三首》《为中华之崛起而读书》《梅兰芳蓄须》《延安，我把你追寻》四篇课文。其中《为中华之崛起而读书》写少年周恩来为振兴中华而读书的故事，《梅兰芳蓄须》记叙梅兰芳抗战时期拒绝为日本人演出的故事，两篇主旨相关、体裁相同，因此编写者选择这两篇课文进行了组合设计，学习任务是"争当红色故事巡讲员"，设计了两个子任务：一是通过课文《为中华之崛起而读书》学习如何当好故事巡讲员，学习讲故事的方法；二是用《梅兰芳蓄须》练习讲故事。其他两篇课文，现代诗《延安，我把你追寻》和《古诗三首》，很难与单元学习任务组合，因此就另行处理。这样组合设计学习任务群，既能够很好地体现学习任务群的优点，又大大降低了任务群设计的难度。

本书上篇"文学阅读与创意表达——小学语文学习任务群解析"中，还努力从理论上对文学阅读与创意表达学习任务群进行研究，用相当篇幅阐述了自己的研究观点或学习体会。大家都知道，一线教师比较擅长的是课堂教学实践。在当下没有适合教材、缺乏成功教学实践案例的情况下，要对"学习任务群"这样一种全新的并且非常超前的学术理论作比较深入的诠释，即使是从事教育教学理论研究的专家也难以把握。本书的理论阐述，反映的是金玉名师工作室团队教师长期理论学习思考、实践探索研究的体会和认识，反映了团队教师们在这一阶段学习研究中真实的思想和收获体验。其实什么是语文学习任务群，课程标准也没有作出明确的界定；对各种学习任务群如何设计和实施，专家们的观点也莫衷一是。因此没有必要苛求一线教师们的认识必须正确。这部分理论阐释可以讨论，可以商榷，有些在经过实践检验后甚至会被认为不那么正确，但不能因此去贬低这些理论研究的价值。

最后我想说明的是，学习任务群是体现语文课程实践性特点的有效教学样态，但不是唯一。我很赞同温儒敏教授的观点，语文课"并不意味着全部教学一刀切，都要采取任务驱动方法"。学生语文核心素养培养应该是一个系统工程，应该有多元的教学样态。语文教师在贯彻新课标精神时，一方面要以积极的态度选择几个适合任务群学习的单元尝试进行学习任务群教学，另一方面需要总结过往的语文课程改革成功经验，包括传统语文教学和国外中小学母语教学成功经验，尝试探索更多更有效的体现语文课程实践性特点的教学样态。

语文课程改革不可能毕其功于一役，还有很长的路要走。

上海师范大学　吴忠豪
2024年3月

（吴忠豪：上海师范大学教授，原初等教育系主任。中国语文报刊协会名师专业委员会名誉理事长，学术委员会主任。上海市小学语文（实验本）教材主编。）

目　录

上篇　文学阅读与创意表达——小学语文学习任务群解析

第一章　文学阅读与创意表达学习任务群学理探索 ······ 3
　　第一节　文学阅读与创意表达学习任务群发展概况 ······ 3
　　第二节　文学阅读与创意表达学习任务群特征与内涵 ······ 18
　　第三节　文学阅读与创意表达学习任务群功能定位 ······ 22
　　第四节　文学阅读与创意表达学习任务群内容解析 ······ 25

第二章　文学阅读与创意表达学习任务群实施建议 ······ 31
　　第一节　实施的前提——主题的确定 ······ 31
　　第二节　实施的载体——文本的选择 ······ 38
　　第三节　实施的方向——目标的研制 ······ 40
　　第四节　实施的关键——情境的创设 ······ 55
　　第五节　实施的重点——听说读写的整合 ······ 62
　　第六节　实施的蓝图——学习任务的设计 ······ 70
　　第七节　实施的质量——学业成就的评价 ······ 79
　　第八节　实施的保障——关系的处理 ······ 88

下篇　文学阅读与创意表达——小学语文学习任务群案例

第三章　"革命文化"主题课例 …………………………………… 95
　　第一节　低段"领袖与英雄的童年"主题课例 …………………… 95
　　第二节　中段"家国情怀"主题课例 ……………………………… 116
　　第三节　高段"英雄赞歌"主题课例 ……………………………… 141

第四章　"人与自然"主题课例 …………………………………… 155
　　第一节　低段"春夏秋冬""山河壮美"主题课例 ………………… 155
　　第二节　中段"珍爱自然"主题课例 ……………………………… 193
　　第三节　高段"自然风光"主题课例 ……………………………… 247

第五章　"人与社会"主题课例 …………………………………… 271
　　第一节　低段"童心天真"主题课例 ……………………………… 271
　　第二节　中段"童年生活"主题课例 ……………………………… 304
　　第三节　高段"爱与责任""成长的脚印"主题课例 ……………… 334

后记　黑夜里的追寻 ………………………………………………… 360

上 篇

文学阅读与创意表达
——小学语文学习任务群解析

第一章
文学阅读与创意表达学习任务群学理探索

第一节　文学阅读与创意表达学习任务群发展概况

一、文学阅读的国内外发展概况

(一) 文学阅读的国内发展概况

文学阅读是一种古老的精神活动。从语文学科发展历史来看，无论是中国古代还是现当代，文学阅读都是最重要的学习内容，在语文教学中占主体地位。

孔子编定了《诗》《书》《礼》《乐》《易》与《春秋》基本教材，后来朱熹为学生注"四书五经"，规定了《大学》《论语》《孟子》《中庸》为学生的最初必读书。[①] 尽管这些书重视文道统一，具有明显的教化色彩，但它们都是文选型教材。

古代儿童接受的是蒙学，蒙学教材有侧重识字的"三百千"，有侧重伦理的《弟子规》《童蒙训》，有侧重社会自然常识的《幼学琼林》《兔园册》等，有注重提高阅读能力的《书言故事》《蒙养图说》，有关注陶冶心情的诗歌读本，如《神童诗》《千家诗》和《唐诗三百首》等。[②] 其中的故事、诗歌等便是文学启蒙。

[①] 石中英. 教育学的文化性格 [M]. 太原：山西教育出版社，2005：269.
[②] 汪潮. 小学语文课程与教学论 [M]. 上海：华东师范大学出版社，2021：75.

鸦片战争后，1903年，清朝政府颁布《奏定学堂章程》，规定初等小学和高等小学设中国文学科。1907年公布《奏定女子小学堂章程》，其中规定的教授科目里有国文科。当时由吴眺、张元济、高凤谦等编写，供初等小学使用的《最新国文教科书》，顺理成章成为第一套代表性的国文教材。

在五四新文化运动时期，在科学与民主的召唤下，语文教育逐步迈上了以白话文为主体，以工具性、实用性为价值取向，以班级授课制为主要教学模式的现代教育之路。①

梳理1919年至1949年这三十年的课程纲要和课程标准，发现这些纲领性文件都在强调文学阅读（见表1-1）。

表1-1　1919—1949年小学语文课程内容设置表

纲领性文件	与文学阅读相关的部分内容摘录
1923年《新学制课程标准纲要·小学国语课程纲要》	字句多反复的童话故事，和儿歌、谜语的诵习；童话，传记，剧本，儿歌，谜语，故事，诗，杂歌等的诵习；读文注重欣赏、表演，取材以儿童文学为主。
1929年《小学课程暂行标准·小学国语》	学习平易的语体文，以增长经验，养成透彻迅速扼要等阅读儿童图书的能力；欣赏相当的儿童文学，以扩充想象，启发思想，涵养感情，并增长阅读儿童图书的兴趣。
1932年《小学课程标准》	指导儿童学习平易的语体文，并欣赏儿童文学，以培养阅读能力和兴趣。
1948年《小学课程二次修订标准》	指导儿童认识基本文字，欣赏儿童文学，有阅读习惯、兴趣和理解迅速、记忆正确的能力。

在此期间，教材也进行了探索与变革。夏丏尊先生和叶圣陶先生编写的《国文百八课》，叶圣陶编撰、丰子恺绘画的《开明国语课本》，沈百英、沈秉廉、王云五等人编写的《复兴国语教科书》，吴研因编著的《国语新读本》……这些教材中都选入了适当的文学作品。

---

① 潘庆玉. 语文教育哲学导论［M］. 北京：教育科学出版社，2009：153.

新中国成立后，1950年7月，教育部制定了《小学国语课程暂行标准（初稿）》，而后教育部正式把"国语"改为"语文"，制定了《小学语文课程暂行标准（修正草案）》，提出了小学语文有三个目标，其中一个是使儿童能够独立、顺利地欣赏民族的大众的文学，阅读通俗的报纸、杂志和科学书籍。① 1954年的《改进小学语文教学的初步意见》和1955年的《小学语文教学大纲草案（初稿）》在教材的选文中均强调了对文学作品尤其是儿童文学作品的选择。1956年和1963年分别颁布了《小学语文教学大纲（草案）》和《全日制小学语文教学大纲（草案）》，这两部文件是对前一时期的总结，在儿童文学方面的规定并没有多大变化。

人民教育出版社根据1963年《大纲》，编写了《全日制十二年制学校小学语文课本》；依据教育部1978年的《大纲》，编写了《全日制学校小学语文课本》。1988年颁布了《九年义务教育全日制小学语文教学大纲（初审稿）》，依据"一纲多本""编审分开"的精神，人民教育出版社编写了《全日制六年制小学语文》的教材。浙教版、小学语文H版教材、小学语文S版教材、内地版、沿海版、苏教版、北师大版……教材建设，精彩纷呈。②

《全日制义务教育语文课程标准（实验稿）》于2001年7月正式颁布，十年后的2011年12月又颁布了《义务教育语文课程标准（2011年版）》（以下简称"2011版课标"）。在"总体目标与内容"的第7条写道："有较为丰富的积累和良好的语感，注重情感体验，发展感受和理解的能力。能阅读日常的书刊杂志，能初步鉴赏文学作品，丰富自己的精神世界。能借助工具书阅读浅易文言文。背诵优秀诗文240篇（段）。九年课外阅读总量应在400万字以上。"2022年4月颁布的《义务教育语文课程标准（2022年版）》（以下简称"2022版课标"或"新课标"）在总目标第五、第八条分别写道："能阅读日常的书报杂志，初步鉴赏文学作品，能够借助工具书阅读浅易的文言文。""感受语言文字的美，感悟作品的思想内涵和艺术价值，能结合自己的经验，理解、欣赏和初步评价语言文字作品，丰富自己的情感体验和精神世界。"

---

① 汪潮. 小学语文课程与教学论[M]. 上海：华东师范大学出版社，2021：81－84.
② 汪潮. 小学语文教材研读[M]. 上海：华东师范大学出版社，2015：45－46.

纵观中国千年来语文教材的发展，百年来语文课标的发展，有一条主线如江河流淌，绵延不断，始终贯穿，那便是文学阅读。巴尔扎克说："小说被认为是一个民族的秘史。"何止小说，很多文学作品都有着鲜明的民族印记。从某种意义上说，文学是一个民族的精神秘史。文学阅读便是对民族精神的理解与传承。

（二）文学阅读的国外发展概况

在西方教育发展的历程中，文学阅读也未曾断流。

在古希腊，斯巴达和雅典的教育最具代表性。斯巴达教育内容除了五项竞技外，还有神话传说。雅典教育设有弦琴学校和文法学校，弦琴学校不仅教音乐，还教授简单的宗教诗歌和抒情诗、荷马史诗等内容，文法学校没有明文规定的固定课程，一般只学些读写算的初步知识。读，即识字阅读。当达到可以阅读程度时，主要是阅读《荷马史诗》和《伊索寓言》。①

在古罗马，其文法学校主要学习希腊语、希腊文法和希腊文学。其修辞学校主要进行演说、雄辩的训练，培养未来的政治家。②

在中世纪，基督教所开办的教会学校和封建贵族所开办的宫廷学校形成了以"七艺"为主的课程体系。"七艺"中的"文法"就包含文学学习。③ 文艺复兴时代，学科开始分化。"文法"分化为文法、文学、历史等。④ 及至近代，英国承袭了封建主义残余的宗教教育、职业教育、古典教育。无论宗教教育还是古典教育均含有文学阅读。法国教育有注重古典人文学科的传统，在 20 世纪初的改革中，去掉了部分脱离实际的内容，但依然保有相关的文学阅读内容。

21 世纪，美国首次建立了全国核心课程标准（The Common Core State Standards，简称为 CCSS），其中《英语语言艺术标准》规定了相关的文学阅读内容。小学一年级的阅读题材为散文、诗歌，小学二至五年级的阅读题材

---

① 张斌贤，王晨. 外国教育史 [M]. 北京：教育科学出版社，2008：59—87.
② 同上，92—108.
③ 同上，120—140.
④ 同上，152—174.

为不同难度的信息类的文学作品，六至八年级为信息类的文学作品、历史社会学文本、科学技术科目读本。①

审视中西方的教育进程，不管怎么变革，文学阅读的传统一直在传承、在延续。一方面，有文字书写历史的民族，都有自己的文学传统，都创造过自己的文学经典。② 通过文学阅读可以很好地传承本民族的文学经典。另一方面，优秀的文学作品可以用文学的语言和形象去浸染读者，让读者获得文学语言、形象和情感之美，获得个性审美体验，提高个体审美品位。在语文教材中编入适量的文学作品，通过阅读文学作品提高学生的语文素养，已成为各国语文学习的通例，不受国家、民族、时代和文化特质的限制。

二、创意表达的国内外发展概况

（一）创意表达的国内发展概况

创意是个性化、创新性的意思。2011版课标中的"口语交际、习作"，将阅读教学中的课堂发言等口头交流、书面创作合并为表达。创意表达就是个性化的、创新性的口头交流和书面创作。

表达，自古有之。孔子把他的学生课程分为四科，德行、言语、政事、文学。《中国教育通史》一书则认为言语是两类文体，言说之教近乎今天的作文教学。老子、庄子、墨子、公孙龙、荀子、韩非子等人的言语智慧不约而同地将语文教育的目标指向表现本位，指向了言说。

写作从说写不分的言语课中剥离出来，成为较为独立严肃的教学形态，大约是在东汉。汉灵帝创建了世界上最早的文艺专门学校——鸿都门学，生源来自各地所举荐的"能为尺牍辞赋及工书鸟篆者"，尺牍为实用性文体，辞赋属于审美性文体。到了南北朝，元嘉十五年（438年），宋文帝开设了文学馆，该馆专门从事文章研究和教学。西汉开始的选举制，考试方式有"对策""射策"两种。隋唐开始的科举制，以"策问"为主，加"诗""赋"各一篇。

---

① 杨静林，陈超慧. 基于美国K—12全国核心课程标准的英语阅读教学探究与启示——以《英语语言艺术标准》为例 [J]. 成都师范学院学报，2015（10）：62—66.
② 郑桂华. "文学阅读与写作"任务群的理解与实施 [J]. 语文建设，2019（1）：6.

及至宋代熙宁四年（1071年），又转为考"经义"为主，明成化以后，"经义"得到进一步规范，俗称"八股"。八股文作为基本的科举考试文体一直沿袭至清末。

五四前后，大约是受了西方教育学的影响，许多学者不约而同地重新对口头表达表示了极大的关注。此后，叶圣陶、朱自清、朱光潜等人均对说、写关系有了进一步的思考。①

2011版课标在"总体目标与内容"的第8、9条写道："能具体明确、文从字顺地表达自己的见闻、体验和想法。""初步学会运用口头语言文明地进行人际沟通和社会交往。"2022版课标在总目标第5条里沿用了上述的表述。从课标的表述中，我们可以清晰地看见：语文学科要关注表达，无论是口头的表达还是书面的表达。

而将表达和创意进行整合，不得不提"创意写作"这个词。随着西方"创意写作"理念的渗透，中国香港地区为了开拓学生的思维，在小学阶段就将"创意写作"引入习作教学，借由"创意写作"培养学生的创造性思维。在大陆方面，最初"创意写作"的研究和探索更多集中在高校。出版的书籍多是以译介国外的相关理论为主，例如人民大学出版社的"创意写作书系"。近些年国内以葛红兵、许道君为代表的学者在解析创意写作理论的基础上，探讨在国内建构创意写作学科，尝试改革高校的中文教育。②

在小学语文教学领域，"创意写作""创意读写"蔚然成风。郭学萍十多年探索"小学生创意写作课"，出版专著《小学创意写作》。张祖庆进行"绘本""微电影""非连续性文本"等多种形式的创意写作，出版了《名家名篇里的写作密码》《光影中的创意写作》《跟着名著学写作》等作品。高子阳主张跟着童书学创作，用儿童创意写作七步教学法进行教学，出版《儿童写作教学新论》《儿童创意写作公开课》《让儿童爱上写作的12堂公开课》《日记十招：特级教师高子阳教你轻松写日记》。此外，还有很多的教师进行了创意写作的尝试。如曹爱卫的《二年级绘本创意读写课"最奇妙的……"》（《小

---

① 潘新和. 语文：表现与存在 [M]. 福州：福建人民出版社，2004：519—534.
② 郑湘雅. 创意写作在高中作文教学中的应用探究 [D]. 大连：辽宁师范大学，2018：13.

学语文教学》2014年第6期），郑莘雪、徐美芳的《创意读写：〈字谜童诗〉教学实录与点评》（《小学语文教师》2016年第6期），许新燕的《天机云锦用在我　巧裁妙写习作活——小学中段语文开展"微信体"创意习作实践研究》（《新作文》2016年第11期），洪高慧的《创意读写：会魔法的图像诗》（《小学教学设计》2017年第4期），王乐芬的《"梦想国"里读、写、绘——谢尔儿童诗创意教学》（《小学教学》2019年第1期）……这些点点滴滴的实践丰富了小学语文创意写作的天地，为当下的"创意表达"打开了一扇窗。

（二）创意表达的国外发展概况

1837年，爱默生在美国大学优等生荣誉学会上发表了名为《美国学者》的演讲，这是"创意写作（creative writing）"这一概念第一次正式出现在人前，由此开启了关于创意写作的探索。①

创意写作的重要理论基础是"自我发掘"理论、文类成规理论和读者意识理论。"自我发掘"理论以创造性思维为核心，侧重于创作动机和作品内容的确定，文类成规理论聚焦于文体特征，侧重于作品形式的规范和写作方法的选择，读者意识理论解决"为谁写"的问题，侧重于创造对象的确定与读者需求的关注。他们互相渗透、相互促进，共同形成完整有序的体系。

20世纪开始，以美国为首的西方国家开展了文学创意写作革命。1936年，第一个"创意写作"工坊创生于美国的爱荷华大学。1945年爱荷华的毕业生华莱士·斯特格纳创建了斯坦福大学的创意写作系统。与斯坦福创意写作工坊齐名的是由哈佛的乔治·皮尔斯·贝克创建的"戏剧47号工坊"。1965年，恩尔·伯尼在英属哥伦比亚大学（加拿大）创立了创意写作系。1970年，马尔科姆·布雷德伯和安格斯·威尔逊创立了东英吉利大学（英国）的创意写作系统。1981年，瓦莱斯·克兰博在墨尔本大学（澳大利亚）开设了第一门创意写作课程。② 发展至今，创意写作在欧美地区已经是一门成熟的学科，相关的理论著作多不胜数。仅仅是美国境内，就有超过350所大学设

---

① 白茹. 创意写作的基本理论及其中国实践［D］. 荆州：长江大学，2022：8.
② 郭家海. 创意写作与中小学创意写作［J］. 七彩语文（中学语文论坛），2018（2）：3.

置了创意写作学科,共创设了822个创意写作班,其中有153个可以授予艺术硕士学位(Master of Arts),还有37个可以颁发博士学位,培养了众多优秀的创意写作学员。甚至,还成立了全美作家写作协会(Associated Writing Programs,简称AWP)——一个旨在扶持创意写作系统的写作协会。[1]

美国作家多萝西娅·布兰德在《成为作家》中写道:"写作确实存在着一种神奇的魔力,而且这种神奇的魔力是可以传授的。"这种"神奇的魔力"从大学渗透到了中小学,改变了基础教育的结构和系统,使中小学教育与高等教育连接成了一个指向明确的培养具备创造力和想象力的创意人才的体系。[2]国外创意写作已经摸索出了一套较为成熟的体系,对世界上其他国家创意写作的创生和发展具有借鉴意义。

三、听说读写相结合的国内外发展概况

发展型学习任务群都以"某类阅读+交流(表达)"的形式呈现。可见,在发展型学习任务群中,"读(听)写(说)融合"是最为显著的特征。在2022版课标的教学提示中指出:"注意整合听说读写,引导学生综合运用朗读、默读、诵读、复述、评述等方法学习作品。"听和读是输入,是言语理解;说和写是输出,是言语生成。从系统论的角度看,言语交际的过程是从言语理解的感知阶段到言语生成的输出阶段的整个过程,是一个连续的、发展的、变化的过程。言语理解和言语生成是一个相辅相成的、辩证统一的过程。

语文新课标要求教师关注阅读(言语理解)与表达(言语生成)之间的联系,转化为具体的教学实践,让学生获得应有的读(听)写(说)融合的效果。[3] 读写融合现已成为语文课堂教学的主流模式。

---

[1] 郑湘雅. 创意写作在高中作文教学中的应用探究 [D]. 大连:辽宁师范大学,2018:12-13.

[2] 谭旭东. 推动构建我国中小学创意写作教育教学体系 [J]. 语文建设,2022(1):5.

[3] 何捷. 发展型学习任务群"读写融合"的解读、梳理与实施 [J]. 小学教学参考,2022(19):5.

(一) 听说读写相结合的国内发展概况

在古代，就有关于读（听）写（说）结合关系的论证。如西汉扬雄的"能读千赋，则善为之矣"，唐代韩愈有"口不绝吟于六艺之文，手不停披于百家之编"之语，唐代杜甫有"读书破万卷，下笔如有神"之句，元代程端礼有"劳于读书，逸于作文"之说，明朝周立有"一语不能践，万卷徒空虚"之诗，清代万斯同曾于《与钱汉臣书》中写道"必尽读天下之书，尽通古今之事，然后可以放笔为文"，清代孙洙编辑的《唐诗三百首》其序言里有云"熟读唐诗三百首，不会作诗也会吟"……由此可见，古人对读（听）写（说）的关系已有认识，认为阅读有助于表达。①

在近代，许多学者有意识地去探寻阅读与表达之间的关系。1915 年，姚铭恩指出"读法与作法有密切之关系"。1924 年，黎锦熙提出"缀法与读法联络教学"的思想。叶圣陶在他的《国文教学的两个基本观念》中指出"阅读是吸收，写作是倾吐，倾吐能否合乎法度，显然与吸收有密切联系"。著名学者吕叔湘认为，"语文教学要从口语训练入手，是顺乎自然，事半而功倍"，"放过口语练习，孤立地教学书面语，是违背自然，事倍而功半"。胡适提出"写能促读"的观点，认为"读书须自己做一番手脚，方能真正占有"。②

1954 年，北京三中语文教研组率先进行读写结合的教学试验，随后辽宁省一小学也开始尝试读写结合型的仿写教学。1963 开始，丁有宽老师开始了读写结合的实验，摸索出一套完整的读写结合理论体系。

在当代，针对读写结合，许多学者对其学理进行了有益的探寻。如朱作仁指出了读写结合中的迁移理论，祝新华分析了读写结合的具体实施，刘永斋对读写结合的形式进行了分类研究，马宏提出显性和隐性两种读写结合形式，朱建军提出了"新读写结合观"，王栋生提出要首先解决"读什么"的问题。③ 这些理论的研究与丰富，有利于人们对"读写结合"有更为清晰的认

---

① 汪潮. 读写结合的历史追溯 [J]. 小学语文教学，2002（3）：12.
② 同上，13.
③ 张侠忠. 现代教学论视野下丁有宽"读写结合"教学研究 [D]. 芜湖：安徽师范大学，2016：2—3.

知。然而，更多的是一线教师进行的课堂实践。以"以读促写"为关键词在知网上进行检索，有4470条结果，"以写促读"有4105条结果，"读写融合"有1460条结果，"读写结合"有10159条结果，在这么多的论文中有四分之三都是探讨教学实践。一是立足于"怎么教"，探讨教学策略。如哈尔滨师范大学张丽娜的硕士论文《初中记叙文读写结合教学研究》，福建师范大学孟凡杰的硕士论文《高中文言文读写结合教学模式初探》，扬州大学严蓉的硕士论文《新课程背景下高中语文"读写结合"教学策略研究》。二是立足于"教什么"，探讨教学内容。如广州大学董慧的硕士论文《"读写结合"理念下"部编本"初中语文教材写作系统使用情况调查研究》，傅登顺的《用好部编教材理念，优化"读写结合"教学新策略》（《教育科学论坛》2017年第13期）。这些实践探索，为我们立足于文学阅读，探究文学阅读中的读写结合提供了可以借鉴的样本。

（二）听说读写相结合的国外发展概况

国外的认知结构迁移理论、建构主义理论为读（听）写（说）结合夯实了理论基础。1963年，奥苏贝尔提出认知结构迁移理论。他指出，对于有意义的学习活动而言，学习迁移则必不可少。20世纪七八十年代，皮亚杰提出了建构主义理论。他认为，儿童是通过"同化"与"顺应"两种形式，以原有图式建构新的图式，从而使自己认知结构得到发展的。

在国外的课程标准中，强调读写结合。美国课程标准要求基于教材，运用多种形式结合阅读和写作，培养学生的沟通能力和思考能力。德国的课程标准注重从阅读中吸取写作技巧，强调阅读与写作的实用性和真实性。日本教学大纲对于写作的要求为：阅读优美的文字表达并思考其运用的条件，以提高自己的表达。

在国外的教学实践中，无论作文教学还是阅读教学，都重视阅读与写作的结合。在作文教学中，美国的教学模式为"范文分析—作文示范—传授写作技巧—写前演练—正式作文"[①]，日本的模式为"启发导言—分析范例—方

---

① 郭家海. 美国小学习作教学基本范式及其启示［J］. 教学与管理（小学版），2015（11）：3.

法指导",法国的模式为"阅读并背诵范例—学习词汇和语法—开始写作"①。这些作文教学模式均以阅读为基础,将语言基础知识与写作训练相结合,充分体现了读写结合的理念。在阅读教学中,有最著名的 5R 笔记法:记录(record)有意义的内容,简化(reduce)所记内容,背诵(recite)复述内容,思考(reflect)做好批注,复习(review)做好笔记。此种方法把读写结合,将内化知识与体验表达结合,有很强的实践指导意义。

四、文学阅读与创意表达的发展现状与重要意义

(一) 文学阅读与创意表达的发展现状

2017 年高中语文课程标准首次提出了学习任务群的概念,并设有 18 个学习任务群,其中"文学阅读与写作"任务群设置了 2.5 学分,占了必修总学分的 30% 以上,是所有任务群中学分最高的。2022 版课标沿袭了高中语文课程标准中任务群的理念,提出了六大学习任务群,其中含有"文学阅读与创意表达"任务群。

以"文学阅读与写作"为关键词在知网上进行检索,截至 2024 年 3 月 10 日有 921 条结果,以"文学阅读与创意表达"为关键词在知网上进行检索,共有 331 条结果,梳理这些论文,主要集中在以下四个方面。

1. 学理探寻。

郑桂华在 2019 年第 1 期《语文建设》上发表了《"文学阅读与写作"任务群的理解与实施》,文中跟随该任务群的具体目标要求进行了详细解读,对该任务群的学习价值和注意问题做了一定阐释,并从阅读及写作两方面为教师教学内容的设置提供了理论上的借鉴。王爱华、管贤强在 2023 年第 1 期《教育研究与评论(小学教育教学)》上发表的《关于"文学阅读与创意表达"学习任务群的几点思考》一文,从"文学阅读与创意表达"学习任务群的内涵解读、目标定位、内容组织、活动跟进四个维度对该任务群进行深度解读。徐承芸在 2022 年第 34 期《江西教育》上发表的《"文学阅读与创意表

---

① 荣维东,唐玖江,荣天竞. 国外写作课程标准内容综合比较与启示[J]. 语文建设,2021(07):18—23.

达"在统编语文教科书使用中的实践与思考》一文，阐述了"文学阅读"与"创意表达"之间的关联性以及重要价值。盛建评在 2022 年第 34 期《教育科学论坛》上发表的《"文学阅读与创意表达"的审美建构——基于〈义务教育语文课程标准（2022 年版）〉的向度》一文，着眼于审美建构，从"整合与自由"的语境内涵和审美关联切入，以"思变与尊重"的节点去建构其审美的实践路径。这些理论探寻的文章，或着眼于整体解析，或立足于关联梳理，或侧重于某一要点，从不同的视角掀开"文学阅读与创意表达"任务群的面纱，使其露出真容，为人们的后续研究提供了理论支撑。

2. 策略研究。

（1）任务群实施的整体性策略。如周一贯在 2023 年第 1 期《教学月刊（小学版语文）》上发表的《关于"文学阅读与创意表达"的教学思考》一文，提出"文学阅读与创意表达"的相关教学策略：充分理解文学作品是教材选文的主旋律；正确认识科普作品中的文学嫁接；深入感受红色经典课文中的文学色彩；在沉浸式审美和文学滋养下学习创意表达；在范文引领下进行多种文学体裁的习作尝试。鲍玲在 2023 年第 3 期《语文建设》上发表的《基于大情境大任务的文学阅读与创意表达》一文，通过"创设勾连文学世界与学生语文生活的真实情境"，"设计渗透语言、生活、文化的单元学习大任务"，"实施指向鉴赏和创作能力的过程性评价"，梳理出该任务群设计的一般流程。

（2）聚焦不同文体的教学策略。如傅登顺的《独特体验 创意表达——散文"文学阅读与创意表达"的追求》（《语文教学通讯》2023 年第 3 期）一文基于散文的最大特质是"揭示独特体验与创意（个性）表达相融合"，提出"体悟独特体验中丰富体验""鉴赏创意表达中习得表达"的散文教学策略。马英华的《"文学阅读与创意表达"任务群理念下的小学现代诗教学》（《小学语文教学》2022 年第 25 期）一文总结出现代诗教学的策略：品味语言，感受诗歌的独特魅力；沉入情感，还原诗歌的情感逻辑；打开感官，表达独特的体验思考。

（3）侧重创意表达的相关策略。如牛文明、于红梅在 2022 年第 6 期《中学语文教学》上发表了《文学阅读培养创意表达能力的实施路径》一文。文中指出在文学阅读中通过整合教材、关注语言、优化资源、创新思维等四种途径，引导学生实现创意表达。张美芬的《大概念教学：创意表达能力培养的路径探索》(《语文教学通讯》2022年第12期)一文从准备、建构、应用、反思四个不同阶段梳理出创意表达能力培养的路径。

3. 设计研究。

(1) 基于单元的整体教学的设计。如李俐、郭乐静在2023年第4期《语文建设》上发表的《"文学阅读与创意表达"任务群教学初探——以五年级上册第七单元教学为例》，立足单元整体，设计了"制作明信片"总体驱动任务，在"动与静的遇见，情与景的交融"主题之下，聚焦目标，设计了具有内在联系的学习实践活动："寻找小美好""发现小动静、学出小名堂""分享小创意"。

(2) 基于单篇的教学设计。如戴桂英、刘佳琪在2023年第10期《小学教学设计》上发表的《依标扣本定任务　言意兼得培素养——以〈猴王出世〉为例谈"文学阅读与创意表达"学习任务群下的单篇教学》，该文从"开发一个真实的语文情境，激发学生'想做事'"的角度创设了"我为猴王立传"的主题情境，从"设计一套进阶语文活动，培养学生'会做事'"的角度创设了"我是小小故事王，初见'猴王'的经历""我是小小说书人，品鉴'猴王'的形象""我是小小传记家，构建人物形象图谱"的活动，从"依托一种表现性评价，引导学生'做成事'"的角度设计相应的评价量表。

(3) 基于项目化学习的教学设计。如阎晶晶、黎育琳在2022年第12期《福建基础教育研究》上发表的《"文学阅读"与"创意表达"的融通共生——以"给英雄写致敬词，向党的二十大献礼"项目式学习为例》一文，以"给英雄写致敬词，向党的二十大献礼"的项目式学习活动为任务驱动，聚焦读写内容、创新读写形式、形成言语经验。

4. 评价研究。

戴晓艳在《"文学阅读与写作"任务群评价改革》(《上海教育》2021年第Z1期)一文中指出，在此学习任务群视域下的教学评价应从评价方式、评价主体、评价结果三方面进行改革，借助信息技术、学生成长档案袋、教学设问的针对性等手段实现教学评价的转变，更关注评价的有效性、多元性和过程性。华余露在《文学阅读与创意表达学习任务群的评价实施——以统编语文教材六年级上册第四单元为例》(《小学教学参考》2022年第31期)一文中指出要遵循精细目标内容、贯穿教学过程的原则，采取确定评价目标、量化评价标准、完善评价机制等措施促进学生成长。

文学阅读与创意表达不管是从理论探索还是课堂实践，都产生了丰硕的成果，为我们的研究提供了大量的理论支撑与实践参考。然而，在具体审视这些成果的时候，发现这些成果集中在高中阶段，涉及小学语文的只有150余篇。从理论探索看，这些论文往往是该任务群某一点的解读，未能统摄解读；从教学实践看，这些论文往往是某一篇、某一单元的教学设想，未能从课标的不同年段的主题情境出发，整体架构与实践。我们团队的研究力求弥补这一空白。

(二) 文学阅读与创意表达的重要意义

2022版课标提出了文学阅读与创意表达任务群这一概念，是对文学阅读与表达教学的守正创新，为文学阅读与表达教学注入了新的活力，这样的整合与表述有着以下重要意义。

1. 改变重阅读轻表达的传统，促进阅读和表达的地位并重。

1950年的《小学语文课程暂行标准（草案）》中的"教材编选要点"指出："语文教材以阅读为中心。写话和写字，必须充分和阅读联系。尽可能从阅读过的语文课本或补充读物中选取材料。"半个多世纪以来，受教材编排体例的影响，语文教学往往重阅读而轻表达。"文学阅读与创意表达"任务群的提出，明确倡导语文教学要重视表达，要促进阅读与表达的地位并重。

2. 改变重分述轻整合的传统，促进内容和方法的承续并融。

以往的阅读和表达像油和水一样，两者分离。在以前的教材中，以人文主题组织单元，阅读内容与表达内容不太匹配。在教学中，往往阅读教的是一种方法，而作文教的又是另一种方法。统编教材通过人文主题和语文要素进行双线组元，有效消除了这一弊端。而新课标在此基础上，将文学阅读与创意表达进行整合，实现二者的整体设计，让阅读和表达在内容和方法上得以承续。这对于学生的学习来说具有重要意义。

3. 改变重目标轻过程的传统，促进常识与逻辑的学理并通。

以往的教学重目标结果，轻过程路径。新课标对该任务群的阐述，清晰地描摹了阅读与表达的能力发展过程，打通了它们之间的内在联系，体现了"学以致用"的常识，形成了"文学阅读"与"创意表达"的学理逻辑。

遵循先输入再输出的逻辑。从新课标在"文学阅读与创意表达"任务群的内容表述中，我们不难理出一条清晰的线索：先通过文学阅读"获得个性化的审美体验"，再"了解文学作品的基本特点"，最后"尝试创作文学作品"，这三者之间既有先后逻辑，也有螺旋上升逻辑。

遵循个体精神成长的逻辑。无论是文学阅读还是创意表达，其教育价值是一致的，那就是促进人的精神成长。审美品位、个性化和独特性是精神成长的主要内容。这要求"文学阅读与创意表达"任务群在实施过程中，要致力于提升学生审美品位，珍视学生个性体验，鼓励学生独特表达。

4. 改变重知识轻情感的传统，促进兴趣与审美的齐头并进。

有人这样调侃道：学生有三怕，一怕文言文，二怕写作文，三怕周树人。虽然是调侃，但也看出对于作文，学生并不待见。新课标在该任务群的教学提示中指出："鼓励学生在口头交流和书面创作中，运用多样的形式呈现作品，发挥自己的创造性；引导学生成长为主动的阅读者，积极的分享者和创意的表达者。""创意表达"把口头交流和书面创作囊括其中，以"创意"为支点，通过表达形式和内容的多样性激发学生的表达欲望，让学生喜欢上"不受待见"的作文。

文学阅读会带给阅读者不一样的文学想象和精神体验，比如小说阅读注重角色世界的体悟，诗歌阅读注重想象力，散文阅读要注重文章背后体现的作者思想情感等。不同的文体以不同形式展现不同的人文精神。阅读者在阅读过程中与作品所表现的情感同步，体会人生百态与喜怒哀乐，从而获得审美愉悦，精神提升。

第二节　文学阅读与创意表达学习任务群特征与内涵

一、文学阅读与创意表达任务群的基本特征

（一）学习任务群的基本特征

2022版课标提出了六大学习任务群。根据内容整合程度的不同，分为基础型任务群、发展型任务群和拓展型任务群三个层级。学习任务群具有情境性、实践性、综合性这三大基本特征。

情境性。"真实、富有意义的语文实践活动情境是学生语文学科核心素养形成、发展和表现的载体。"[1] 素养的形成是学生和情境互动的结果。情境的真实性会让学生产生真实的角色感，在学习过程中能产生成就感和获得感，获得"心流"体验，所以情境有利于学生用投入的状态进入学习进程当中。

新课标指出，语文课程是一门学习国家通用语言文字运用的综合性、实践性课程。课程的特性决定了课程内容的特点，以学习任务群组织与呈现为主的语文课程内容也更具有实践性与综合性。

实践性。设计语文学习任务，要围绕特定的学习主题，确定具有内在逻辑关联的语文实践活动。学习目标的达成需要学习任务的落实，学习任务的落实则要通过具体的语文实践活动来实现。将一个具体的目标任务分解为几个具有一定层次性、逻辑性的实践活动，循序渐进地落实每一个实践活动，最终就会完成具体的学习任务，达成具体的学习目标。

综合性。一方面，各个学习任务群之间是综合的。各个学习任务群都指向核心素养的整体提升，同时各具特定的育人功能。各学习任务群不是简单的并列关系，而是相互交叉、相互渗透的关系，体现了语文课程内容的综合性。另一方面，单个学习任务群内部是综合的。单个学习任务群需要依托学习任务，整合学习情境、学习内容、学习方法和学习资源。

---

[1] 中华人民共和国教育部. 普通高中语文课程标准（2017年版）[S]. 北京：人民教育出版社，2018：48.

（二）文学阅读与创意表达任务群的基本特征

关于"文学阅读与创意表达任务群"的价值与定位，2022版课标这样指出："本学习任务群旨在引导学生在语文实践活动中，通过整体感知、联想想象，感受文学语言和形象的独特魅力，获得个性化的审美体验；了解文学作品的基本特点，欣赏和评价语言文字作品，提高审美品位；观察、感受自然与社会，表达自己独特的体验与思考，尝试创作文学作品。"从这一段表述中，我们发现该任务群具有以下特征。

从学习途径看，强调言语实践。这一特点契合语文课程的"实践性"特点，与语文学科核心素养的"语言运用"相吻合，与学习任务群的"实践性"特征相匹配。

从学习内容看，强调文学作品。该任务群中提到了"文学语言""文学形象""语言文字作品""文学作品"，这样的提法是在强调该任务群的学习内容侧重于文学体裁的文本，诸如诗词、散文、戏剧、小说等文学体裁。

从学习方式看，强调感性体验。该任务群的学习方式是整体感知、联想想象。文学阅读的具体行为是感受、体验、了解、欣赏、观察；创意表达的具体行为是评价、表达、创作。这些具体的学习方式和行为，强调的是体验性的学习方式。

从学习结果看，强调审美品位。该任务群要让学生"获得个性化的审美体验""提高审美品位"，正如王崧舟所说，该任务群是"为审美学语文"。[①]

二、文学阅读与创意表达任务群的基本内涵

（一）横向比较，清晰文学阅读与创意表达任务群的价值取向

发展型任务群分别是实用性阅读与交流、文学阅读与创意表达、思辨性阅读与表达。我们对这三个发展型任务群在新课标中的阐述进行横向对比分析（如表1-2所示）。

---

① 王崧舟，彭才华. 立象以尽意　情动而辞发——《义务教育语文课程标准（2022年版）》"文学阅读与创意表达"解读［J］. 语文教学通讯，2022（27）：10－16.

表 1-2　发展型任务群学习途径、方式与具体行为横向比对表

维度内容	实用性阅读与交流	文学阅读与创意表达	思辨性阅读与表达
学习途径	语文实践活动		
学习方式	倾听、阅读、观察。	整体感知、联想想象。	阅读、比较、推断、质疑、讨论等。
具体行为	实用性阅读：获取、整合。 交流：表达、传递、交流、沟通。	文学阅读：感受、体验、了解、欣赏、观察。 创意表达：评价、表达、创作。	思辨性阅读：梳理、辨析、辨别。 表达：表达。

　　从上表的比较中可以发现：三个任务群的培养途径都是语文实践活动，三个任务群都强调了阅读的重要作用，都关注了表达。同时也可以发现尽管在学习方式和具体行为上有相同点，但更多的是不同。尤其是三个任务群关于阅读的行为动词，没有一个词是相同的。

　　这与它们的课程价值取向有关。在浙江省教育厅教研室组织编写的《群·课堂　高中语文学习任务群教学设计——任务六　思辨性阅读与表达》一书中，有关于三者价值取向的图表（如表 1-3 所示）。这张表会让我们有更深的认识。

表 1-3　语文课程价值取向表

语文课程价值取向	实用（工具性）	求真（科学性）	审美（人文性）
对应的语文学习内容	实用性阅读与交流	思辨性阅读与表达	文学鉴赏与创作

　　实用性阅读与交流指向日常生活的真实情境，以实用为价值旨归。不懈质疑的思辨更侧重于指向"批判与发现"的"求真"精神。而文学阅读与创意表达（文学鉴赏与创作）则侧重于需要感情投入、讲求个性感受的语言、文学的"审美"。

　　因为课程价值取向不同，对应的学习方式也有所不同，故而新课标在学习方式和具体行为动词的表述时有很大的差异。

(二) 纵向比对，清晰文学阅读与创意表达任务群的文本类型

将 2011 版课标与 2022 版课标中涉及文本类型的相关描述进行纵向比对（如表 1-4 所示）。

表 1-4　文本类型纵向比对表

课标	文本类型
2011 版课标	阅读浅近的童话、寓言、故事； 诵读儿歌、儿童诗和浅近的古诗； 阅读叙事性作品； 诵读优秀诗文； 了解诗歌、散文、小说、戏剧等文学样式。
2022 版课标	学习儿歌、童话，阅读图画书； 阅读富有想象力和表现力的儿童文学作品； 阅读、欣赏革命领袖、革命先烈创作的文学作品，以及表现他们事迹的诗歌、小说、影视作品等； 阅读表现人与自然的诗歌、散文等优秀文学作品； 阅读表现人与社会的优秀文学作品； 阅读反映少年成长的故事、小说、传记等； 领略数字时代精彩的文学世界，欣赏由经典文学作品改编的影视作品。

从上表的比对中可以发现，文本类型都从原来的简单走向了复杂、多元。从题材看，在原先的文学作品上，增加了革命文学作品、影视作品等；从内容看，从人与自然、人与社会、人与自我的角度细化了儿童文学作品；从媒介看，从原先的文字作品到图画书，从原先的纸质书到后来的数字作品……

(三) 具体分析，清晰文学阅读与创意表达任务群的思维方式

人的思维可以分为两部分：感性思维和理性思维。感性思维主要是靠自己的经验和直觉，去思考和判断。理性思维主要是靠已经掌握的科学的方法，去思考和判断。

新课标提出四大核心素养，其中包含思维能力。思维能力是指学生在语文学习过程中的联想想象、比较分析、归纳判断等认知表现，主要包括直觉

思维、形象思维、逻辑思维、辩证思维和创造性思维。直觉思维和形象思维属于感性思维，认知表现主要是联想想象。逻辑思维和辩证思维属于理性思维，认知表现主要是比较分析、归纳判断。创造性思维中既有感性思维的成分又有理性思维的介入。

文学阅读与创意表达任务群"通过整体感知、联想想象，感受文学语言和形象的独特魅力"。因此，文学阅读与创意表达任务群以感性思维为主要特征。

（四）文学阅读与创意表达任务群的基本内涵

在上述的梳理中，我们可以清晰文学阅读与创意表达学习任务群的基本内涵：该任务群以审美为价值取向，以感性思维为基本特征，以语文实践活动为途径，以多元的文学作品为载体，通过整体感知、联想想象、体验了解、欣赏评价、观察创作等体验性学习方式，来提升学生的核心素养。

第三节 文学阅读与创意表达学习任务群功能定位

一、文学阅读与创意表达任务群的共通功能

"素养导向，让素养落地"是此次课标修订的根本任务和重要目标。2022版课标指出，语文学习任务群由相互关联的系列学习任务组成，共同指向学生的核心素养发展。文学阅读与创意表达任务群对核心素养的四个方面存在着不同程度的对应关系（如图1-1所示）。

图1-1 文学阅读与创意表达任务群共通的育人功能

从"文化自信"的角度看，文学阅读与创意表达可以加深对文化的理解，增强文化的自觉。每个民族都有自己的文学传统，阅读与欣赏本民族的经典文学作品，就是对本民族文化的学习和传承；阅读与欣赏古今中外优秀的文学作品，就是对世界优秀文化的学习和传承。

从"语言运用"的角度看，文学阅读与创意表达可以促进语言的建构，更好地满足表达的需要。优秀的文学作品之所以优秀，很大程度上就在于它能开拓新的语言资源，提供新的组合方式，修补日常交流留下的空缺，以打动人心的方式表达出人类的情感。[①] 文学阅读与创意表达可以丰富语言的积累，扩展语言的张力，让语言超越日常的范式。

从"思维能力"的角度看，文学阅读与创意表达需要借助"直觉体验、本能思考、直观表象"等进行，往往会和"联想、想象"这样的学习方式联系在一起，因此能够促进侧重感性思维能力的直觉思维、形象思维能力的发展。

从"审美创造"的角度看，文学阅读与创意表达可以提高审美情趣和鉴赏品位，增强表现美、创造美的能力。文学作品具有"美"的语言，那些充满意象、情感的语言符号构建了虚拟的、内在性的文学世界；文学作品又具有"美"的精神，展示了内化在外在世界中人的物质力量和精神力量。[②] 可以说，文学阅读与创意表达的过程就是在体验美、鉴赏美、创造美的过程。

二、文学阅读与创意表达任务群的独特功能

文学阅读与创意表达学习任务群的课程价值取向指向审美。因而，这一任务群除了在回应核心素养的四大方面之外，更侧重于审美创造这一核心素养。吴欣歆教授对于审美创造这一核心素养，提醒我们需要关注"审美经验、审美能力、审美观念"三个方面，并且指出这三者是循环互动，互相促进的。依据2022版课标的理念，结合吴欣歆教授的阐述，我们解读了此任务群的独

---

① 韩涵. 在文学阅读与写作中提升语文学科核心素养——谈统编高中语文教材"文学阅读与写作"任务群的编写思路[J]. 语文教学通讯，2020（33）：4.

② 同上。

特育人功能（如图 1-2）。

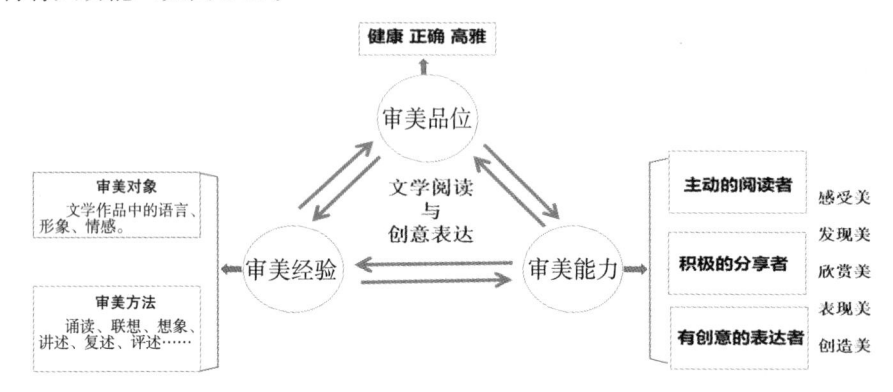

图 1-2　文学阅读与创意表达任务群独特的育人功能

1. 积累审美经验。审美经验是在不断的审美活动当中积累和丰富起来的，具体的审美对象是文学作品中的语言、形象、情感等，具体的审美方法包括朗读、诵读、默读、联想、想象、复述、评述等。此任务群针对特定的审美对象，运用相应的审美方法，开展审美活动，获得相应的审美经验。

2. 提高审美能力。审美能力，简而言之，就是感受美、发现美、欣赏美、表现美、创造美。这契合了新课标中提出来的，要成为主动的阅读者，积极的分享者，有创意的表达者。

3. 提升审美品位。学生应该形成高雅的审美情趣、健康的审美意识和正确的审美观念。审美情趣、意识、观念都是审美主体对审美对象的能动反映或者基本看法。审美观念又称"审美观"，可以用它来统摄"健康、正确、高雅"三个词，审美情趣、审美意识、审美观念整合起来，就是新课标中提出来的审美品位。

此外，审美创造是文学阅读与创意表达任务群的关键，审美创造注重的是感性的直觉体验和形象思维。指向新课程标准课程总目标的第 6、8、9 条。

基于这样的理解和思考，我们对此任务群独特的育人功能进行了这样的定位：围绕不同的主题阅读多样的文学作品，从语言、形象、情感等视角感受、理解、鉴赏、评价文本，创造性地开展文学作品的创作、交流、研讨等活动，持续积累审美经验，提高审美能力，提升审美品位。

第四节 文学阅读与创意表达学习任务群内容解析

一、文本类型与学习主题

(一) 文本类型

1. 从儿童文学作品向优秀文学作品拓展。

统编教材中文学作品内容广，类型丰富，此任务群中有故事、诗歌、童话、散文、小说、传记等文本类型（如表 1-5 所示）。

表 1-5　文学阅读与创意表达任务群的文本类型

	第一学段	第二学段	第三学段
革命文化	故事	故事	诗歌、小说等文学作品，影视作品
人与自然	短小诗文	诗歌、散文	诗歌、散文等优秀文学作品
人与社会	儿歌、童话、图画书	儿童文学作品	优秀文学作品，故事、小说、传记

从主题看，"革命文化"于低中段以故事类文本为主，高段拓展为领袖、先烈创作的文学作品及表现他们的诗歌、小说、影视作品等；"人与自然"在低段以短小诗文为主，中段发展为诗歌和散文，高段进一步向其他优秀文学作品拓展；"人与社会"在低段聚焦于儿歌、童话、图画书，中段扩展为儿童文学作品，高段文体丰富，开始涉及小说、传记等优秀文学作品，文体意识逐步增强。

从整体看，小学阶段此任务群的文本是从儿童文学作品向典型的优秀文学作品进行拓展。第一学段、第二学段基本没有典型的文学作品，是以文学手法或者文学现象来替代文学作品；中段文本在篇幅上有所增加，同时有了诗歌、散文类作品，但大多还不是典型的文学作品；高段出现了小说、抒情性散文这类典型的文学作品。

2. 文本类型与其他任务群有交集。

文学阅读和创意表达任务群中文本类型与其他学习任务群多有交集（如

表 1-6 所示)，简而言之，一篇课文既可以归于此任务群，也可以归于彼任务群。这种交集的存在是广泛的，最明显的是任何学习任务群中的文本都承载着"语言文字积累与梳理"这一基础性学习任务群的要求，拓展型任务群中的整本书阅读是以儿童文学名著和优秀文学作品的阅读为主要内容的，因此我们所需要考虑的交集应该集中于同一个层面三个发展型学习任务群之间。

表 1-6　文学阅读与创意表达任务群文本类型的交集表

任务群	第一学段	第二学段	第三学段
文学阅读与创意表达	故事、短小诗文、儿歌、童话、图画书	故事、诗歌、散文、儿童文学作品	诗歌、小说、散文等优秀文学作品，影视作品、故事、传记
语言文字积累与梳理	儿歌、短小古诗	短小古诗词	优秀诗文
实用性阅读与交流		叙写大自然的短文	英模事迹
思辨性阅读与表达	有趣的短文		寓言、成语故事
整本书阅读	图画书、儿歌、童话书	英模故事、儿童文学名著、寓言、神话	优秀文学作品
跨学科学习		故事会、戏剧节	

从这一层面来看，文本类型交集的现象虽有明显减少的倾向，但仍然存在。比如，思辨性阅读与表达任务群中低年段的有趣的短文，高年段的寓言故事、成语故事等文本，就与文学阅读与创意表达任务群存在交集。同时即使是典型的文学作品也具有双重归属，如五下的《跳水》，既可以从思辨性阅读与表达这一任务群的角度揣测船长的思维过程，也可以从文学阅读与创意表达任务群的角度出发去品味小说中的人物形象。因此，具体教学时，需要教师根据主要的教学任务来进行判断和取舍。

（二）学习主题

1. 主题与内容匹配。

新课标教学提示中示例的多样的学习主题，是根据任务群的学习内容来设计的（如表 1-7、1-8 所示）。比如第一学段依据"诵读表现自然之美的短小诗文，感受大自然的美景与变化"这一内容，设计"春夏秋冬""多彩世界"两大主题。

表 1-7　文学阅读与创意表达任务群的学习内容

	第一学段	第二学段	第三学段
革命文化	阅读并学习讲述革命领袖、革命英雄、爱国志士的童年故事，表达敬仰之情和向他们学习的愿望。	阅读并讲述革命故事、爱国故事、历史人物故事，感受幸福生活来之不易，表达自己对美好生活的向往，以及对革命英雄、仁人志士的崇敬之情。	阅读、欣赏革命领袖、革命先烈创作的文学作品，以及表现他们事迹的诗歌、小说、影视作品等，感受革命领袖、革命先烈伟大的精神世界和人格力量，认识生命的价值；运用讲述、评析等方式，交流自己的情感体验。
人与自然	诵读表现自然之美的短小诗文，感受大自然的美景与变化。	阅读描绘大自然、表现人类美好情感的诗歌、散文等文学作品，结合自己的生活体验，尝试用文学语言表达自己热爱自然、珍爱生命的情感。	阅读表现人与自然的诗歌、散文等优秀文学作品，感受大自然的奇妙，体会人与自然和谐相处的意义；用口头或者书面的方式表达对自然的观察与体验，抒发自己的情感。
人与社会	学习儿歌、童话，阅读图画书，体会童真童趣，感受多姿多彩的生活，初步体验文学阅读的乐趣。	阅读富有想象力和表现力的儿童文学作品，欣赏富有童趣的语言与形象，感受纯真美好的童心，学习用口头或者图文结合的方式创编儿童诗和有趣的故事，发展想象力。	阅读表现人与社会的优秀文学作品，走进广阔的文学艺术世界，学习品味作品语言、欣赏艺术形象，复述印象深刻的故事情节，积累多样的情感体验，学习联想与想象，尝试富有创意地表达。阅读反映少年成长的故事、小说、传记等，交流自己获得的启示；学习运用细节描写等文学表现手法，描述自己成长中的故事。

表1-8 文学阅读与创意表达任务群的学习主题

	第一学段	第二学段	第三学段
革命文化	英雄的童年	饮水思源	英雄赞歌
人与自然	春夏秋冬　多彩世界	珍爱自然	壮丽山河
人与社会	童心天真	童年趣事	爱与责任　成长的脚印

2. 主题在衔接中递进。

学习内容的连续递进性，在主题上有明显的体现。横向看，第一学段"英雄的童年""春夏秋冬""多彩世界""童心天真"主要体现学习任务的趣味性和儿童本位主义原则。第二学段中的"饮水思源""珍爱自然""童年趣事"主要体现了学习任务的创新性和紧密结合生活原则。第三学段"英雄赞歌""壮丽山河""爱与责任""成长的脚印"主要体现了学习任务的深入性和吸收文学智慧的原则。纵向看，三个学段的学习内容在主题上体现出螺旋上升的设计，例如，从"春夏秋冬"到"珍爱自然"再到"壮丽山河"，这三个主题感受与欣赏的对象从客观的自然现象，到糅合简单情感的自然情境，进而到蕴含复杂感受，乃至情景交融的自然意境，要求是逐步深入的。

二、学习内容与学习方法

（一）文学阅读层面

我们通过表格提炼出了文学阅读的行为动词（如表1-9所示），关键词是感受、体验与欣赏，其中的衔接和递进可以从以下两个维度来理解。

表1-9 文学阅读的行为动词

	第一学段	第二学段	第三学段
革命文化		感受	感受、欣赏、认识
人与自然	感受	体验	感受、体会
人与社会	感受、体会、初步体验	感受、欣赏	品味、欣赏、体验

从感受与欣赏的对象来看，一方面从贴近儿童生活的文本，向距离学生

生活较远的文本，再到广阔的文学艺术世界递进；另一方面由对文本内容的整体感受，向中段富有想象力和表现力的作品语言和形象的具体感受转化，到了第三学段，在承接对作品的语言形象的具体感受的基础之上，更要求感受到作品乃至作品背后的情感、主题，作品的表现手法。

从感受和体验的程度来看，这些行为动词体现了文学阅读理解维度的不同程度，总体而言是随着年段螺旋上升的，对不同的内容要求有所不同。革命文化中段开始提"感受"的要求，高段在"感受"的基础上增加了"欣赏"的要求；人与自然从低段的"感受"，发展为中段的"体验"，走向高段的"体会"；人与社会从"感受""体会""初步体验"走向中高段的"欣赏""品味""体验"。

（二）创意表达层面

我们也梳理了创意表达的行为动词（如表 1-10 所示），关键词是交流和表达，其中的衔接和递进同样可以从两个维度来理解。

表 1-10　创意表达的行为动词

	第一学段	第二学段	第三学段
革命文化	学习讲述、表达	讲述、表达	讲述、评析
人与自然		尝试表达	口头或书面表达
人与社会		口头或图文结合创编	复述、尝试创意表达、学习运用、描述

从交流和表达的形式来看，体现由单一向多样的转变。低段以口头讲述故事为主；中段增加了用图文结合的方式创编儿童诗和有趣的故事；高段增加了运用评析的方式交流情感体验，用口头或书面的方式抒发情感，复述印象深刻的故事情节，尝试富有创意的表达，学习运用文学表现手法描述成长故事等，形式更加多元。

从交流和表达的内容来看，体现由客观再现向艺术再现的转变。尽管三个学段主要学习主题都涉及革命文化、人与自然、人与社会三个维度，但在表达的深度和广度上有所差异：低段讲述的革命领袖、英雄的童年故事，虽然有艺术手法的加工，但基本都是真人真事，不是虚构的作品，属于纪实性较强的叙事文，讲述重在还原故事的本来面目，再现客观现实；中段的创编儿童诗和有趣的故事，需要儿童通过想象和创造进行主观的表现；高段的积累多样的情感经验，复述印象深刻的故事情节，描述自己成长中的故事等，更加侧重于主观性，是儿童个人情感的自然流露，同时开始注重文学表现手法的运用。

第二章
文学阅读与创意表达学习任务群实施建议

第一节 实施的前提——主题的确定

在2022版课标中,"主题"是个高频词,"主题"一次共出现了35次,"学习主题"出现了6次。从文本语境来判断,2022版课标中出现的主题基本都属于"学习主题"。同时2022版课标明确提出了"以学习主题为引领",即"义务教育语文课程结构遵循学生身心发展规律和核心素养形成的内在逻辑,以生活为基础,以语文实践活动为主线,以学习主题为引领,以学习任务为载体,整合学习内容、情境、方法和资源等要素,设计语文学习任务群"。

因此厘清什么是学习主题,如何确立学习主题,对于语文学习任务群的实施至关重要。

一、学习主题的内涵特征

《现代汉语词典》"主题"条目下有三种释义:①文学、艺术作品中所表现的中心思想,是作品思想内容的核心;②泛指谈话、文件、会议等的主要内容;③主标题。可见"主题"的释义指向人文主题、思想价值导向和多种学习、活动的内容。在教育教学领域中,"主题"通常指向一个学科的主要内容、中心问题和基本思想等。"学习主题"是指在教学实施过程中,用以表征单位时间内学生所学课程内容的简略、凝练、概括的称谓。它主要具有如下特征。

（一）层级性

我们在讨论学习主题时，首先应该从宏观、中观、微观三个方面来明确学习主题的圈层结构。

宏观层面上的学习主题，主要包括中华优秀传统文化、革命文化、社会主义先进文化、世界文明优秀成果、科技进步、日常生活特别是儿童生活等。2022版课标在课程内容里主题与载体形式部分，阐述了这一层面学习主题的内容范式和载体形式。

中观层面上的学习主题，主要体现在六个学习任务群的学习内容和教学提示中。文学阅读与创意表达任务群的教学提示中列举了四个学段的学习主题，这一层面的学习主题已经从课程领域进入教学领域，带有语文课堂实施的实践色彩。

微观层面上的学习主题，是教师在研读标准、教材，结合学生学习需求而提炼出来的。它的提炼需要教师统筹观照教学内容，循环分析局部与整体的相互关系，它蕴含着课标、教材和教学的三级转化机制：首先需要通过解读课标确认学习内容所属的学习主题范畴，接着通过解读教材提炼单元编排体系中蕴含的学习主题，最后通过分析学情考虑学习主题的呈现方式。

其次学习主题圈层结构的视角还有很多，比如学段、单元、单篇等。

我们在讨论学习主题时要明确视角，理清不同层级学习主题的结构要素和逻辑关联，在哪个层面讨论，就用哪个层面的话语。

（二）统整性

语文学习任务群以特定的学习主题来整合具体的教学目标与内容、情境与活动、过程与方法、资源与评价，规约具体学习任务群中"学习目标""学习内容""学习活动""学习资源"等要素的设计，从而构成一个课程集合。因此学习主题具有统整性，它将同一单元的不同学习材料凝聚于一体，引领任务群单元教材的编写和学习任务的研制，是任务群下一个学段、一个单元或几篇不同学习材料的课程内容的概括式表述。

郑国民教授指出，语文课程改革重视学习主题的统摄作用、引领价值，实际是为了纠正过去语文教学中出现的实践偏差，比如学习目标离散化、学习内容碎片化、学习过程同质化、思维培育浅表化等。学习主题倡导整合取向的学科学习观，运用"更精要、更清晰、更高级"的学科大概念，引导学生获得典型、丰富、深刻的语文学习体验，这在"双减"语境下具有重要的意义。

(三) 人文性

不同的学者从不同侧面对学习主题进行了积极而有意义的解读，为我们多要素理解学习主题提供了很好的帮助和宝贵的参考。有学者强调学习内容及其题材取向，突出学习主题的文化属性和育人功能；有学者主张把学习主题等同于大概念统摄下的"关键概念"，突出语文学科知识体系中的核心知识。

北师大王宁教授最早对"语文学习任务群"的概念做了明确界定，她指出："所谓学习任务群，是在真实情景下，确定与语文核心素养生成、发展、提升的相关人文主题，组织学习资源，设计多样的学习任务，让学生通过阅读与鉴赏、表达与交流、梳理与探究的自主活动，自己去体验环境，完成任务，发展个性，增长思维能力，形成理解、应用系统。"现在学界一般采用此定义。王宁教授在这段话中谈到了主题的人文属性。

王荣生教授认为学习主题相当于人文主题。他在《"语文学习任务"的含义：语文课程标准文本中的关键词》一文中指出："设计语文学习任务，要围绕特定学习主题（指人文主题），确定具有内在逻辑关联的语文实践活动……"

笔者认为，在不同的任务群中，学习主题有不同的属性，但是在文学阅读与创意表达任务群中，人文主题可以说是其灵魂。

按照图式理论，人脑中储存的知识都能分成单元，构成组块和组成系统，即形成图式。语言学科的学习，可以分成内容、形式、语言三种认知图式。人文主题组元相对于文体组元，重要的优势就是构建内容图景，然后不断地丰富之，优化之。享誉文坛的德国作家赫尔曼·黑塞在谈经典阅读时说："最初，他们把这个世界当成一所小小的美丽幼儿园，园内有种着郁金香的花坛和金鱼池；后来，幼儿园变成了城里的大公园，变成了城市和国家，变成了一个洲乃至全世界，变成了天上的乐园和地上的象牙海岸……"

二、学习主题的确定策略

（一）基于文学阅读与创意表达学习任务群的内容确定学习主题

1. 由总到分，化大为小。

2022版课标课程内容组织与呈现方式教学提示中列举的学习主题，有些涵盖的内容很大，一个主题可以分为若干个小主题。比如"春夏秋冬"涉及一年四季的自然之美，这是一个关于自然之美的总主题，可以作为长线主题渗透到整个低年级的教学中。

（1）可以结合时序来分。比如一上设计主题"秋天来了""走进冬天"，一下设计主题"你好，春天""迎接夏天"（如表2-1所示），这样就把表现四季之美的短小诗文的诵读放到了学生生活的广阔时空背景之中。

表2-1 "春夏秋冬"学习主题结合时序分解表

年级	总学习主题	分学习主题	
一上	春夏秋冬	秋天来了	走进冬天
一下		你好，春天	迎接夏天
二上		多彩的秋天	纯净的冬天
二下		烂漫的春天	热情的夏天

（2）可以依据认识发展的规律来分。例如，一年级的"认识四季"主要定位在感受四季的美景，二年级的"寻找四季"在感受四季之美的基础上要求感受大自然的变化（如表2-2所示）。当然这样的目标定位也只是相对侧重，体现年级间的递进，并不是说一年级就不要感受四季美景的变化。

表 2-2　"春夏秋冬"学习主题依据认知发展规律分解表

年级	总学习主题	分学习主题	
一上	春夏秋冬	认识四季	《秋天》《江南》《四季》等
一下			《小池》《荷叶圆圆》等
二上		寻找四季	《田家四季歌》《十二月花名歌》等
二下			《村居》《咏柳》《找春天》《笋芽儿》《晓出净慈寺送林子方》《绝句》《雷雨》等

2. 以一带多，化零为整。

有些主题只是呈现了某一个内容，可以带出一串主题。如"英雄的童年"，可以带出"革命领袖的童年""革命英雄的童年""爱国志士的童年"（如表 2-3 所示）等，这些主题共同指向低段革命文化的任务群内容。

表 2-3　"英雄的童年"学习主题拓展表

任务群内容	示例学习主题	拓展学习主题
第一学段：阅读并学习讲述革命领袖、革命英雄、爱国志士的童年故事，表达敬仰之情和向他们学习的愿望。	英雄的童年	革命领袖的童年 革命英雄的童年 爱国志士的童年 ……

3. 根据内容，自主拟定。

不局限课标中示例的主题，自己根据任务群内容来拟定主题。比如示例中的"珍爱自然"，根据内容"阅读描绘大自然、表现人类美好情感的诗歌、散文等文学作品"，自行拟定"拥抱大自然""诗词中的风景""散文里的风景"等主题，这些主题围绕"珍爱自然"，从不同的维度可以形成不同的系列（如表 2-4 所示）。

表 2-4　第二学段"珍爱自然"学习主题自拟内容表

内容	学习主题
第二学段：阅读描绘大自然、表现人类美好情感的诗歌、散文等文学作品，结合自己的生活体验，尝试用文学语言表达自己热爱自然、珍爱生命的情感。	拥抱大自然　美丽的大自然
	诗词里的风景　散文里的风景
	南国风光　北国风光

（二）基于统编版教科书的内容确定学习主题

1. 立足单元，统摄生发。

教材中所提及的单元人文主题常常不足以涵盖学习主题的内涵，基于学习任务群的单元教学，除根据单元选文所提炼的人文主题之外，需要对接学生审美的真实情境，生发合适的学习主题来统摄单元内不同的文本，为开放性的学习任务的创设指引方向，在彼此的融通中实现文学阅读与创意表达的合一。

例如统编版教材二下第七单元，编排了《大象的耳朵》《蜘蛛开店》《青蛙卖泥塘》和《小毛虫》四篇生动有趣的童话故事。故事以动物为主角，语言诙谐幽默，内容妙趣横生，均采用反复的结构推进情节的发展，适合培养学生的想象力和语言表达能力。教师基于四篇文本的共同点，确定"漫游童话王国"的学习主题，激发学生的阅读兴趣，把学生带入童话的世界，通过"童话故事我来读""童话故事我来讲""童话故事我来编""我的童话大分享"四个学习任务，在沉浸式体验中感受文学阅读的童真童趣。

再如统编版教材五上第七单元，以"四时景物皆成趣"的人文主题编排了《四季之美》《鸟的天堂》《月迹》等内容，聚焦学生对大自然中动静之美的观察和体验，且都是大师独特审美视角下的经典之作，四季之美在自然动静之美中有选材的不寻常。不妨据此设计"跟着大师去旅行"的主题，以"旅行"对接学生现实生活中可能经历的真实审美情境，以"跟着大师"暗含学习文学大师以文学审美的眼光去领略散文中呈现的旅途风光动静之美，情境交融之美，从而解开创意表达的密码，去表达自己在游览旅行等类似审美活动中的独特体验。同时"跟着大师去旅行"又对学习任务的创设持有一种开放性的态度，学生在这个情景中的角色是不固定的，他既可以像导游一样介绍大师的游览景点，又可以像摄影师一样以审美视角介绍最佳景点，还可以直接化身大师本人去推荐其他可能的景物。这种开放性的主题既赋予教师充分的自由裁量权，又让学生充满探究欲望。

2. 立足多篇，组合生发。

研读教材会发现，不在同一个单元的文本，在人文主题和其他方面也存在诸多共同点，因此语文学习有时不能局限于教材单元，可以跨越单元串联多篇文本，通过求同比异，生发独具价值的学习主题。

例如，统编教材二下第一单元第 4 课是《邓小平爷爷植树》，第二单元的第 5 课是《雷锋叔叔，你在哪里》，邓小平爷爷是革命领袖，雷锋是解放军战士，虽然这两篇文本文体不同，人物身份不同，但都属于革命主题的内容，且两篇课文都选择平凡的小事来体现"领袖"或"英雄"身上美好的精神品质。因此，可以"人民心目中永远的伟人"作为学习主题，在此主题的统领下，通过感受邓小平爷爷用劳动装点祖国大好河山的热情，感受雷锋叔叔"出差一千里，好事做了一火车"的助人精神，从而理解"伟人"内涵的多样性和丰富性，在心中种下一颗"全心全意为人民服务"的种子。

3. 立足单篇，拓展生发。

在大单元教学的理念下，通过对单元中重点课文的研读，发现其育人价值，然后通过拓展关联文本，放大其育人价值，围绕单篇核心文本形成自创单元，在此过程中生成学习主题。

例如，统编教材六上第二单元主题是"重温革命岁月，把历史的声音留在心里"，旨在让孩子们重温峥嵘岁月，接受革命的洗礼。研读教材时我们对《七律·长征》作了新的思考，以"读伟人诗词，品长征精神"为学习主题，拓展毛泽东长征时期创作的《忆秦娥·娄山关》《清平乐·六盘山》《十六字令三首》《念奴娇·昆仑》四首经典诗词，通过朗诵演唱伟人的长征诗词、讲述诗词背后的长征故事、创作主题征文等形式，引导学生交流对革命领袖、红军战士和长征精神的理解和体会，感受革命领袖伟大的精神世界和人格力量，感悟长征精神，提升对生命价值的认识。

第二节　实施的载体——文本的选择

目前，与2022版课标配套的小学语文教材尚未出台，按照新课标的教学理念实施学习任务群教学，教师不仅需要承担教材实施者的职能，还须承担起文本选择、教学资源收集和整合等教材的拓展开发工作，其中文本的选择是学习任务群教学实施的基础。

一、基于文体，超越文体

（一）基于文体，选择典型单元和篇目

江苏省教育学会名誉会长杨九俊先生认为，"任务群并不排斥文体，只要细读任务群的'学习内容'，我们就可以大致明了文体的归属"。

比如，统编教材二上第四单元有四篇课文：《古诗二首》（《登鹳雀楼》《望庐山瀑布》），《黄山奇石》，《日月潭》，《葡萄沟》。这四篇都是描写祖国各地自然风光的诗文，可以落实文学阅读与创意表达学习任务群的第一学段"人与自然"的相关内容"诵读表现自然之美的短小诗文，感受大自然的美景与变化"。

再如，统编教材二下第四单元——《彩色的梦》《枫树上的喜鹊》《沙滩上的童话》《我是一只小虫子》；第七单元——《大象的耳朵》《蜘蛛开店》《青蛙卖泥塘》《小毛虫》。这两个童话单元，可以落实第一学段"童心天真"主题的任务群学习内容"学习儿歌、童话，阅读图画书，体会童真童趣，感受多姿多彩的生活，初步体验文学阅读的乐趣"。

（二）超越文体，选择相关单元和相关篇目

在西方，根据情感、态度和表现手段，文学作品常分为叙事类、抒情类、戏剧类三类；在我国古代，根据作品语言是否合韵，将文学作品分为韵文、散文两大类；现阶段一般根据体裁，将文学作品分为诗歌、散文、小说、剧本四类。高中语文课程标准按照我国现在通行的文学作品类型，确定了"文学阅读与写作"任务群的学习对象——古今中外诗歌、散文、小说、剧本等不同体裁的优秀文学作品。这里需要注意的是,文学作品的外延范围是灵活的,特别是散文这种文体,其本身的内涵比较宽泛,那些带有文学色彩的新闻作品、学术作品、科普作品就存在可此可彼的现象。高中课程标准中的"优秀文学作品""文学欣赏能力""审美鉴赏能力"等表述,在操作层面上对上述可能存在模糊的情况表明了态度,强化了该任务群"文学性"的定位和"文学化"的导向。在编写教材时就要注意选取典型的文学作品,并在设计上侧重从文学性的角度出发。[①]

在高中语文教学中,文学阅读通常指对诗歌、小说、散文、戏剧等优秀文学作品的阅读,文体意识比较清晰。但是在小学阶段,特别是小学低中年级,一直倡导淡化文体,因为低段的课文并非纯文学作品,更多只是一些文学现象和文学手法。比如,革命领袖的故事《邓小平爷爷植树》《朱德的扁担》《难忘的泼水节》,这些文章如果按照文体来分,大体属于纪实性的记叙文,应该放到实用性阅读与交流这个任务群中学习。但一方面实用性阅读与交流任务群中并没有这一内容,另一方面,革命领袖的故事是文学阅读与创意表达的三大内容之一。面对这样的矛盾,该怎么办呢?杨九俊先生认为:"文体与任务群的划分不是一个维度","文章体裁划分历来有'大体则有,定体则无'的说法,任务群的划分也是如此……具体问题具体分析这应当成为一条基本的原则","任务群不完全以文体来划分的,而是按照语文成品的功能来划分的"。因此,笔者认为此类文章可以放到文学阅读与创意表达的任务群中进行教学,在学习革命领袖成年故事的同时,拓展童年故事的学习,从而落实"阅读并学习讲述革命领袖的童年故事,表达敬仰之情和向他们学习的愿望"这一学习内容。

[①] 韩涵. 在文学阅读与写作中提升语文学科核心素养——谈统编高中语文教材"文学阅读与写作"任务群的编写思路[J]. 语文教学通讯,2020(9):25-28.

二、基于教材，超越教材

（一）基于教材，类文拓展

2022版课标在教材编写建议中说："教材应具有开放性和选择性。在合理安排基本课程内容的基础上，关注不同区域教育实际，给地方、学校和教师留有调整、开发的空间，也给学生留出选择和拓展的空间，满足不同学生学习和发展的需要。"

第一学段教材中编排了几篇革命领袖的故事，但并不是革命领袖、革命英雄、爱国志士的童年故事，现行的统编版教科书中第一学段四册语文教材中并没有"英雄的童年"这一学习主题的相关内容。这就需要教师自主增补课外的此类文本，通过类文拓展阅读来落实低段的文学阅读与创意表达学习任务群。比如学了《邓小平爷爷植树》，依据文本主人公拓展类文阅读《他得的红圈圈最多》。

（二）超越教材、整合融通

除了用类文拓展的方式补充阅读相关文本，还可以与其他任务群进行整合。

例如，统编版教材二上第六单元围绕"伟人"的主题，编排了《八角楼上》《朱德的扁担》《难忘的泼水节》《刘胡兰》四篇课文，展现了毛泽东、朱德、周恩来、刘胡兰四位伟人的革命精神和高贵品质，初步渗透革命传统教育。这个单元的教学可以和整本书阅读的"快乐读书吧"进行整合，围绕"英雄的童年"这一任务群学习主题，设计任务情境，补充阅读《"牛司令"毛泽东》《陈毅吃墨水》《好问的周恩来》等多篇革命领袖童年的故事，还可以推荐学生阅读相关绘本或整本书《名人童年的故事》。

第三节　实施的方向——目标的研制

目标是行为的导向，小学语文学习任务群教学的质量，首先取决于学习任务群教学的目标。目前文学阅读与创意表达任务群教学中存在目标笼统、抽象、模糊、主观（偏高或者偏低）等亟须解决的问题。在2022版课标刚刚颁布不久的背景下，一线教师需要最大程度地发挥课标的导航作用，基于新课标研制准确、具体、清晰、客观的教学目标。

一、系统化研读课程目标

课程目标是按照国家的教育方针，根据学生的身心发展规律，通过完成规定的教育任务和学科内容，使学生达到培养目标。2022版课标的"课程目标"部分由核心素养内涵、总目标和学段要求组成。课程目标和学业质量是课程实施的指南。在研制文学阅读与创意表达学习任务群的教学目标时，应该研读课程目标，理解核心素养的内涵，把握课程总目标，理解学段要求，能清晰描述学业质量。

（一）清晰核心素养的内涵

核心素养是2022版课标中最为重要的概念之一。"核心素养是学生通过课程学习逐步形成的正确价值观、必备品格和关键能力，是课程育人价值的集中体现。"[1] 这一界定与2017年高中课程改革保持了一致。2022版课标在课程性质中指出"语文课程致力于全体学生核心素养的形成与发展"；在课程理念中指出"义务教育语文课程围绕立德树人根本任务，充分发挥其独特的育人功能和奠基作用，以促进学生核心素养发展为目的"；在内容组织与呈现方式中指出"语文学习任务群由相互关联的系列学习任务组成，共同指向学生的核心素养发展"；在学业质量内涵中指出"语文课程学业质量标准是以核心素养为主要维度"……可见提升学生的核心素养，是语文课程实施的根本任务和终极目标。但核心素养的形成不是一蹴而就的，需要落实在每一节日常的语文课里，通过语文课程的学习逐步形成。

文学阅读与创意表达任务群对核心素养的四个方面存在着不同程度的对

---

[1] 中华人民共和国教育部. 义务教育语文课程标准（2022年版）[S]. 北京：北京师范大学出版社，2022：4.

应关系，我们在研制文学阅读与创意表达学习任务群的教学目标时，首先应该研读 2022 版课标对核心素养的概括性表述，理清解读要点，再根据要点理解其具体内涵（如表 2-5 所示）。

表 2-5 2022 版课标核心素养的解读要点

解读要点	文化自信	语言运用	思维能力	审美创造
1	文化内容：中华优秀传统文化、革命文化、社会主义先进文化、其他（当代文化生活，外国优秀文化）	语言运用场景：丰富的语言实践	思维方法：联想、想象、分析、比较、归纳、判断	审美经验：感受、理解（观照阶段）、欣赏、评价（效应阶段）语言文字及作品。语言文字及作品更能体现语文学科的本体价值
2	文化行为：认同、热爱、继承、弘扬、关注、参与、了解、借鉴	语言运用路径：主动的积累、梳理、整合	思维类型：直觉思维、形象思维、逻辑思维、辩证思维和创造性思维	审美能力：感受美、发现美和运用语言文字表现美、创造美（表现阶段）
3	文化体现：文化视野、文化底蕴 文化培养：文化主题、载体形式	语言运用目标：①掌握语言（形成语感、了解规律、积累语言经验）；②运用语言（语用意识、语用能力）；③热爱语言（获得情感）	思维品质：敏捷性、灵活性、深刻性、独创性、批判性 思维习惯：好奇心、求知欲、崇尚真知，勇于探索创新，积极思考	审美意念：涵养高雅情趣，具备健康的审美意识和正确的审美观念

"核心素养四个方面的提高是整体推进的，但在某一时刻、某一教学环节中又可能是有所侧重的。"① 文学阅读与创意表达学习任务群具有独特的育人功能，其课程价值取向指向审美，这一任务群除了回应核心素养的四大方面之外，更侧重于审美创造这一核心素养，因此此任务群的目标拟定宜突出审美素养，兼顾其他素养中的相关内容。

（二）清晰总目标的内容

2022版课标确立了9条课程总目标，它们是对核心素养的具体化表述，与核心素养形成了相互对应的关系：第1条对应立德树人，第2、3条对应文化自信，第4、5条对应语言运用，第6、7条对应思维能力，第8、9条对应审美创造。作为一线教师，应熟记于心。文学阅读与创意表达学习任务群与9条总目标之间也存在不同程度的对应关系，其中要特别关注总目标中第5条的第二点和第6、第8、第9条。

第5条（第二点）：能阅读日常的书报杂志，初步鉴赏文学作品，能借助工具书阅读浅易文言文。

第6条：积极观察、感知生活，发展联想和想象，激发创造潜能，丰富语言经验，培养语言直觉，提高语言表现力和创造力，提高形象思维能力。

第8条：感受语言文字的美，感悟作品的思想内涵和艺术价值，能结合自己的经验，理解、欣赏和初步评价语言文字作品，丰富自己的情感体验和精神世界。

第9条：能借助不同媒介表达自己的见闻和感受，学习发现美、表现美和创造美，形成健康的审美情趣。

第6条侧重思维能力中的形象思维，第5条的第二点和第8条、第9条侧重对语言文字及作品的鉴赏与审美，这三条侧重对应文学阅读与创意表达学习任务群的独特育人功能，体现的是此学习任务群教学的本体价值。同时需要注意，这并不意味着此任务群可以单独对应某条目标来实施，侧重对应某条目标时，其他目标也会有机渗透或融合其中。

---

① 郑国民，李宇明. 义务教育语文课程标准（2022年版）解读［M］. 北京：高等教育出版社，2022：71.

（三）清晰学段的要求

学段要求在课程目标体系中具有承上启下的作用。2022版课标在总目标之后，按照"识字与写字""阅读与鉴赏""表达与交流""梳理与探究"四个语文实践活动方式，对9条总目标分学段进行具体陈述，这是一线教师制订学期教学目标、单元教学目标、单篇教学目标的依据。因此，理解各学段要求的含义，把握各学段要求的要点是研制学习任务群教学目标不可或缺的必要环节。

2022版课标将2011版课标年段要求中的"阅读"拓展为"阅读与鉴赏"，将"鉴赏"与"阅读"并列，既提升了鉴赏活动的地位，也体现了阅读与鉴赏相互联系、不可割裂的关系。2022版课标将2011版课标中的"习作"和"口语交际"合并成"表达与交流"，凸显了口语与书面语相互转换、相互促进、相互融合的关系。文学阅读与创意表达学习任务群重点内容对应各学段"阅读与鉴赏""表达与交流"中的相关要求如表2-6所示。

表2-6 文学阅读与创意表达任务群与学段要求重点内容的对应

学段	阅读与鉴赏	表达与交流
第一学段（1—2年级）	1. 喜欢阅读，感受阅读的乐趣。 2. 结合上下文和生活实际了解课文中词句的意思。 3. 阅读浅近的童话、寓言、故事，向往美好的情境，关心自然和生命，对感兴趣的人物和事件有自己的感受和想法，并乐于与他人交流。诵读儿歌、儿童诗和浅近的古诗，展开想象，获得初步的情感体验，感受语言的优美。	听故事、看影视作品，能复述大意和自己感兴趣的情节。能较完整地讲述小故事。

续表

学段	阅读与鉴赏	表达与交流
第二学段 （3—4年级）	1. 能联系上下文，理解词句的意思，体会课文中关键词句表情达意的作用。 2. 能初步把握文章的主要内容，体会文章表达的思想感情。 3. 能复述叙事性作品的大意，初步感受作品中生动的形象和优美的语言，关心作品中人物的命运和喜怒哀乐，与他人交流自己的阅读感受。诵读优秀诗文，注意在诵读过程中体验情感，展开想象，领悟诗文大意。	1. 讲述故事力求具体生动。 2. 观察周围世界，能不拘形式地写下自己的见闻、感受和想象，注意把自己觉得新奇有趣或印象最深、最受感动的内容写清楚……尝试在习作中运用自己平时积累的语言材料，特别是有新鲜感的词句。
第三学段 （5—6年级）	1. 能联系上下文和自己的积累，推想课文中有关词句的意思，辨别词语的感情色彩，体会其表达效果。 2. 在阅读中了解文章的表达顺序，体会作者的思想感情，初步领悟文章的基本表达方法。 3. 阅读叙事性作品，了解事件梗概，能简单描述印象最深的场景、人物、细节，说出自己的喜爱、憎恶、崇敬、向往、同情等感受；阅读诗歌，大体把握诗意，想象诗歌描述的情境，体会作品的情感。受到优秀作品的感染和激励，向往和追求美好的理想。	1. 懂得写作是为了自我表达和与人交流。养成留心观察周围事物的习惯，有意识地丰富自己的见闻，珍视个人的独特感受，积累习作素材。 2. 能写简单的记实作文和想象作文，内容具体，感情真实。能根据内容表达的需要，分段表述。

六大学习任务群的教学本身就存在相互交叉、相互渗透的关系，学段要求也不能与各任务群一一对应，梳理重点关注的学段要求，是为了便于理解，突出关键要点。上表中所列的学段要求只是文学阅读与创意表达学习任务群实施时重点关注和对应的内容，但不是全部内容，比如用普通话正确流利有感情地朗读课文，学习默读，学习浏览，理解词句的意思等要求，是三个发

展型任务群教学中需要共同落实的目标，故上表中没有呈现。

（四）清晰学业质量描述

杨九俊先生说，如果说核心素养是一种"冰山现象"，可看见的部分则是能力维度表现的。相关联的学业质量更具有表现性特征，在落实语文课程学业质量标准时要充分把握这一特征。因此我们可以从学业质量描述中反推文学阅读与创意表达学习任务群的教学目标。

2022版课标分学段对学业质量进行描述，文学阅读与创意表达任务群的质量标准与其相对应的具体内容如表2-7所示。

表2-7　文学阅读与创意表达任务群与学业质量描述重点内容的对应

学段	学业质量
第一学段 （1—2年级）	1. 喜欢阅读图画书、儿歌、童话、寓言等，在阅读过程中能根据提示提取文本的显性信息，通过关键词句说出事物的特点，作简单推测。 2. 能借助关键词句复述自己读过的故事或其他内容，尝试对阅读内容提出问题。 3. 愿意向他人讲述读过的故事，乐于向他人展示自己的作品。 4. 喜欢积累优美的词句，并尝试在口头和书面表达中运用。
第二学段 （3—4年级）	1. 喜爱阅读童话、寓言、神话等，在阅读过程中能提取主要信息，借助阅读经验和生活经验预测情节发展。 2. 能结合关键词句解释作品中人物的行为，从某个角度分析和评价人物。 3. 能发现作品中的优美词语、精彩句段，并根据需要进行摘录。 4. 能借助上下文语境，说出关键语句、标点符号、图表在表达中的作用。 5. 能复述读过的故事，概括文本内容，根据自己的阅读理解提出问题并与他人交流。 6. 乐于和他人分享阅读所得，关注有新鲜感的词句，并有意识地在口头和书面表达中运用。

续表

学段	学业质量
第三学段 （5—6年级）	1. 独立阅读散文、小说、诗歌等文学作品，在阅读过程中能获取主要内容，用朗读、复述等自己擅长的方式呈现对作品内容的理解。 2. 能用文字、结构图等方式梳理作品的行文思路。 3. 能品味作品中重要的语句和富有表现力的语言，注意词语的感情色彩，通过圈点、批注等多种方法记录自己的阅读感受和体验，并主动与他人分享。 4. 能通过诵读、改写、表演等方式，表达自己对感人情境和形象的理解与审美体验。 5. 能借助与文本相关的材料，结合作品关键语句评价文本中的主要事件和人物，提出自己的观点或看法。 6. 能发现不同类型文本的结构方式和语言特点，感受作品内容、表现形式上的不同，积极向他人推荐，并有条理地说明推荐理由。在文学体验活动中涵养健康向上的审美情趣。

二、专业化解读教材

选编入教材的"文章"就成为了"课文"，课文承载着教科书编者的意图，拥有特殊的育人功能，为其潜在的读者——教师规定了解读的基本方向。此时教师不仅仅是普通读者，而是作为特殊的专业文本解读者，与普通读者的解读有相同的地方，但更多的视角与内容是不同的。

（一）基于外部体系解读文本的"坐标"价值

虽然从内容上看，统编教材与2022版课标的学习任务群不匹配，统编教材双线组元中的语文要素是基于2011版课标提出的语文关键的知识、能力、策略和习惯；但是比较两版课标，可以发现2022版课标的"学段要求"是2011版课标"学段目标与内容"的继承和发展，有些内容是一脉相承的。因此，现阶段解读教材，依旧要关注体现教科书编写理念突破之一的语文要素的编排。统编教材不仅单元内部的语文要素具有关联性，而且同一册次、同一年级、不同年级的语文要素之间，乃至整个小学阶段的语文要素都是具有连贯性、递进性和整体性的。因此，教者需基于长程体系解读文本在某个阶段的"坐标"价值。

例如统编版教材围绕感受、体会文本语言作了循序渐进的安排。中年级"新鲜感""生动"到"准确"的变化，是语言表达从感性到理性的飞跃，而高年级"风趣的语言"则更强调表达的个性、作家的风格、语言的品质和思维的含量。统编版教材在学生言语能力的培养上，存在从准确生动向高品质语言递进的趋势。如五下第八单元以"幽默和风趣"为主题编排了三篇课文，其中《杨氏之子》写了儿童应答的机智，是生活中的言语智慧；《手指》主要通过拟人的手法制造幽默的语言表达效果，是表达上的言语智慧；《童年的发现》中既有儿童言行心理透射的幽默，又有文本结构、语言表达等体现出来的幽默，能给学生以多重滋养。可见，此单元旨在以幽默为切入点，撬动学生言语智慧的发展，让学生的言语表达从准确生动向高品质语言有序进阶。[①]

（二）基于内部结构解读文本的"独特"价值

曹明海先生指出了文本作为多维多层构成的生命整体性：一是形式层，即"语体形态"，是"由语言组合而形成的句群、语段到篇章结构及其整体营构的秩序与节奏形态"；二是再现层，即"语象世界"，"用语言构出的气象与画面、意象与境界""充满生气的艺术图像和审美空间"；三是表现层，即文本内在的"语义体系"，指文本的情感与理思、精神与境界、灵魂与风骨、思想与生命，是文本所含的情思与义理的总和。[②] 曹先生强调"教文本"是"用文本教"的前提，并进一步明确"教文本"的内涵——教师要在对文本语体形态、语象世界、语义体系的教学解读中确定适合于学生的教学内容。可见语体、语象、语义是教师对文本进行专业化教学解读的三个基本维度。

歌德说："内容人人看得见，涵义只有有心人得之，而形式对于大多数人

---

① 金玉，谢攀. 解密儿童幽默，设计指向核心素养的任务群——以统编教材五年级下册《童年的发现》为例[J]. 小学教学设计，2022（6）：21—22.
② 曹明海. 语文课程的根与本[M]. 济南：山东教育出版社，2021：195.

是一个秘密。"这里"内容"指向语象世界，"涵义"指向语义体系，"形式"指向语体形态。歌德的话提醒教师，不能仅以普通读者的身份对文本进行赏析式解读，更需要站在有益于教与学的立场上，把语言擦亮，用语言的眼光去解读文本，见人所未见，发人所未发。当然文本的语体、语象、语义构成的一个血脉灌注的完整生命体，三者不能相互割裂。

教师对文本的解读要经历从整体综合到局部分解再到整体综合的过程，从语言体式着眼来把握教材的思想内容，并通过思想内容的理解来分析其语言体式。如《童年的发现》一课是一篇兼具认知与审美幽默的文章，教师首先要基于教科书编者的编排意图，立足单元整体，解读出文本的核心词——"儿童幽默"。接着对局部进行具体的拆解分析，既要解读文本中儿童言行心理的"失谐"造成的幽默——"抓鱼研究""笑塌房顶"中直观感知的不协调，"追问梦中飞行的解释""发现的胚胎发育规律"中违反现实世界的不协调，"课堂上情不自禁发笑""被惩罚后的自我安慰"中不符合自身的经验或预期；又要解读文本结构、语言表达等隐藏的幽默——独有的"起承转合"的结构，内容、情节反转的设计，设置悬念、对比的表现手法，夸张、双关的修辞手法。最后用联系的、全局的眼光辩证统一地把握形式与思想内容，解读渗透在"言语智慧"中的"审美幽默"。

（三）基于学情分析解读文本的"生长"价值

学生是学习的主体，教学中充分发挥学生的主体作用，才能变被动学习为主动学习。从教师工作专业性的角度看，只有结合学生的学习心理和学习经验，做好专业化的学情分析，才能解读出文本对学生学习的突破点、提升点等"生长"价值。

对学生学习心理的分析，既要遵循学生思维发展的阶段性——皮亚杰把个体从出生到形成成熟认知结构的发展过程分为"感觉运动阶段""前运算阶段""具体运算阶段""形式运算阶段"；又要遵循学生认知事物的规律性，依照自然法则——儿童身心发展的内在秩序和结构，了解学生的年龄特点、知识结构、认知水平；还要遵循审美活动的一般过程，即审美准备—审美感知—审美理解—审美表现—审美创造。

对学生学习经验的分析，既包括原有知识基础、生活基础等知识经验；也包括整体感知、联想想象、感受、欣赏、评价、表达等文学审美与文学表达的活动经验；还包括合作、交流等常规语文实践活动的经验。

例如《童年的发现》一课，笔者对学情进行了如下分析。

五年级的学生处于具体运算阶段向形式运算阶段的过渡期，学生的思维仍需要具体事物的支持，以形象思维为主，但正朝着非直接感知的方向发展。五下的学生，已经具备了"初步感受作品中生动的形象和优美的语言"的能力，他们在三年级对有新鲜感和优美生动的词句具有敏感性；到四年级逐渐发展出对生动、准确的语言的体认能力，此时学生已能初步感受到修辞的效果，但是还不能从艺术化的语言中感受表达的个性、作家的风格。学生的现实生活中充斥着如抖音短视频、劣质漫画、畅销小说等刻意营造的通俗、直观、肤浅、搞笑、无厘头等快餐式的"伪幽默"，这些幽默或许"有趣或可笑"，但往往缺乏"意味深长"。

基于以上分析，本文中所包含的"儿童幽默"在促进核心素养发展尤其是儿童言语智慧上具有如下的"生长"价值：

1. 促进言语表达的个性与风格形成。本文独有的结构、内容、情节反转的设计，设置悬念、对比的表现手法，夸张、双关的修辞手法，都具有很高的语用价值。学生可以在学习和实践运用中积累丰富的语言表达方式，逐渐形成个性化的言语表达风格。

2. 丰富言语表达的经验与审美体验。本文不刻意幽默，却使孩子和大人都读得津津有味且回味无穷。它语言叙述中的"谐趣"，儿童想象中的"奇趣"，推理过程中的"妙趣"，能丰富学生言语表达的经验，并给以健康、高雅、多样的审美体验。

3. 推动思维方式的转变与能力发展。本文中面对他人可能的嘲笑以及被赶出教室后的难堪，作者通过逆向思维进行了机智的化解。梦中飞行是那样的美妙，让作者展开了有趣的想象，这想象的背后是形象思维、发散思维等的支撑。在探究人究竟是怎么来的过程中，作者从画地图中得到启发，既联系了"怀胎九月"的生活常识，还运用了之前老师教给他的有关生命进化的"知识"，最终有了重大的发现。尽管作者的发现与科学常识不符，但他大胆的联系与推想是思考问题的重要品质，也是其创造性思维能力的体现。

4. 提升儿童心理的品质与文化品位。本文作者在文章开头进行自夸之后，猜想会被人嘲笑。他不仅没有责怪别人，还站在他人的角度思考问题，有效化解了自己被嘲笑的尴尬场面。面对被老师赶出教室的困境时，他并没有产生持续消极的情绪，反而给自己找了一个很好的理由，作者将自己被惩罚这件丢脸的事比作伟大的科学家被迫害一样，这样思考问题的好处就是能有效缓解内心的不良情绪。这些言语背后所隐藏的积极乐观的人生态度能给学生以生命的滋养。在小学阶段打下幽默的精神底色，对学生未来的人际关系以及良好心态的塑造大有裨益。①

专业化的学情分析，需要教师站在学生的立场解读文本，这样才会真正实现"以学定教"。

三、科学化研制目标

核心素养、总目标、学段要求、单元或课时教学目标从宏观到微观，由抽象到具体，彼此关联，形成一套目标体系。任务群教学目标作为中观层面的目标，承担着课程目标与课时目标的转化作用。

（一）基于课标要求标准化层析目标

课程标准是教学目标拟定的依据。通过对课标的概览和统整，层析出教学目标的基本要素，使教和学的起点科学化，也让任务群的教学走在标准化的道路上。基于课标的体系，可以确定三个维度：一是课程目标，包含总目标、学段要求；二是学业质量水平；三是学习任务群目标，包括单元目标和课时目标。核心素养的四个方面是一个整体，存在内在的、不可分割的关系，描述学习任务群目标时可以不作一项项简单对应。三个参考维度的目标由上至下协同作用，是实现任务群高效教学的"导航卫星"（如表2-8所示）。

---

① 金玉，谢攀. 解密儿童幽默，设计指向核心素养的任务群——以统编教材五年级下册《童年的发现》为例 [J]. 小学教学设计，2022（6）：22—21.

表 2-8　基于 2022 版课标的学习任务群教学目标的基本要素

标准	层析维度	基本要素	备注
2022 版课标	课程目标	总目标	目标拟定的依据
		学段要求	目标拟定的方向
	学业质量水平	不同学段学业质量水平	目标拟定的参考
	学习任务群目标	单元目标	目标拟定的分解
		课时目标	目标拟定的细化

（二）利用基本要素精准化定位目标

根据教学内容、课时规划和学情，在上述三个维度中进行选择，充分利用三个维度的基本要素要求进行精确定位，就可明晰地设计出任务群教学目标。如《童年的发现》一课，在文学阅读与创意表达学习任务群中教学，目标定位如下（见表 2-9）。

表 2-9　《童年的发现》教学目标与"基本要素"的对应

总目标	2. ……感受语言文字和作品的独特价值…… 5. ……初步鉴赏文学作品……初步学会用口头语言文明地进行人际沟通和社会交往…… 6. ……发展联想和想象，激发创造潜能，丰富语言经验，培养语言直觉，提高语言表现力和创造力，提高形象思维能力。 8. ……感悟作品的思想内涵和艺术价值……理解、欣赏和初步评价语言文字作品，丰富自己的情感体验和精神世界。 9. ……形成健康的审美情趣。
第三学段要求	阅读与鉴赏： 2. 能联系上下文和自己的积累，推想课文中有关词句的意思，辨别词语的感情色彩，体会其表达效果。 3. 在阅读中了解文章的表达顺序，体会作者的思想情感，初步领悟文章的基本表达方法。

续表

学业质量 水平描述	4. 阅读叙事性作品，了解事件梗概，能简单描述印象最深的场景、人物、细节，说出自己的喜爱、憎恶、崇敬、向往、同情等感受…… 表达与交流： 1. ……乐于表达，与人交流能尊重和理解对方。 2. 表达有条理，语气、语调适当。 3. ……有意识地丰富自己的见闻，珍视个人的独特感受……
学业质量 水平描述	1. 独立阅读散文……在阅读过程中能获取主要内容，用朗读、复述等自己擅长的方式呈现对作品内容的理解； 2. 能用文字、结构图等方式梳理作品的行文思路； 3. 能品味作品中重要的语句和富有表现力的语言……通过圈点、批注等多种方法记录自己的阅读感受和体验，并主动与他人分享； 4. 能通过诵读……表演等方式，表达自己对感人情境和形象的理解与审美体验； 6. 能发现不同类型文本的结构方式和语言特点，感受作品内容、表现形式上的不同……在文学体验活动中涵养健康向上的审美情趣。
五下第八单元 任务群 教学目标	1. 对单元内容形成整体感知，感受课文语言的风趣，体会其中蕴含的智慧。运用风趣的语言有声有色地讲笑话，看漫画写出自己的想法。 2. 依托具有"风趣和幽默"特质的文本学习，受人物智慧的启发，学习在特定的情境中巧妙应答。学习抓住事物的本质特征进行联想，独立发表自己的想法。 3. 感受风趣的语言具有独特的艺术魅力，在欣赏漫画时关注其艺术特征，在阅读中对具有类似风格的作品形成浓厚的兴趣。进行自主拓展学习，尝试在自我表达时运用幽默的艺术形式。 4. 感知中华文化中的言语智慧，并运用于个人与世界的关系处理中。理解不同文化背景下的共通心理，对积极向上的文化形成自觉的亲近感。
《童年的发现》 教学目标	1. 默读课文，理清"我"发现胚胎发育规律的探究过程； 2. 理解并感受文本中的儿童幽默，能围绕有趣的部分谈感受，体会其中蕴含的智慧，获得高级幽默的审美体验和文化熏陶； 3. 能用幽默风趣的语言化解尴尬、交流生活中的"发现"，提升沟通与表达力，形成积极的心理。

(三) 基于四个要件规范化表述目标

一般而言，教学目标的规范表述应该包括四个要件：一是学习者，二是行为，三是行为条件，四是程度。①

学习者是指学生。教学目标的主语是学生，表述时主语可以省略。教学目标不是"教"的目标，而是"学"的目标，行为主体是学生，彰显"学生是主体"这一教学理念。

行为是要描述学生通过学习可能发生的变化或能达成的结果。文学作品语言优美，重在抒写性灵。因此，文学阅读的教学目标应偏于"感受形象""品味语言"和"体验情感"。而这一类目标在表述时，往往运用"体会""感受""鉴赏"等行为动词。如上述《童年的发现》的教学目标里就多次出现这些行为动词。

行为条件是指出学生凭借什么条件达成变化。学业质量水平描述中的"能用文字、结构图等方式"，"通过圈点、批注等多种方法记录"等，便是行为条件，往往指向学习的路径或方法。

程度是描述学生达成目标的最低要求，用来检测教学目标的达成度，因此要尽量避免含混的、笼统的、模糊不清的目标表述。

基于四个要件，《童年的发现》教学目标可以进一步调整如下：

1. 默读课文，绘制文章结构图，理清"我"发现胚胎发育规律的探究过程；

2. 围绕文中有趣的部分，圈点批注，分享感受，表演展示，理解并感受文中儿童"自我调侃""自我吹嘘""自我安慰""自圆其说"的幽默，体会其中蕴含的智慧，获得高级幽默的审美体验和文化熏陶；

3. 能用"自我调侃"等形式的幽默风趣的语言化解尴尬、交流生活中的"发现"，提升沟通与表达力，形成积极的心理。

---

① 陈斐. 课堂教学目标的把握与拟定 [J]. 中学语文教学参考，2016（24）：22—24.

第四节　实施的关键——情境的创设

情境是客观环境与主观心境相融合的产物，是课堂教学内容涉及的"语境"。2022版课标非常重视情境，据统计，"情境"一词出现了40余次。"情境""情境性""学习情境""语言文字运用情境""语言情境""交际情境""主题情境""阅读情境""试题情境""命题情境""复杂情境""真实情境""日常生活情境""文学体验情境""跨学科学习情境"等不同表述多次出现于课标之中。随着课程专家、教材专家以及教学专家对新课标的解读，又衍生出"任务情境""大情境""整体情境"等词汇。由此观之，在进行学习任务群教学设计时，"情境"成了无法回避的字眼。那么，文学阅读与创意表达任务群情境有怎样的特质？创设该任务群情境有何策略？又有哪些注意事项？基于这一思考，围绕情境，从内涵深度、创设维度以及注意向度三个方面加以阐述。

一、情境的内涵深度

（一）学习任务群情境的基本特点

1. 真实："学生立场"的应然追求。

2022版课标指出"创设真实而富有意义的学习情境""语文学习情境源于生活中语言文字运用的真实需求，服务于解决现实生活的真实问题。创设情境，应建立语文学习、社会生活和学生经验之间的关联"。其对于真实情境的追求，对于学生经验的观照，对于生活需求的回应，无一不在彰显"儿童本位""学生立场"。

任务群情境的创设必须贴近真实的学生生活，符合他们真正的学习需求。所谓情境的真实性，一是现实的真实，即真实的生活情境；二是可能的真实，指生活中可能发生的事；三是虚拟的真实，如小说、剧本等文学性文本，通过艺术手段所创造的虚构世界，它既是虚拟的，又能给人带来真实的体验。[①]文学阅读与创意表达任务群需要设置的情境，主要对应第三类"虚拟的真实"情境，属于文学体验情境。

2. 整体："学为中心"的必然选择。

改变传统高耗低效的教学模式，以任务群为抓手，整合学习内容、学习情境、学习资源、学习支架等学习要素，发展学生的核心素养。这样高度的统整，必定要求任务群情境是"整体情境"。以往的教学会呈现多个情境，导入是一种情境，体悟文本是一种情境，读写迁移又是另一种情境。这么多的情境有时会融合在一个完整的情境中，有时又会是若干个关联性不强的情境。而任务群情境从统整的视角出发，追求的是整体情境，拒绝多个情境的跳进跳出，将若干个情境统整在一个任务情境中展开，更有利于学生的深度学习。

3. 语用："学科本体"的实然旨归。

学习任务群情境是"语言运用情境"。一方面，语文的课程性质决定了语文课程要"引导学生在真实的语言运用情境中，通过积极的语言实践""全面提升核心素养"。另一方面，具有情境性的语文学习任务群，其目标"共同指向学生的核心素养发展"，而"义务教育语文课程培养的核心素养，是学生……在真实的语言运用情境中表现出来的"。因此，任务情境就是"语言运用情境"，主要分为"日常生活情境""文学体验情境""跨学科学习情境"这三类。

（二）文学阅读与创意表达任务群情境的关键属性

2022版课标在"学业质量"中明确提出，要"按照日常生活、文学体验、跨学科学习三类语言文字运用情境……描述学生语文学业成就的关键表现"。显而易见，学习任务群情境是语言文字运用情境，可以分为日常生活情境、文学体验情境和跨学科学习情境。文学阅读与创意表达任务群情境则是文学体验情境。文学体验情境强调学生在文学作品阅读中获得个性化的审美体验，强调用不同的方法进行创意表达。因此，文学阅读与创意表达任务群情境具

[①] 梁昌辉. 切于实用，有益于生活——"实用性阅读与交流"任务群教学解读[J]. 语文建设，2022（10）：26—31.

有审美性、文学性和体验性。

此外，2022版课标在教材编写建议第5条指出："要根据六个学习任务群的特点，通过目标取向、文本选择、学习实践活动方式等体现不同学习任务群的特色。"由此可见，六大任务群之间的差异性着重体现在目标取向、文本选择和学习实践活动方式这三方面。任务群情境在这三个维度也必然存在差异。

从目标取向看，文学阅读与创意表达任务群情境具有审美性。

从文本选择看，文学阅读与创意表达任务群情境具有文学性。

从学习实践活动方式看，文学阅读与创意表达任务群情境具有体验性。

二、情境的创设维度

基于文学阅读与创意表达任务群情境的独特之处，从目标取向、文本选择和学习实践活动方式三个维度出发，运用相关策略创设情境，使文学阅读与创意表达任务群情境的审美性、文学性和体验性得以彰显。

（一）从目标取向出发，依托分析组合策略，让情境更具审美性

文学阅读与创意表达任务群的目标取向指向审美。2022版课标对该任务群进行目标定位时明确指出，该任务群旨在让学生"感受文学语言和形象的独特魅力，获得个性化的审美体验"，"欣赏和评价语言文字作品，提高审美品位"。因此，在文学阅读的过程当中，要丰富学生个性化的审美体验；学会审美鉴赏，提升审美能力，形成正确的审美观念，是本任务群的应有之义。

文学阅读与创意表达任务群情境创设时，可以依托任务群情境设计的分析表，从文本解读、学生经验、相关资源的维度进行分析拆解，寻求这三者与目标定位之间的关联点，设计任务情境（如表2-10所示）。运用这样的分析组合策略设计的情境，使情境与目标定位之间联系紧密，更具审美性。

表 2-10 任务群情境设计的分析表

文本内容		具体的文学作品		
目标定位		具体的教学目标		
分析维度	文本解读	文本语境	文本主题	语文要素
	学生经验	学习经验	生活经验	社会经验
	相关资源	学校资源 社区资源 ……	纸质资源 数字资源 ……	家长资源 教师资源 ……

例如：统编教材五年级上册第六单元的《父爱之舟》是吴冠中先生的回忆性散文，描写了作者和父亲在一起的一个个生活场景，在这动人的场景和细节中，蕴含父亲对儿子无微不至的爱，令作者记忆深刻，永难磨灭。以该文为例，采用分析组合的策略进行任务情境设计（如表 2-11 所示）。

表 2-11 《父爱之舟》分析组合式任务情境设计

文本内容		《父爱之舟》		
目标定位		梳理出"我"梦中出现的难忘场景；细读主要场景，联系上下文，感受父亲对我深沉的爱；理解题目的含义。		
分析维度	文本解读	文本语境： 以梦境回忆求学经历中父亲对我关爱的场景。	文本主题： 舐犊情深。	语文要素： 场景描写、细节描写。
	学生经验	学习经验： 学过《妈妈睡了》《慈母情深》等文章。	生活经验： 制作丝网花、贺卡送母亲、老师等；写过信，寄过明信片等。	社会经验： 见过其他表达爱的形式，如送花，拥抱等。
	相关资源	学校或社区开展过母亲节、父亲节、妇女节、教师节等相关的主题活动。	电影《我的父亲母亲》，歌曲《父亲的散文诗》，文章《背影》《地震中的父与子》《爱如茉莉》等。	家长与孩子、老师与学生之间发生过一些感人的事情。

当目标定位与文本语境组合时，创设了"我给作者来解梦"的情境，设计了"作者梦见了什么""为什么会梦见""还会梦见什么"的学习的任务，让学生在对梦境的品读中，见场景，见细节，见父亲对我关爱，见我对父亲深切的怀念。

当目标定位与学生经验组合时，创设了"制作一张爱的明信片"的情境，设计"明信片的正面——选择动人场景作图案""明信片的背面——运用恰当语言表达爱"的学习任务，让学生在对场景描写、细节描写的体悟中感受父爱。

当目标定位与相关资源组合时，创设了"举办'父亲，我想对您说'的主题班会"这一情境，设计了"我是朗读者——读关于父亲的文章""我是讲解员——讲关于父亲的故事""我是表达者——写封送给父亲的信"的学习任务，让学生在读文章、讲事情、写信件中感受父亲对我浓浓的爱。

（二）从文本选择出发，依托一线串珠策略，让情境更具文学性

文学阅读与创意表达任务群在文本选择上侧重于文学作品。故事性的文学作品，散文、诗歌、小说等文学体裁是该任务群主要的学习内容。

基于这样的认知，文学阅读与创意表达任务群情境在创设时，可以从文学作品的角度，寻找一根主线设计情境，然后围绕情境设计几个适切的学习任务，这便是一线串珠策略。运用这样的策略进行情境设计，可以让情境更具文学意味。

从文体特征出发创设任务群情境。比如，二年级下册第七单元是童话单元，基于这样的文体特征，设计"评选我们班的童话大王"的情境，以这个情境为主线设计"童话大王读童话""童话大王讲童话""童话大王编童话""童话大王演童话"的学习任务，让学生在读、讲、编、演的学习活动中，感受童话的魅力。

从文学语言出发创设任务群情境。比如，五年级下册第八单元，要求让学生感受风趣幽默的语言。其中《手指》一课，设计"评评哪个最风趣"的情境，通过"哪根手指最风趣""哪份自述最风趣""哪位学生最风趣""哪份推荐最风趣"的学习任务，让学生体会丰子恺语言的风趣之处，学会用简约、

夸张、含蓄的语言来风趣一番。

从文学手法出发创设任务群情境。比如，四年级下册第八单元有三篇课文，分别是《宝葫芦的秘密（节选）》《巨人的花园》《海的女儿》。这三篇文章都是童话，充满着奇妙的想象。基于此，创设了"坐上神奇校车，遨游奇妙的想象世界"的情境，设计"超能力——神奇的宝物""超意外——神奇的情节""超特别——神奇的海底"三个学习任务，让学生在任务情境中感受幻想文学的奇妙想象。

从作者或者作品主人公出发创设任务群情境。比如，六年级上册第八单元是鲁迅专题，创设"开办鲁迅诞辰142周年展"的情境，设计"小说里的'迅哥'""散文里的鲁迅""回忆录里的鲁迅""诗歌里的鲁迅"四大展板，"制作鲁迅展的海报，请你写个序言"的学习任务，让学生在语言文字里穿行，感受体味，创意表达。

（三）从学习实践活动方式出发，依托角色代入策略，让情境更具体验性

文学阅读与创意表达任务群的学习方式是体验性的。2022版课标对该任务群界定时提出了"整体感知""联想想象""体验了解""欣赏评价"等主要学习方式，这些学习方式就是体验性的学习方式。

由于学习方式的不同，文学任务情境可以通过角色转换、角色扮演等方式进行角色代入，让学生进行沉浸式的体验、沉浸式的学习，让学生由课堂的旁观者变成主动的建构者，从原来等待接纳的被动学习者转变为积极参与的主动学习者。

例如，五年级上册第15课《小岛》以将军的见闻为线索，记叙了战士们在小岛上种出一大块中国地图形状的菜地的事。本课的阅读提示要求学生用将军的口吻讲述海岛上发生的事。海岛、海防战士等相关内容离学生的生活较远，为了拉近学生与文本的心理距离，为了让学生成为这个事件的亲历者，在原有文本语境的基础上，增补了随行记者这一身份，创设了"我是将军的随行记者"这一情境，让学生角色代入，设计了"我记将军活动""我拍将军表情""我问将军问题""我讲将军故事"的学习任务，让学生在任务情境中品读文字背后的温度与力量。

三、情境的注意向度

（一）要让任务从情境中来

教师在进行学习任务设计时，往往会出现重任务、轻情境的倾向，在对文本的教学解读中模糊情境，解析出重要的语文知识、语文能力、学习方法等，设计成一个个看似合理的学习任务。实际上任务只是学习知识、锻炼能力的载体，回答了"做什么""怎么做"，而真实的语言运用情境却是学科核心素养生长的土壤，回答了"为何做"。因此，要让任务从情境中产生，让创设的情境具有召唤的魔力，激活学生学习的内驱力，让任务得以更好地完成。

（二）要让表达到情境中去

文学阅读与创意表达任务群在进行学习任务设计时，往往重视文学阅读的学习任务，而忽视创意表达的学习任务。有时还会出现脱离情境的表达设计，这样的设计就变成了机械式训练。例如，在《父爱之舟》中设计了这样的表达任务："同学们，这样爱意满满的明信片，你想送给谁？想对这个人说些什么呢？请写下来。"这样的表达任务融于整体的情境当中，又让学生的表达有了言说的对象，更能激发学生的表达兴趣。

（三）要让差异从情境中现

2022版课标在文学阅读与创意表达中的教学提示指出，"评价应围绕学生阅读文学作品的过程性表现进行"，然后具体说明了不同年段评价的侧重点。基于各年段不同的侧重点，文学阅读与创意表达学习任务群的情境也要存在差异与梯度。低年级要注重学生阅读兴趣的培养，进行情境创设时，要注重趣味性，多以游戏的方式进行。中年段在进行情境创设时，要注重挑战性，设计具有挑战性的任务情境，加深学生对语句段落的理解，对语言和形象的感受。高年段在进行情境创设时，要注重创造性，让学生创造性地理解、有创意地表达。

第五节　实施的重点——听说读写的整合

听说读写具有内在关联性，三个发展型学习任务群都强化了听说读写的内在关联。从审美的角度，文学作品的"秘妙"被称为"美"。文学阅读与创意表达任务群的教学，首要和根本的就是引导学生在"听、读"中感悟、把握、领会文学作品的"美"，并个性化、创新性地在"说、写"中表达"美"。

一、听说读写整合的内涵

如果我们从口头和书面的区别来看，听与说大致可以看为一类，侧重于口头，而读与写是另外一类，侧重于书面；如果从信息的输入与输出来看，听与读又可以看为一类，侧重于信息的输入，说与写则是另外一类，侧重于信息的输出。因此，听说读写的整合实则是口头与书面两种语言的呈现方式，输入与输出两种语言的学习方式的整合。

二、听说读写整合的意义

听说读写的整合是针对现实生活语言运用的真实情况提出的，在现实的言语实践活动中，听说读写往往是同时出现的，如你在欣赏一部话剧的表演，必然是伴随着听台词，在和同伴交流的过程中则对应说，之后去寻找文本去欣赏则是读，最后心有所感，落之为文则是写。当然，在学生具体的言语实践活动中，听说读写往往是有侧重的，但我们放眼于学生全部的文学阅读生活中，它们则必然是并重的。

基于听说读写在学生现实的文学阅读生活中并重的实际情况，2022版课标高度重视听说读写的整合，其在课程理念部分提出，要"加强课程内容整合"，"注重课程内容与生活、与其他学科的联系，注重听说读写的整合，促进知识与能力、过程与方法、情感态度与价值观的整体发展"。①

听说读写的整合是对学生认知发展规律的尊重。首先，儿童听说读写能力发展存在阶段性和不平衡性，从皮亚杰的认知发展阶段论来看，小学阶段学生言语发展大致要经历前运算阶段、具体运算阶段和形式运算阶段，各阶段言语发展的规律存在差异。其次，儿童听说读写能力的发展也存在个体的差异。听说读写的整合能让不同特性的学生找到语言发展的舒适区。

听说读写整合的提出是对前人智慧的继承，叶圣陶先生在《认真地努力地把语文学好》一文中提出语文学习关键"就在于把听、说、读、写四项本领学得更好"，"这四项本领有着连带的关系"，"听说读写四项缺一不可，学生都得学好"。②吕叔湘先生在论述小学阶段语言学习的主要目的时，提出"主要把语言书面化：能把口语写成文字，能把文字说成口语"。

三、文学阅读与创意表达任务群中听说读写整合的特殊性

文学阅读与创意表达学习任务群中听说读写的整合有其特殊性，这种特殊性主要表现在整合目标的审美倾向，整合主体学生的阶段差异，整合载体文本的审美要求，以及听说读写本身的内在关联性。

（一）整合目标的审美倾向

从整合的目标来看，三个发展型学习任务群中听说读写的整合都立足于学生核心素养的全面发展，但各有偏重。具体来看，实用性阅读与交流中听说读写的整合目的在于清楚地表达，有效传递信息，满足家庭生活、学校生活、社会生活交流沟通需要；思辨性阅读与表达中听说读写整合的目的在于培养理性思维和理想精神；而文学阅读与创意表达中听说读写的整合目的在于审美创造层面的发展。

听说读写的整合是依托于具体的语文实践活动展开的，整合的目标不同

---

① 中华人民共和国教育部. 义务教育语文课程标准（2022年版）[S]. 北京：北京师范大学出版社，2022.
② 叶圣陶. 叶圣陶语文教育论集 [M]. 北京：教育科学出版社，2015.

自然导致语文实践活动的差异，就文学阅读与创意表达学习任务群来看，听说读写的整合必然是依托具体的审美活动展开的。而审美活动发生的一般过程大致可以分为如下的阶段，即准备阶段、观照阶段和效应阶段。准备阶段指的是即将进入审美状态前的预备阶段；观照阶段指的是审美感知与审美理解的过程，它是审美活动的主体过程；效应阶段是指当审美对象离开审美主体或审美主体离开审美对象时，审美的心理活动没有结束，被审美欲望驱动，想自己去表现与创造美。

此任务群的学习活动，根据审美发生的过程又大致可以分为如下的四个类型：刺激发现美的动力和兴趣；发现和感受美；欣赏和评价美；表达与创造美。四种不同类型的活动中，听说读写整合的关键点也存在差异，以刺激发现美的动力和兴趣阶段为例，此阶段侧重于美的信息的输入，整合的关键自然也是侧重于信息输入的听与读的整合。需要注意的是听说读写的整合虽然在审美活动的不同阶段和不同类型中有所偏重，但是从审美活动的整个阶段来看，它们依旧是并重的。

（二）整合主体的差异需求

从整合的主体学生来看，文学阅读与创意表达任务群中听说读写的整合要依据不同阶段学生的需求出发，确定差异化的和进阶性的整合点。

1. 第一学段："美"在积累，"美"在模仿。

本学段的学生在整合听说读写的语文活动中，以"听读"中积累和模仿式的"说"为主，即模仿文学阅读中积累的句式、段式结构等文本形式进行创编等表达练习，写相对弱化。因为对第一学段的学生只要能不断地进入"审美自失"的阅读状态，不断地感悟到读物中的"美"，也就是秘妙之所在即可，并不要求非要说出这"美"是什么，只要不断地有所感悟，有所积累，语文素养就可能有所提高。

比如，统编教材二下第七单元"漫游童话王国"的第三个任务是"童话故事我来编"，里面设计了两个活动，一个是走进童话梦工厂，找到童话的秘密，里面包含语言反复的秘密，结构反复的秘密；第二个是展开想象，模仿课文创编故事。于是课堂上孩子们沉浸在童话的世界，在想象说话的创意表达中感受童话语言和形象独特的魅力。如果第一学段要求学生书面写童话，对学生来说难度较大，因此不太适宜。

2. 第二学段："美"在理解，"美"在再现。

本学段的美是一种再现，这种再现既表现为输入环节对美的理解，也包括输出环节中对美的复刻。为了达到理解美的输入与复刻美的输出结合，实现由低段的口头表达向本学段书面表达的进阶，在整合的过程中要夯实听读的积累，以积累促理解，同时要回顾说的经验，转口头为书面，从而达到听说读写的齐头并进。

例如，同样是童话的教学，在第二学段设计中，童话故事仍然是需要讲述和创编的，但这种创编不是对童话反复结构的简单模仿，而是要故事新编。新编的"新"体现在要关注童话中人物的形象，要结合已有的内容，甚至是不改变原有童话的结局，进而再造原童话的情节，这样复杂的审美创造活动仅仅依靠"说"显然是不够的，需要将口头所说落之为文，反复推敲，才能有新意，有创意。在这个"写"的过程中，文字的表达的方式自然值得鼓励，但同时也可推荐学生采取图文结合的方式，将抽象的思维过程，转化为具体的图像，搭建口头至书面的阶梯，实现听说读写的共同发展。

3. 第三学段："美"在发现，"美"在再造。

此学段的学生对于输入的听与读有了大量的积累，对于输入的信息也有了一定审美品位，这也为输出的形式更加丰富多元，进而表达自我独特体验奠定基础。总而言之，第三学段中审美活动的主要形式应该是一种对美的再造，这种再造表现为输入环节中对美的鉴赏评判，也表现在输出环节中对美的选择，一是内容的选择，二是形式的选择。因此，此学段中听说读写的整合要更关注学生听与读的独特体验，要引导学生将听读中的独特体验通过适宜说和写的形式呈现开来。

以统编教材六下第三单元为例，本单元精选了朱自清的《匆匆》和史铁生的《那个星期天》两篇例文，时间的流逝和儿时的懵懂总能激起即将毕业的学生的共鸣，并能与自己的成长相关联，为此可以设计"我的心事你别猜"活动，引导学生写出自己的独特情感，让同伴判断与自己所要表达的心情是否一致，并以此为契机，重新到课文中走个来回，去发现那些说与写中抒情的小秘密，如直抒胸臆和间接抒情结合起来，如将完整的情感分解为不同的阶段一一说出等等。

（三）整合载体的审美价值

听说读写的整合依托的载体是文本，整合的过程中自然要基于文本的审美价值寻找整合支点。差异化的审美价值对听说读写整合的侧重点、整合的方式、整合的取舍都会产生影响。

1. 关注文学作品口头与书面形式的区别，听说读写整合有所侧重。

口头与书面是文学作品呈现的两种不同语言形式，一般来说在学生的学习中，往往后者所占比重更大，一方面这与文学作品往往是高度书面化的语言有关，另一方面从教材的呈现方式来看，对"读"与"写"整合的侧重一直是语文教学的常态。统编版小学语文教材在编排中就高度重视"读"与"写"的结合，例如教材中单元的习作和精读文本总存在着写作内容或写作形式的关联，以至于在每册教材中都有以精读文本和习作例文进行组合的习作单元。尽管如此，在教材所选的某些文学作品中，如民间故事、神话等"听"与"说"则显得更为重要，而如果我们跳出教材，从学生完整的阅读生涯来看，那些父母长辈口中鲜活的故事传说，有趣的打油诗，乃至民谣民歌，或许占有更大的比重。因此，在重视读写结合的同时，要根据作品的形式的特点，对听说读写的整合有所侧重。

以民间故事为例，作为口耳相传的文学形式，其审美价值主要表现在：以口头语言的形式带来的简洁明了和别有趣味的语言美，关注听众感受带来的文本中寄托人民美好愿望的内容美。在整合听说读写的过程中，自然要把口头语言的"听"与"说"作为侧重点，要把"听"和"说"贯穿学习任务的始终。如可以设计"我是说书人"的系列活动，引导学生化身说书人，到陌生的班级中去讲民间故事，去吸引听众，同时让学生从听众的角度去评析，感受民间文学的独特魅力。

对听说与读写有所侧重的同时，又要有所兼顾，要以听说带动读写，要用读写来反哺听说。听说的形式往往较为自由，这固然可以以一种轻松无拘束的状态放飞思维，为读与写积攒大量的材料，但同时，自由的形式往往带来审美的零散与粗糙，往往需要进行读与写更为正式精细的加工，才有实现审美价值提升的可能性。而读写的审美经验一旦形成，又能够为下一次的听说提供资源。

还是以民间故事为例子，"我是说书人"的任务虽然以"听说"为主，但"听"和"说"却带动了"读"与"写"。"我是说书人"学习任务中因为学生角色的差异，又可细分为"听故事，当评委"的观众任务和"讲故事，引关注"的说书人任务。其中作为听故事评委的学生必然是要去阅读民间故事的，这种读既是了解文本大致内容，以达成对说书人故事完整度的基本评价，同时又需要形成一定的判断标准，这样的"听"就指向了"读"。

而作为说书人的学生也是要去读文本的，既要读其大概，同时又要在读中提炼关键，如要去判断《猎人海力布》中哪里最精彩，需要细细地讲；要判断《牛郎织女》里面牛郎是一个什么样的人，从而判断他去偷衣服的时候是羞赧的还是得意的等等。而说书人的身份又暗藏了讲述过程精彩流畅的内在要求，这就要求他必须像古代的说书人一样准备底本（话本），并在真实的讲述故事中，按照听众的意见进行修改，此处的"说"便指向了"读"与"写"。

从两个任务中"听说"对"读写"的带动来看，无论是"读"还是"写"都比传统教学更丰富与深入，并为学生审美的能力与情趣的发展提供了可能性。

2. 关注文学作品美学特征的差异，听说读写的整合精心选择。

不同的文学作品有着不同的美学特征，如人物故事、小说、传记类文本注重角色世界的体悟；童话、民间故事、神话类文本注重人物形象和想象力；诗歌之美主要表现在韵律与节奏、意象与意境；散文则注重作者的个性化情感以及表现这种情感的个性化语言；戏剧则是通过激烈的冲突来构建情节塑造人物……

要体味个中情趣，听说读写往往缺一不可。例如，古诗词的学习中，学生往往需要经历读正确，读流畅，读出节奏的"读"；说诗歌大意，说诗歌画面的"说"；听教师示范朗读，听同伴诵读并评价的"听"；想象并描绘诗歌画面和仿写诗句的"写"等听说读写整合的活动才能品味诗歌的韵味。再如，小说的学习，也是听说读写的综合，学习者要读故事，知情节大概；要说人物，表内心喜恶；要听发言，评真假是非；有时也要写情节，塑造鲜活人物……

尽管在各体裁的文学作品的学习中，听说读写都发挥着重要独特的作用，但在不同类型的作品中它们整合的方式显然是存在区别，是需要进行选择的。这种选择体现在两个方面：一是从整体上对基于听说读写的学习任务的规划，二是从听说读写各要素出发，对其进行的精细化选择。

所谓整体规划，是在考虑文本美学特征的前提下，听说读写在学习任务中所占的比重，以及以怎样的流程与组合方式推进学习任务。例如在古诗词《闻官军收河南河北》的教学中，考虑到诗歌韵律美和文言的审美特征，要把读和说作为教学的侧重点。要引导学生在"诗歌朗诵会""杜甫返乡记"等具体的任务中，以"修复破损诗词"的学习活动引导学生先读正确，读懂诗词大意；以"画返乡地图"的活动，结合史料引导学生说出杜甫的欣喜；最后以"代杜甫发声"的活动，既可以用说心里话的说，也可以用读诗词的读表达自己独特的审美体验。

所谓细化选择，则是听说读写的某一个要素如何根据文本美学特征，做进一步明确的选择。以"读"为例，诗歌和散文中都是要在读中品味，但诗歌是存在韵律和节奏的，自然需反复诵读，方能得其妙。偏于抒情的散文则不适合高声诵读，情感本身就如一条暗河，不易察觉，需得默默自读，方能得其中奥秘。

3. 关注文学作品单元编排，听说读写的整合有所取舍。

文学作品在教材中的编排，也会对听说读写的整合产生影响，既要关注相似文体在同一单元中出现时整合的差异，又要关注不同文体在同一单元中出现时，如何在单元主题下对听说读写的整合点进行取舍。

比如，统编教材五下第七单元"风趣和幽默"是智慧的闪现，《手指》可以通过"风趣的语言"为"支点"进行整合，文学阅读时感受丰子恺先生风趣的语言特色，品味拟人修辞的巧妙、句式的丰富和用词的生动，进而仿说或仿写五官。《童年的发现》可以通过"幽默的智慧"进行整合，阅读时品味费奥多罗夫运用"夸张、反转、对比、双关"等手法表现出的幽默，创意表达时创设情境让学生学会运用幽默艺术化地化解生活中的尴尬。

（四）整合中听说读写的内在关联

从听说读写的内在关联出发，要基于"相同要素"，确定整合的"联结点"。

19世纪末，桑代克和伍德沃斯提出了"相同要素说"，他们认为两种学习之间能够发生迁移是因为两者之间存在共同要素。20世纪初，格式塔学派代表人物柯勒将这个理论继续深入，他认为对情境中关系的顿悟是实现迁移的根本原因。不论哪个流派，都强调了学习情境中需要共同的要素才能发生迁移。听说读写之间恰好存在很多共同要素，如阅读的语言可以转化为表达的语言，文章的文体特征可以成为写作谋篇布局的范例等。

例如，统编教材六上第四单元是小学阶段的第一个小说单元，学习任务中我们通过表格支架呈现小说和单元习作创编故事的相同要素，帮助学生轻松地编写习作提纲（如表2-12所示）。学生的表格式提纲中既有情节的构思，又有刻画人物方法的选择，还有环境转换的设计，全方位地提升了学生的谋篇布局能力，打通了读写壁垒，让学生在小说阅读和创编故事中走了一个来回，实现了读写的相互滋养。

表2-12 统编教材六上第四单元习作"创编故事"要素提纲

	开端	发展	高潮	结局
故事发生的环境	冬日黄昏寒冷恶劣的天气，车来车往的街头。	公交车上空调的暖风为人们缓解寒意。	温暖的公交车里，心怀鄙夷的人们。	徐明下车后，公交车里突然冷了下来。
主要情节	陆天和一位陌生的老奶奶在等公交车。	陆天注意到老奶奶腿脚不便，扶她上车，站在徐明旁边。	人们纷纷注意到了徐明，陆天最先发声指责。	下车后人们发现徐明位置旁的窗上破了个洞。

续表

	开端	发展	高潮	结局
爱心少年的刻画要点	动作描写：不时哈气，搓手取暖。	动作描写：扶老人上车。神态描写：扫视车厢寻找座位。	语言描写：为老奶奶打抱不平。	心理描写：既后悔又感动。
志愿者徐明刻画要点		外貌描写：衣着单薄。	外貌描写：神情"冷漠"。	动作描写：一瘸一拐下车。

教学中还通过阅读小说知识结构（人物、情节、环境是小说的三要素，人物是小说的核心，小说通过对人物外貌、语言、动作、心理等描写来刻画人物形象，环境描写对刻画人物形象起烘托作用）和阅读方法（①通读小说，梳理情节；②细读印象深刻的情节，抓关键词句品读人物形象；③关注环境描写，体会表达效果）的梳理，促使学生在课外小说的阅读中巩固并不断完善在单元学习中新建的言语图式，打通课内外小说阅读的壁垒，做到了课内外阅读的有效衔接。

第六节 实施的蓝图——学习任务的设计

一、语文学习任务的内涵与特征

（一）语文学习任务的内涵

"学习任务"是2022版课标中的一个关键词。王荣生教授对"学习任务"做出了精确的表述："语文学习任务是素养导向下的语文实践活动，其实质是在真实情境下学习语言文字运用。"① 这是对语文学习任务立足核心素养，基

---

① 王荣生."语文学习任务"的含义——语文课程标准文本中的关键词[J]. 课程·教材·教法，2022，42（11）：4—13.

于真实情境和指向语言文字学习运用的高度概括。

由此可见，语文学习任务的设计，应以核心素养的培养为目标，以学习情境的创设为基础，以引导学生运用语言文字解决问题的学科实践活动为方式。

（二）语文学习任务的特征

1. 不同学习任务群中学习任务的共通特征。

（1）有不同的类型。

2022版课标在课程实施教学建议中提出教师要明确学习任务群的定位和功能，准确理解每个学习任务群的学习内容和教学提示，在此基础上，综合考虑教材内容和学生情况，设计不同类型的学习任务。[1] 由此可见，不同的学习任务群中，学习任务有不同的类型；教材不同、学生不同，设计的学习任务类型也不同。

（2）从学习者视角建构。

2022版课标指出学习任务的设计要"引导学生在完成任务、解决问题的过程中积累语文学习经验，发展未来学习和生活所需的基本素养"[2]。从中不难看出学习任务是从学习者的视角建构的，学生是完成学习任务的主体，让学生自主、积极地参与，在任务完成的过程中形成语文学科必备的品格和关键能力，这是2022版课标非常重要的新理念。

（3）需要实践转化。

学生作为完成学习任务的主体带来了三重转变，一是变教师教为学生学，二是变对文本的分析讲解为学习任务的完成，三是变听说读写的分别教学为真实情境下听说读写的语文实践活动的整合，这三重转变在语文学习中需要有具体的语文实践活动的支持。

文学阅读与创意表达学习任务群中的学习任务也有上述特征，但又体现出一定的特殊性。

---

[1] 中华人民共和国教育部. 义务教育语文课程标准（2022年版）[S]. 北京：北京师范大学出版社，2022：45.

[2] 同上.

2. 文学阅读与创意表达学习任务群中学习任务的独特特征。

(1) 鲜明的审美特征。

从素养导向来看，文学阅读与创意表达学习任务群侧重于核心素养审美创造层面的特征，这就决定其学习任务在设计中必然带有鲜明的审美特征。

(2) 真实的文学情境。

从真实情景出发，文学阅读与创意表达中的真实情境是一种基于文学的真实情境，它既能对应学生现实遇到的文学生活情景，也可以对应将来可能遇到的文学生活情景，如参加学校广播站的诗歌朗诵、征文活动；还可以与某些虚拟的真实相关联，这种虚拟往往与阅读中沉浸于文学作品，把自己的命运与文本中的角色、文本作者等相关联，如把自己想象为《猎人海力布》中的海力布，用他的口吻转述故事。这种基于文学的真实情景是复杂的，这种复杂性决定着学习任务的设计过程中必然赋予学生多元的角色。

(3) 复杂的心理机制。

从学习语言文字运用定位，文学作品是高度成熟的、复杂的、多层次的艺术整体，文学作品的阅读涉及整体感知、想象联想等复杂的审美心理。文学作品的创作单是一个灵感的获取就是可遇而不可求的，更不用说灵感获取后的作品形成与雕琢，以至于古代文学家称之为"炼字"，乃至出现了"推敲""吟安一个字，捻断数茎须"的苦吟诗人。而文学作品的阅读与创作之间又是有所关联的，古人早说过"读书破万卷，下笔如有神"，但破万卷是如何到如有神呢，这也是复杂的。这种对文学作品的阅读鉴赏乃至创作是复杂的心理也是学习任务的特征之一。

二、文学阅读与创意表达学习任务群中学习任务的设计思路

从学生的视角出发，在完成学习任务的过程中，有些问题是无法忽略的：为什么要完成？用什么来完成？完成的具体步骤是如何的？完成的情况如何？它们是学习任务设计中不可忽视的关键要素。

"为什么完成"就是学习任务设计所要达成的目标；"用什么完成"就是学习任务设计中以主题情境对学习情境、学习资源、学习方法、学习内容的

整合;"完成的具体步骤"则是对应的语文实践活动;"完成得怎么样"对应的则是学习任务设计中的评价体系。文学阅读与创意表达学习任务群中学习任务的设计自然要遵照这样的逻辑进行。

(一) 为什么完成——梳理多层关系、科学研制目标

学习任务目标的设计大致遵循如下思路,首先是系统化研读课程目标,包括但不限于研读课程目标,理解核心素养的内涵,把握课程总目标,理解学段要求,清晰学业质量描述等维度。其次是对教材进行专业化解读,既要基于外部体系解读文本的"坐标"价值,又要基于内部结构解读文本的"独特"价值,还应该基于学情分析解读文本的"生长"价值。最后综合上述内容科学化研制目标。

例如,统编教材五上第七单元围绕"四时景物皆成趣"的人文主题编排了如《四季之美》《鸟的天堂》《月迹》等内容,这与文学阅读与创意表达任务群第三学段中"感受大自然奇妙,用口头和书面的方式表达对自然的观察和体验,抒发自己的情感"是相呼应的。从文本来看,外部体系显示学生已经接触过动静描写的文本,如《翠鸟》,但缺乏系统化的认识;从内部体系来看,本单元的课文不仅聚焦于大自然中动静之美的描绘,还蕴含名家独特的审美体验,如《四季之美》在动静之美中流露出作者的闲逸的心境,《鸟的天堂》则暗含生命的礼赞,《月迹》则有着对童年的追忆。因此,可以将本单元学习任务的主要目标大致确定为:1. 体会动态描写和静态描写的区别;2. 感受优秀的动态描写和静态描写的独特美感,学会用动态和静态描写刻画身边的景物;3 感知作者将自我情感融入动静描写之中的独特审美趣味,尝试在动静描写中融入自己对景物的独特感受。

(二) 用什么完成——整合各类要素、创设学习情境

根据学习目标对教学内容进行再建构,然后从学习者的视角出发,将达成学习目标需要的学习内容、学习资源、学习方法等要素整合为真实的富有意义的学习情景之下的学习任务。具体来说:设计者要从目标取向出发,依托分析组合策略,让情景更具审美性;要从文本选择出发,采用一线串珠模

式，让情景更具文学性；要从学习方式出发，依托角色带入策略，让情景更具体验性。

例如，《四季之美》《鸟的天堂》《月迹》聚焦于让学生体会大自然中动静之美的描绘，文本的选择在动静之美中又和学生生活高度关联，同时学生在之前的学习中积累了一定的关于动静描写的审美经验。不妨赋予学生游客的角色，并据此设计"跟着大师去旅行"的学习情境，联系学生生活设计"旅途前的规划""旅途中的美景""旅途后的分享"的学习任务。

（三）怎样完成——设计实践活动、细化操作路径

系统化的学习任务只解决了学生需要做什么，但是具体该如何做，做到什么样的地步尚没有一个清晰的标准，这一标准的明确有赖于学习任务向更为具体的语文实践活动的转化。新课标提出了"设计学习任务，要围绕特定主题，确定具有内在逻辑关联的语文实践活动"，并将典型的语文实践活动按照"识字与写字""阅读与鉴赏""表达与交流""梳理与探究"进行整合分类，这四类语文实践活动贯穿文学阅读与创意表达任务群教学的始终。但新课标同时提出本学习任务群的语文实践活动是以"整体感知、联想想象""欣赏和评价语言文字作品""表达自己独特的体验与思考，尝试创作文学作品"为主要方式的，这些语文实践活动更侧重于"阅读与鉴赏"和"表达与交流"层面，因此在设计本任务群的语文实践活动中应对其有所偏重。

"阅读与鉴赏""表达与交流"是对文学阅读和创意表达学习任务群中两类语文实践活动的高度概括，但学生无法据此完成学习任务。因此，在实际教学中需要对其细化，实现语文实践活动的可操作性。这种细化一是对具体操作步骤的细化，二是对关键操作环节的细化。所谓操作步骤的细化，指的是完成学习任务需要有哪些关联的听说读写活动；所谓关键操作环节的细化则是以什么样的方式展开听说读写等实践活动。

例如，统编教材五上第七单元中的学习任务"欣赏旅途中的风景"。此学习任务需要细化为如下的语文实践活动：1. 选择用照片和视频的方式拍出景物的美感；2. 选出最值得推荐的特写镜头；3. 为特写镜头或视频配一段画外音乐。活动1实质上是借助镜头的方式让学生区分课文中的动态和静态描

写，指向的是浏览、默读、圈画等语文实践活动；活动2则是发现动态静态描写的景物形象的美感，指向的是对动静画面的联想、想象，对作者语言的欣赏；活动3则是深入探寻作者情感和自然景物交融的独特审美情趣，指向的是对作者情感独特魅力的体悟，以及自己独特体验和思考的表达。

活动2中的想象和联想是感知动静形象和动静语言的关键，需要对这一关键操作环节进一步细化，如在对《月迹》中月亮动态美的联想可以呈现一组慢镜头式图谱（如图2-1所示），让学生找出月亮途经的地方，想象月亮的动态美，还可以对月亮的高低排序，想象月亮逐渐上升，月光变化的动态美。

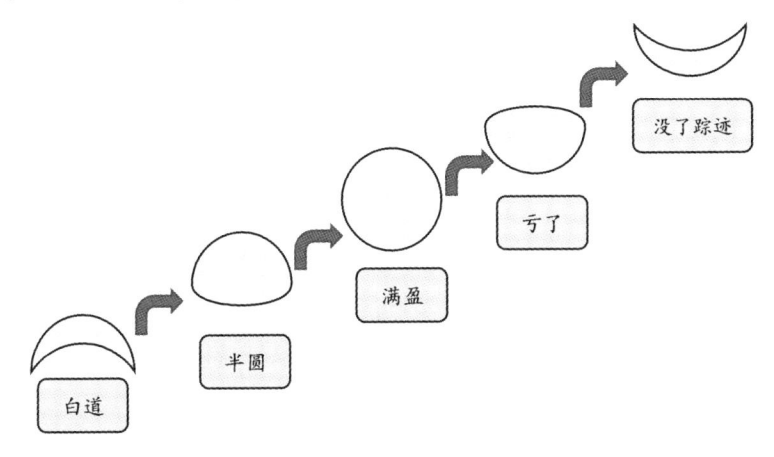

图2-1 《月迹》中月亮动态联想图

再以教学《"诺曼底号"遇难记》为例。为达成从语言动作描写中感知哈尔威船长沉着冷静、舍己为人的高尚品质的教学目标，可以设计如下三个任务：1. 化身侦探调查船只遇难经过；2. 化身幸存者评价船长应对措施；3. 召开船长遇难追悼会。

要完成调查船只遇难经过的任务需要阅读文本，提取梳理文本中与主人公有关的关键信息，这属于将"阅读与鉴赏"的大类细化为关联的听说读写活动，但学习者该去阅读文本中的哪些内容，哪些信息是关键信息等操作环节依然是模糊的，需要转化为"画出'船只怎么样''船长如何说、如何做'的句子，并借助表格（如表2-13所示）将画出的信息进行梳理"这样的操作指令。

表 2-13　《"诺曼底号"遇难记》关键信息梳理表

船上的情况	船长的说话状态	船长应对措施的具体表现
海上相撞，乘客们惊慌失措，场面混乱。	吼喝。	"全体安静，注意听命令……必须把六十人救出去！"
险些弄翻小艇，救援所剩时间不多，轮船即将沉没。	威严，简短有力的声音。	"洛克机械师在哪儿？"……"哪个男人胆敢抢在女人前面，你就开枪打死他。"……
轮船沉没了。	生命就这样结束了。	"屹立在……徐徐沉进大海。"

（四）完成得怎么样——立足多元视角、设计评价活动

文学阅读与创意表达任务群中学习任务的评价设计自然是侧重学生审美创造素养的发展，同时，系统化语文实践活动本身就蕴含了评价的标准，即"教学评一致性"，这也是对学生表现性评价的重视。

例如，在教学《威尼斯的小艇》中要求学生写明信片介绍威尼斯的美景，明信片的篇幅决定了学生需要聚焦美景，介绍美景的要求则决定了学生介绍的语言形式要优美动人，因此实践活动在设计之初就暗含了"重点选择"和"优美语言"的评价标准。

这种评价基于真实的情景，合乎生活和学习的逻辑，但是这种评价是隐形的，对于某些学生而言可能是难以察觉的。因此在某些情况下，还可以设计单独的评价活动，并在评价后对文学作品进行再阅读和再创作。这就要求评价指标的设计需要提前孕育，评价方案需要科学制订，并在具体的儿童化、情景化的评价方式中，及时对学生的过程性和总结性表现进行评价。

此外，在学习任务的设计中可能还需要考虑本学习任务群中学习任务与其他学习任务群之间的关联。鉴于教学目标的研制、学习主题的确定、学习情境的创设、评价体系的制订等内容在本书其他章节已独立阐述，因此本节重点就学习任务的具体设计展开论述。

三、文学阅读与创意表达学习任务群中学习任务的设计策略

（一）立足审美特征与文学情境，设计感性、非功利性的学习任务

鲜明的审美特征提出，强调的文学阅读与创意表达学习任务群中学习任务与其他两个发展型学习任务群的学习任务设计的差异，不同于实用性阅读与交流学习任务群中的"实用"，也不同于思辨性阅读与表达中的"理性"。本学习任务群中学习任务的设计带有典型非功利性和感性特征。

以上文中"跟着大师去旅行"为例，如没有从审美这一非功利性角度出发设计学习任务，学生可能会思考需要如何规划行程，在旅行前要做哪些行李上的准备，旅行中如何照顾大师等问题，这就显然偏离了文学阅读与创意表达任务群的要求。因此，从非功利的审美角度出发，如《鸟的天堂》教学可以设计这样的任务：在和大师游览完"鸟的天堂"，你沉醉于美景，想发一条朋友圈和好友分享自己的独特感受，你会配什么文案？用什么样的图片和视频？

（二）立足学习者视角，设计衍生学习任务的相关要素

1. 角色的定位。

新课标中文学阅读与创意表达任务群中对学生的角色有如下的定位："主动的阅读者、积极的分享者和有创意的表达者"[①]，需要注意的是这仅仅是从"大类"的角度对学生角色进行划分，而在基于真实情境学习任务中，学生的角色应该有着更为丰富的个例。如主动的阅读者可以是《青山处处埋忠骨》中的广播播音员，也可以是《守株待兔》中为漫画配上文字的小作家；积极的分享者可以是《猎人海力布》中的说书人，也可以是向游客介绍《牧场之国》美景的小导游；有创意的表达者可以是《繁星》和《绿》中的小朗诵家，也可以是《西门豹治邺》中劝说乡亲们回乡的西门豹。

这些角色又大致可以分为两类，一类是与学生现实文学生活中真实的、

[①] 中华人民共和国教育部. 义务教育语文课程标准（2022年版）[S]. 北京：北京师范大学出版社，2022：28.

可能遇到的情景相关，如诗歌朗诵者、小导游、讲故事的说书人等；一类是与阅读文学作品的本身相关，如假想为文学作品中的文学形象，乃至创作文学作品的作家本身等。

2. 任务的衍生。

学生角色的确定有利于从学习者的视角出发设计学习任务。学习任务归根结底就是学生做什么样的事，而顺着以什么样的角色去做事就是思路，那么为谁做事、怎样做事等学习任务的要素便浮现开来了。

以与现实生活情景中的有关角色为例子，在教学《牛郎织女》时，我们赋予了学生"说书人"这一角色，学生所要完成的事情大致摆脱不了熟悉故事的底本，根据观众的需求创编故事，并绘声绘色讲故事的范畴；再比如教学二上第四单元，我们赋予了学生"游览美丽中国的游客"这一角色，那么学生面对邻居，需要告知外出，便要完成留言条，学生面对朋友，要分享旅途见闻，则需要完成旅行手账，选一张美丽的照片。

如果扮演的是与文学作品的本身有关的角色，则稍显复杂。一是可以将文本中已经出现的人物作为代入对象，如《青山处处埋忠骨》中可以把自己假想为毛主席，在了解其与岸英多次失散、多次重逢的历史背景后，想象在岸英奔赴朝鲜战场的分别时分主席的语言动作神态，去体会主席的情感，从而达成本单元"从语言、动作、神态出发体会人物心情"的既定目标。二是可以添加与文本作品有关的其他人物为对象进行想象，如《西门豹治邺》中可以添加皇帝的角色，设计西门豹向皇帝汇报民情、写奏章的任务，以达成简要复述的目标。

（三）遵循复杂心理机制，设计系列化的学习任务

一部文学作品，不是一件简单的东西，而是交织着多层意义和关系的一个极其复杂的组合体。① 由此可见，对文学作品的阅读与鉴赏乃至创作也是一个复杂的心理过程。对于义务教育阶段的学生而言，一般来说首先是通过直觉与感受发现作品的笔下之美；其次在联系自身经验基础上进行分析和理解，

---

① 勒内·韦勒克，奥斯汀·沃伦. 文学理论［M］. 刘象愚，刑培明，陈圣生，李哲明，译. 杭州：浙江人民出版社，2017：8.

知道作品何以为美，令作者笔下之美到了读者心中之美；最后则是读者跳出单纯的接受美的角度，以批判性目光完成了对作者笔下之美的评价，这也是文学创作的起点。这样复杂的心理机制决定了只有在系列化、结构化的任务中才能逐步推进学生审美能力发展，系列化学习任务的设计应当大致遵循察觉获取个性审美体验，欣赏评价中提升审美品位，尝试创作美的心理机制。

例如，在《鸟的天堂》这一课教学中，围绕"向远方的朋友介绍美景"这个学习主题，笔者设计如下的系列任务：1. 向远方的朋友发一封电报，介绍鸟的天堂值得观赏的景点；2. 寄出一份照片或一段视频，吸引朋友前来游玩，你会拍什么；3. 巴金还可能介绍鸟的天堂中哪些景物。

任务 1 通过整体感知发现美的景物，这是对美的初步发现。不同学生发现的美的景物可能又有差异，个性化审美体验就在此过程中产生了。

任务 2 对应的则是美的理解与欣赏。通过选择拍照片或者视频呈现景物的特征，并且还要求景物要吸引人，相比前一个任务在审美品位上提出了要求。这需要在任务一找出的景点的基础上对动态和静态的描写进行区别，还需要对概括的景物进行审美角度细化和筛选，如从榕树来看，要从榕树的整体大概的形态美转变为发现榕树枝干、叶片的美。

任务 3 既是对美的更深层次的欣赏评价，同时又暗含着创造美的要求。其要求读者在发现景物语言文字之美的基础上，去探究作者人性美、人情美，同时需要借巴金先生的身份，在结合文本和自己的感受的基础上，去表现动静之姿下的生命之美。

第七节　实施的质量——学业成就的评价

文学阅读与创意表达学习任务群是 2022 版课标六大学习任务群之一。该任务群以文学文本阅读为主，一向在语文教学中占据最大分量。[1] 统编教材在不同学段都编排了与该学习任务群"学习内容"相对应的内容。除单元文本外，教材中习作表达、口语交际以及综合性学习也能看到该任务群的身影。

---

[1]　余向阳，施茂枝. 单元系列学习任务的组合——语文学习任务群视角下教材单元与大单元的对接[J]. 语文建设，2023（1）：7.

2022版课标倡导"课程评价的过程性和整体性,重视评价的导向作用",旨在通过评价"促进学生学习,改进教师教学,全面落实语文课程目标"。[①] 因此,探索文学阅读与创意表达学习任务群下学业成就的评价对其实施有重大的意义。

一、评价的实施原则

实施文学阅读与创意表达任务群学业成就评价可以从2022版课标中找到相应的依据,如在该任务群的"学习内容""教学提示"以及新课标中的"学业质量","课程实施"的"评价建议"等内容中可以窥见。

(一)强化学生表现的过程性评价

2022版课标对文学阅读与创意表达学习任务群在"教学提示"部分从主题情境、学习活动和评价三个方面提出具体指导,实现"教学评"的三位一体。其中,"教"是为了"学","评"的目的也是为了"学",可见学生的"学"是核心。"教学提示"同时指明本学习任务群的评价应围绕学生阅读文学作品的过程性表现进行,[②] 并提出每个学段侧重考查的重点(如表2-14所示),强调了在文学阅读过程中,重点评价学生的表现。不同学段学生阅读表现的关注点不同,从"大体感受"到"具体感受"再到"领悟",评价标准逐级而上,符合学生的认知发展规律。

表2-14 文学阅读与创意表达任务群学段考察的重点表

学段	评价关注点
一	阅读兴趣,对作品情境、节奏和韵味的大体感受。
二	对重要段落和语句的理解,以及对作品的语言和形象的具体感受。
三	对语言、形象、情感、主题的领悟,对文学作品的欣赏水平,创意表达能力。

[①] 中华人民共和国教育部. 义务教育语文课程标准(2022年版)[S]. 北京:北京师范大学出版社,2022:3.

[②] 同上,28.

（二）侧重体现学生审美创造旨趣

2022版课标指出，文学阅读与创意表达任务群"旨在引导学生在语文实践活动中，通过整体感知、联想想象，感受文学语言和形象的独特魅力，获得个性化的审美体验；了解文学作品的基本特点，欣赏和评价语言文字作品，提高审美品位；观察、感受自然与社会，表达自己独特的体验与思考，尝试创作文学作品"。[1] 这句话中的前两个分句指向"文学阅读"，后一分句对应"创意表达"。其中，"文学阅读"强调学生通过感受、理解、欣赏和评价语言文字及作品，获得审美体验，提高审美品位。这与"审美创造"核心素养的要求相一致。由此可见，文学阅读与创意表达任务群侧重对应"审美创造"这一核心素养。[2] 该任务群中"文学阅读"的评价内容也应当与之呼应，紧扣学生"联想想象、感受、理解、欣赏、评价"等文学阅读能力进行评价任务的选择、评价标准的制订等，着重体现学生审美创造旨趣。

（三）注意突出创意表达的三大特性

"创意表达"，即观察、感受自然与社会，表达自己独特的体验与思考，尝试创作文学作品。它与"文学阅读"相关联，一为输入，一为输出。学生在"文学阅读"的过程中通过"整体感知、联想想象、感受"等内化活动，获得文学表达的相关知识，最终指向"创意表达"。小学阶段"创意表达"的要点可以从该任务群的"学习内容"中梳理所得（如表2-15所示）。

表2-15 小学阶段"创意表达"要点表

学段	"创意表达"要点
一	1. 讲述故事。 2. 诵读诗文。

---

[1] 中华人民共和国教育部. 义务教育语文课程标准（2022年版）[S]. 北京：北京师范大学出版社，2022：26.

[2] 杨九俊. "文学阅读与创意表达"任务群的理解与落实[J]. 基础教育课程，2023(1)：21.

续表

学段	"创意表达"要点
二	1. 讲述故事。 2. 尝试用文学语言表达。 3. 用口头或者图文结合的方式创编儿童诗和有趣的故事。
三	1. 讲述/复述故事、评析人物。 2. 用口头或者书面的方式表达对自然的观察与体验、抒发情感。 3. 复述印象深刻的故事情节，尝试富有创意的表达。 4. 运用细节描写等文学表现手法描述自己成长中的故事。

从表中不难看出，创意表达的活动形式有讲述故事、诵读诗文、创编故事、复述故事、书面表达等。这些实践活动既是阅读方法也是审美表达，包含口头和书面两个方面，形式丰富多样。此外，"创意表达"重在"表达自己独特的体验和思考"，具体可以分解为"表达内容的独特性""呈现方式的新颖性"以及"思维表达的创意性"，[①] 故这三者可以作为"创意表达"的评价指标。

此外，在"文学阅读与创意表达"的学业质量标准（大致在每个学段的第3自然段展开描述）中还提到用"结构图""改写、表演"等方式梳理文本、表达审美体验等。这些活动也应当纳入该任务群的评价体系中。

综上所述，在实施文学阅读与创意表达任务群时，教师要注意从学生实践活动入手，明确"文学阅读""创意表达"的评价内容与评价标准，关注学生在其中的关键表现，进行过程性评价。

二、评价的实施路径

2022版课标指出："语文课程评价包括过程性评价和终结性评价。过程性评价贯穿语文学习全过程，终结性评价包括学业水平考试和过程性评价的综

[①] 冯洁珏. "文学阅读与创意表达"学习任务群教学探析［J］. 语文教学通讯·小学，2022（12）：27.

合结果。"① 在任务群实施过程中,应综合运用两种评价对学生学业成就做出客观、公正的判断。在教学活动进行中,通过过程性评价了解学生知识与技能的掌握情况,明确问题和不足,及时优化教学内容,改进教学设计,调整教学策略等以提高学习效率。在单元教学结束时,通过总结性评价,考查学生单元教学目标的达成情况。②

(一)提前孕伏评价任务

2022版课标要求"根据不同年龄的学习特点和不同学段的学习目标,选用恰当的评价方式,抓住关键,突出重点,加强语文课程评价的整体性和综合性"。因此,在文学阅读与创意表达任务群实施前,教师要熟读单篇文本与单元内容,结合学生年段特点与具体学情,明确教学目标,建构学习任务群,事先设计出过程性评价的内容、指标和方法手段,使"教学评"成为一体。比如在教学统编教材五下《童年的发现》一文时,教师紧扣单元语文要素与文本表达特点创设"争做幽默达人"的学习情境,设计"幽默图谱画一画""幽默故事演一演""幽默表达试一试"三个学习任务,并且提前制订任务评价表。③ 该评价表贯穿学生学习任务的始终:任务开展前,可以借助评价标准明确画图谱、演故事、试表达的具体要求;任务进行时,能以评价标准指导自己的实践活动;任务完成后,还能对照评价表完成自评和他评,明确不足并指导改进。学生的学习活动真正做到以评促学。

(二)科学制订评价方案

评价方案包含评价任务、评价标准、评价方式等,需要紧扣学生年段特点、任务群实施要求等科学制订。文学阅读与创意表达任务群重点关注审美创造的旨趣、创意表达的独特、态度情感的表现,每个任务该怎么做、做到

---

① 中华人民共和国教育部. 义务教育语文课程标准(2022年版)[S]. 北京:北京师范大学出版社,2022:46.
② 吴忠豪. 聚焦学习任务,进行单元整体教学设计——2022年版《义务教育语文课程标准》解读[J]. 语文教学通讯·小学,2022(6):10.
③ 金玉,谢攀. 解密儿童幽默,设计指向核心素养的任务群——以统编教材五年级下册《童年的发现》为例[J]. 小学教学设计,2022(6):21-22.

什么程度，达成任务的过程中要学什么、学到什么程度等，都应该有据可依、有据可评。再以《童年的发现》三个学习任务为例，三者之间并不是割裂的，而是相互促进。"幽默图谱画一画"是对文本内容的内化理解，"幽默故事演一演"是对幽默情节的外化表现，"幽默表达试一试"是对幽默语言的实践运用，也是对文本内容的再认识。其评价标准紧扣"画图、表演、表达"的能力要求，结合教学目标来制订，在多元化的评价中形成教学评的良性互动。

（三）及时评价学生表现

一个任务群的学习并不能一蹴而就，短则几天多则数月。教师应及时关注学生表现尤其是在关键节点的表现，通过对其表现的过程性评价来发现学生在文学阅读与创意表达任务群学习时存在的问题，及时修正教学，并对学生进行有效指导。比如，在完成《童年的发现》之"幽默故事演一演"的任务过程中，教师若发现有的学生只能将文本语言简单转化为叙述语言而缺少表演性时，可以适时进行评价，并当场进行有效示范；也可以在班内展评时，引导学生发现小组之间的不同，并对照评价标准发现问题，进而取长补短优化表演。最终通过合适的评价方式，引导学生运用肢体语言，将"人物的语言、动作、神态等细节表演到位"，内化学生对文本的理解。评价的目的是为了促进学生的学习，当评价及时发生，学生的学习活动得以及时反馈，评价的价值才能得以体现。

（四）多样设计总结性评价

文学阅读与创意表达任务群"鼓励学生在口头交流和书面创作中，运用多样的形式呈现作品，发挥自己的创造性"[1]。该任务群的总结性评价方式要有创意，重在激发学生的创造力，培养创新意识。比如统编教材二上第四单元分别描述了鹳雀楼、庐山瀑布、黄山奇石、日月潭、葡萄沟等地美景，这是"多彩世界"主题下的学习内容，教师可以创设"美丽中国游"的学习情境。学生在此情境中，先后完成"做一份旅游攻略"（《葡萄沟》），"画一幅

---

[1] 中华人民共和国教育部. 义务教育语文课程标准（2022年版）[S]. 北京：北京师范大学出版社，2022：28.

想象的画面"(《古诗二首》),"起一个有趣的名字"(《黄山奇石》),"拍一张美景的照片"(《日月潭》)等四个学习任务。在实践活动中,借助攻略图说清自己喜欢景点的理由,展开想象并对照图画进行画面描述,拍下美景照片并说明拍摄理由等。在本单元教学结束后,设计多样化的总结性评价方式,如制作一份"带你游中国"手抄报;做一回导游,向他人介绍这些旅游景点;做一回景点星推官,向亲友推荐其中一个旅游景点,说清楚推荐理由;做一组图文并茂的景点介绍幻灯片;制作一个景点微视频,并进行讲解……

三、评价的注意事项

学生学业成就评价是对学生经过一段时间学习后,是否达到了课程标准所规定的课程目标及其达到目标程度的一种判断活动。评价标准必须基于课程标准,与课程标准保持高度一致。① 与前几版课标相比,2022版课标在课程评价与学业质量标准制定上有显著进步,但具体到不同任务群下各阅读能力与表达能力的层级要求、评价标准、呈现形式等则留有空间,供一线教师进行个性化解读与实施。"文学阅读与创意表达"任务群在进行评价的过程中要注意以下几点。

(一)评价标准的具体化

明确、具体、可操作的学生学业成就评价标准对促进学生获得高质量的学业成就具有重要的作用。② 在文学阅读与创意表达任务群的学习中,想象是一个重要载体,该任务群"教学提示"第一学段的评价要点就提出要"通过朗读和想象等,侧重考查学生对作品情境、节奏和韵味的大体感受"。但如何检测学生的想象水平呢?2022版课标并未做出具体的指导,这就需要一线教师结合教学实践将"想象"的评价目标进行个性的、可操作的细化。结合儿童心理发展特征,从想象画面的数量、质量、结构三个维度,可以拟定出不

---

① 郭俊奇. 语文学业成就评价标准的缺失与建构[J]. 教学与管理,2019(1):78.
② 同上,76.

同学段"想象"的评价梯度标准。①（如表2-16所示）

表2-16 小学阶段"想象"评价标准

年段	"想象"评价标准
一	1. 想象画面中出现的事物数量大于或等于文字所描述的事物数量。
二	1. 想象画面中出现的事物数量大于文字所描述的事物数量。 2. 想象画面是静态事物与动态事物的结合。 3. 想象画面中所出现的事物有清晰的状态和具体的细节。
三	1. 想象画面中出现的事物数量大于文字所描述的事物数量。 2. 想象画面是静态事物与动态事物的结合。 3. 想象画面中所出现的事物有清晰的状态和具体的细节。 4. 想象画面中所出现的事物结构安排合乎事实与逻辑。

（二）语言表述的儿童化

小学生以形象思维为主，评价的语言应避免空洞的概念表述，而是用可量化、可对比、可模仿的儿童化语言进行具体形象的描述。例如"讲故事"的评价，低段学生的评价量表（见表2-17）用他们能看懂的语言进行描述："要做到这样"就是讲故事的评价标准，"最高可得三颗星"就是评价等级，"你认为可得几星"以及"同学认为可得几星"对应的是"自评"和"他评"。这样的描述符合低段学生的认知，避免产生歧义，促进评价的有效发生。

表2-17 低段讲故事评价标准

我来讲故事			
要做到这样	最高可得三颗星	你认为可得几星	同学认为可得几星
能让别人听清楚	☆☆☆		
能把故事讲完整	☆☆☆		
大方自然有礼貌	☆☆☆		

---

① 刘仁增. 小学语文统编教材的语用解读［M］. 福州：福建教育出版社，2020（9）：139.

(三) 评价主体的多元化

2022版课标指出"过程性评价应发挥多元评价主体的积极作用",引导学生开展丰富多样的评价。文学阅读与创意表达任务群鼓励学生"运用多样的形式呈现作品,发挥自己的创造性"。学生的作品是否具有创造性是一个见仁见智的问题,多元化的评价可以赋予创意表达多角度的判断和多维度的导向。因此,该任务群的评价主体除了学生、同伴、老师外,可以通过网络资源平台以更加多样化的形式,积极引导学校管理人员、班主任、家长、社区人员、社会人士等参与其中,还可以在学科融合的过程中进一步拓展评价的视野。

(四) 评价方式的情境化

实践性、情境性是本学习任务群的特点,评价也当以更加情境化的方式进入其中,力求在情境中获得学生的各类表现,并进行行为能力的考评。比如,统编教材二上第四单元在开展"美丽中国游"的情境任务学习时,可以让学生以"导游"的身份,商讨得出各个学习任务的评价要点。同时,在评价他人作品如"做一回导游,向他人介绍这些旅游景点""做一回景点星推官,向亲友推荐其中一个旅游景点,说清楚推荐理由"时,学生也可以"游客"的身份来判断他人的介绍、推荐等是否到位。

(五) 呈现形式的创意化

评价量表作为常用的评价方式,对于小学生尤其是第一学段儿童来说显得太过理性而缺乏童趣。文学阅读与创意表达任务群注重个体阅读的独特性与表达的创新性。在评价环节也尽量体现该任务群的特色,因此量表的形式应注意新颖,除了直观可感外,还可以将不同色彩、卡通形象、动物图画等儿童喜闻乐见的元素添加进去,甚至可以大胆尝试,以图画代替表格,让评价创意十足。

第八节　实施的保障——关系的处理

一、正确处理学习任务群与统编版教材的关系

"核心素养导向，要让素养落地"是此次2022版课标修订的根本任务和重要目标。课标在内容组织与呈现方式中新增了六个学习任务群。语文学习任务群是培养学生核心素养的凭借，是承载语文课程内容、架构课程体系、创新语文教学模式的若干相互关联的语文学习任务的集合体。课程标准修订组组长郑国民先生说："之所以运用学习任务群这种组织和呈现方式来表述课程内容，目的是改变知识点、能力点静态呈现对教师带来的约束，以促成教师在课程实施时致力于引导学生在动态语文实践活动中学习语言文字运用，发展语文核心素养。"

现在使用的统编教材是2022版课标颁布之前编写的。统编教材并非按照六大学习任务群组织课程内容，而是采用人文主题和语文训练的基本要素（简称"语文要素"）双线索按单元组织课程内容。宽泛的人文主题将单元课文组织在一起，形成一条贯穿全套教科书显性的线索；同时另一条线索，将语文要素作为主线，包括必备的语文知识、基本的语文能力，由易及难地分布在各个单元，构建起语文学科训练体系。显而易见，目前使用的统编教材与2022版课标并不匹配。

那么在统编教材尚未修订的过渡期，我们如何实施语文课程标准呢？温儒敏先生强调："把握课标精神，用好统编教材。"在本章第二节、第三节，我们对相关内容进行了具体阐述。在学习主题的确定上，既可以基于文学阅读与创意表达学习任务群的内容，通过"由总到分""以一带多"等策略确定学习主题；也应该基于现行统编版教科书的内容，通过"立足单元统摄生发""立足多篇重组生发""立足单篇拓展生发"等策略确定学习主题。在文本选择上，既基于文体，选择典型单元和篇目；又超越文体，选择相关单元和相关篇目。既基于教材，类文拓展；又超越教材，整合融通。这些策略，运用

2022版课标的理念，遵循或重新建构统编教材单元的内容，有效落实了学习任务群的教学。

二、正确处理此任务群和彼任务群的关系

此任务群指文学阅读与创意表达学习任务群，彼任务群指其他五个学习任务群。新课标在教学建议中指出："关注不同学习任务群之间的内在联系。"在教材编写建议中说："也可设置关联性的学习内容，实现同一学段不同学习任务群内容的整合。"因此我们在落实此任务群的时候，还要兼顾落实文本承载的彼任务群内容，做到既有所侧重，又融为一体。纵向来看，作为发展型学习任务群要相机渗透基础型学习任务群的内容，比如每篇课文中的生字词等语言文字积累与梳理的内容都需要关注；横向来看，三个发展型任务群虽然各自独立，同时又相互交叉，教学时不能完全割裂，比如讲述革命故事时用列标题、思维导图等方式呈现故事的情节，这渗透了实用性阅读与交流和思辨性阅读与表达任务群的内容。我们在教学时要做到此任务群重点突出，彼任务群有机渗透。

三、正确处理单元教学和单篇学习的关系

杨九俊先生认为："学习任务群对应具体单元时，往往采用主题情境的方式，以一个核心学习任务领起一个单元，单元构成了一个学习单位。""大单元教学一般可以分三步走，第一步：初步感知整个单元，拎出核心学习任务；第二步：逐课学习，主要是通过积极的语文实践触摸文本肌理，'入乎其内'；第三步，整合学习，可以从主题、结构、语言、风格等方面'出乎其外'，并在这些方面以及读写融通、学习方法等方面相机选择，有重点地进行单元整体梳理与探究、迁移与应用。"

北京师范大学王宁教授认为："学习任务群并不都是多篇教学，而是根据任务来选择相应的资源……在目标明确、情境真实的前提下，资源选择得好，任务安排得好，阅读、写作自然会有深度"，"学习任务群改变了传统的单元

课文呈现方式和大量讲解分析的教学模式"。

两位先生告诉我们，学习任务群的学习单位主要是单元，但也不排斥单篇。单元构成的学习单位，一方面需要强化单元意识，要以语文实践活动为主线，打破传统的单篇逐课讲读课文的学习模式，从单元整体视角处理多篇课文、不同板块的教学；另一方面，在研制单元任务群学习目标、设计学习任务的时候，不能忽视单篇课文独特的价值，要通过积极的语文实践引领学生深入阅读，触摸文本肌理，只有做到单篇学习的"入乎其内"，方能实现单元整体学习的"出乎其外"。从整体感知到逐课学习（这里说的"课"，就是单元中的一个学习板块，可以是一篇文章，也可以是多篇文章），再到整合学习，就很好地处理了单元教学和单篇学习，整体学习与板块学习的关系。

四、正确处理文学阅读与创意表达的关系

1950年《小学语文课程暂行标准（草案）》中的"教材编选要点"指出"语文教材以阅读为中心"。故而长期以来，小学语文的教材编写与课堂教学，一直以阅读为中心。2022版课标中三个发展型学习任务群，都围绕阅读与表达展开，这体现了阅读与表达并重的课程理念。

从2022版课标对文学阅读与创意表达任务群描述的文字字数来看，"文学阅读"的表述字数还是超过了"创意表达"的字数，这从某种程度上说明文学阅读是创意表达的基础，也是创意表达的逻辑前提。文学阅读将创意表达作为学习的主要内容，学生在字里行间发现独到的新鲜的观感（内容）和独到的新鲜的表现（形式），在创意表达中又融进了文学阅读中所获得的个性化审美体验（内容）和个体语言经验（形式）。作为一线语文教师，在解读文学性文本时，最基本的能力是迅速地捕捉不同题材、不同体裁的文学类课文中隐含的创意表达点；在课堂教学时以此作为教学内容引领学生进行文学阅读，并用文学阅读的成果反哺创意表达，实现文学阅读与创意表达的相辅相成与双向滋养。

五、正确处理学习任务群和学习质量的关系

学习任务群的实施由一个个具有内在逻辑关联的学习任务组成，学习任务群实施的质量主要取决于学生完成学习任务的质量。恰当的评价方式和评价工具能够对学生完成学习任务的质量进行有效检验。文学阅读与创意表达任务群重点关注审美创造的旨趣、创意表达的独特、态度情感的表现，每个任务该怎么做、做到什么程度，评价标准要围绕什么制订，采取怎样的评价方式等，都应该有据可依、有据可评。

因此，在文学阅读与创意表达任务群实施过程中要坚持"以终为始"的原则。教师首先需要根据教学目标提前设计出过程性评价的内容、指标和方法手段。其次，需要紧扣学生年段特点、任务群实施要求等科学制订评价方案，包含评价任务、评价标准、评价方式等。再次还应及时关注学生在学习活动中的表现尤其是在关键节点的表现，通过与预设的典型学习表现与成果作品进行比较，以此来评价学生是否学会了、任务是否完成了。最后，通过表现性评价来发现学生在文学阅读与创意表达任务群学习时存在的问题，及时修正教学并对学生进行有效指导，以此来保证学习质量。

下 篇

文学阅读与创意表达
——小学语文学习任务群案例

第三章
"革命文化"主题课例

第一节 低段"领袖与英雄的童年"主题课例

登"星光剧场",礼赞红色小英雄
——二上《刘胡兰》单篇教学设计

一、学习内容与学习目标

(一)学习内容

统编教材二上第六单元第 18 课《刘胡兰》是一篇经典的革命故事,讲述了刘胡兰面对敌人的威逼利诱毫不屈服、顽强斗争,最后光荣牺牲的悲壮事迹,歌颂了刘胡兰不出卖同志、严守党的秘密,为革命视死如归的崇高品质和大无畏的革命精神。课文符合文学阅读与创意表达学习任务群第一学段第(1)条学习内容"阅读并学习讲述革命领袖、革命英雄、爱国志士的童年故事,表达敬仰之情和向他们学习的愿望"。刘胡兰的一生虽然短暂,却放射出灿烂的光芒,毛主席亲笔题写的"生的伟大,死的光荣"八个字,是对刘胡兰短暂一生的高度概括和评价。课文通过对刘胡兰的语言、动作等描写,让鲜活光辉的小英雄形象走进学生心里。

(二)学习目标

1. 正确、流利、有感情地朗读课文。认识"刘""兰"等 10 个生字,读准多音字"血"，会写"刘""民"等8个字，联系上下文理解"收买""威胁""牺牲""像钢铁铸成"等词句和毛主席题词的意思。

2. 能借助标点、提示语读好刘胡兰和敌人的对话，把敌人阴险残暴的丑态与刘胡兰光辉高大的形象进行对比；抓住语言、动作等描写，感受刘胡兰坚持信仰、威武不屈、视死如归的英雄形象的独特魅力。

3. 通过"读剧本""背台词""演一演"等活动，激发学生"讲""演"故事的兴趣，在讲述和表演中传扬刘胡兰的革命精神，表达崇敬之情。

二、整体思路与整合方式

（一）整体思路

本课创设"登'星光剧场'，礼赞红色小英雄"的学习情境，设计"读剧本，知故事""背台词，讲故事""演一演，赞英雄"三个关联紧密的学习任务。通过九个不断推进的学习活动，引导学生自主阅读，并通过讲故事、演故事，表达敬仰之情和向英雄学习的愿望（如表3-1所示）。

表3-1 统编版小学语文教科书二上第18课《刘胡兰》教学设计思路

学习情境	学习任务	学习活动	学习内容	评价设计	课时安排
登"星光剧场"，礼赞红色小英雄	读剧本，知故事	活动1：读通剧本 活动2：初识英雄 活动3：读好剧本	1. 借助拼音读通、读顺课文。读准字音，学习多音字"血"，掌握读好长句的方法，梳理课文脉络。 2. 开展"我眼中的刘胡兰"活动，说出自己对刘胡兰的感受和想法，正确、流利地读好感受深的句子。	读剧本评价要点： ①能读通课文，读准字音，不添字漏字；②声音响亮，读好长句子的停顿；③能把握好语速和语调。	1

续表

学习情境	学习任务	学习活动	学习内容	评价设计	课时安排
			3. 开展"读故事"评选活动。		
	背台词，讲故事	活动1：故事要素记清楚 活动2：关键情节理清楚 活动3：读好对话背台词 活动4：英雄故事登台讲	1. 明确故事的时间、地点、人物、事件。 2. 圈画关键词"收买""威胁""殴打"，理顺故事情节。 3. 借助视频资料创设文本情境，对比敌人与刘胡兰的动作、语言，多种形式朗读体会人物形象。 4. 借助故事支架，完整讲故事，评选优秀"宣讲员"。	"讲解员"评价要点：①正确、流利地讲述；②有顺序、情节完整（时间+地点+人物+事情）；③能借助感叹号、提示语，有感情地讲好敌人与刘胡兰的对话，添加适当的动作。	1
	演一演，赞英雄	活动1：表演彩排入角色 活动2：拓展延伸赞英雄	1. 能根据自身特点，选择适合的角色，积极参与小组讨论，组内彩排。 2. 对照评价要求，评选优秀表演团队。 3. 自主阅读更多英雄故事。	表演评价要求：①道具、服装适宜，组员配合默契；②熟记台词，情节完整；③人物对话符合角色形象，有表情，适当添加人物动作。	

（二）整合方式

"读剧本，知故事"旨在引导学生借助拼音读准字音、读通读顺课文，抓住"时间、地点、人物"梳理故事的脉络，初步感受刘胡兰的英雄形象，为接下来的讲述故事打好基础。

"背台词，讲故事"旨在引导学生借助关键词"收买""威胁""殴打"，梳理刘胡兰的语言、动作，找准关键台词；关注标点、提示语对人物情感表达的作用，读好台词；最后借助板书完整讲述故事，传扬英雄精神。

"演一演，赞英雄"旨在拓展延伸，学生由对文本的理解到将有所内化的英雄精神通过表演外化，拓展阅读重在引导学生对书籍的选择，让学生走近革命英雄，用讲述、表演表达心中敬仰，传扬红色精神。

三、具体方案与设计意图

同学们你们听——（播放歌曲）

一朵红花红又红，刘胡兰姐姐是英雄。

从小生长在旧社会，长大成为女英雄。

生的伟大死的光荣，我们一起学习她。

歌曲中传扬的英雄是谁？

刘胡兰姐姐是英雄，毛泽东主席亲自为刘胡兰题写了八个大字——生的伟大，死的光荣。这是党对年龄最小的共产党员的最大褒扬，1957年1月9日，题词被送到云周西村的刘胡兰烈士纪念馆。

你们瞧——这就是刘胡兰纪念馆和毛主席的题词（出示图片）。

红色歌曲在传唱，红色故事在传扬，学校正在开展"登'星光剧场'，礼赞红色小英雄"活动，想不想登上"星光剧场"，演一演刘胡兰的英雄事迹呢？

【设计意图】创设"登'星光剧场'，礼赞红色小英雄"的学习情境，围绕"阅读并学习讲述革命英雄童年故事"的要求，将学生的校园生活和革命文化的学习整合在一起，提升学习内驱力。

下篇 文学阅读与创意表达——小学语文学习任务群案例

任务一：读剧本，知故事

想做小演员登上"星光剧场"，先要读好剧本，有信心吗？

活动1：读通剧本

1. 我们要评选出班级中读剧本最好的"小百灵"（指名读课题），听一听声音最亮的"小百灵"在哪里？

2. 请伸出小手和老师一起写写英雄的名字，把她写进我们的心里。

3. 毛泽东主席亲自为刘胡兰题写了八个大字——生的伟大，死的光荣。在刘胡兰身上到底发生了什么事？请先标出自然段序号，再借助拼音读课文，读准字音，不添字、不漏字，把课文读两遍。

（1）读得这么认真，我要考考"小百灵"，这两组词语分别描写了谁？

云周西村　被捕　不知道　牺牲　（刘胡兰）

拉到广场　血淋淋　威胁　（国民党反动派）

派：动画片中演坏人的一类人就称为"反派"；课文中与人民为敌的就叫"反动派"；生活中有人做事人前和人后不一致，我们就称他为"两面派"；同学们中有积极、乐观的人，我们称他为"乐天派"。

血：在文中还有许多词语小伙伴，你快速找一找，圈出来，试着读一读。

血淋淋（xiě lín lín）　　　　鲜血（xiān xuè）

牺牲：什么人的死称为"牺牲"？（英雄、烈士）

（2）读好长句我能行。

1947年1月12日，天/阴沉沉的，国民党反动派/包围了/云周西村。由于/叛徒的出卖，年轻的共产党员/刘胡兰/被捕了，关在一座庙里。

被捕："被"这个字是什么偏旁？是呀，衣字旁，"被"本义就是被子，引申为施加、遭受的意思。为什么刘胡兰被捕了呢？用上"因为，所以"的句式说一说。

叛徒：指的就是斗争意志不坚定的人，他们面对敌人没有勇气，他们甚至把刘胡兰藏身的云周西村都告诉给了敌人，这样可耻的行为就是出卖。

朗读的秘密藏在适当的停顿中。练读句子，读好停顿，就能把句子的意

99

文学阅读与创意表达——小学语文学习任务群解析与案例

思读明白。

活动 2：初识英雄

1. 光读好停顿还不够，我们在读句子的时候还要掌握好语速和语调。自己读一读，试一试。

2. 指名读，相机指导。

同学们在读到"天阴沉沉"，刘胡兰"被捕"时，语速放慢了，声音低沉了。采访一下，"小百灵"的声音应该是清脆、响亮的，你们为什么这样读？（刘胡兰被捕这件事令人担忧、令人难过，朗读时带着这样的心情语速就会缓慢，声音就会低沉。）

3. 小组内分自然段或分角色练读课文。以小组为单位全班展示。

4. 通过读课文，我们不仅认识了刘胡兰，还了解到她的故事。如果让你来夸夸她，你会用哪些词语来夸她？最好用上四字词语。

老师也找到了一些词，分享给大家——

宁死不屈、奋不顾身、坚贞不屈、视死如归、正气凛然……

请"小百灵"们用声音表达对刘胡兰的歌颂与赞美。（齐读词语）

活动 3：读好剧本

对照标准，练读课文，看看你是几星级的"小百灵"（如表 3-2 所示）。

表 3-2 "小百灵"星级评价表

朗读方式	具体标准	自评（涂星）	互评（涂星）
自己朗读，或者和小组同学合作朗读（分自然段、分角色）	能读通课文，读准字音，不加字、漏字。	☆☆☆	☆☆☆
	声音响亮，长句朗读停顿正确。	☆☆☆	☆☆☆
	能把握好语速和语调。	☆☆☆	☆☆☆

【设计意图】低年级的学生，处在大量积累语料的阶段，进行文学阅读与创意表达学习任务群教学时，"读"仍为主要的学习方法。此环节侧重于引导学生掌握读的方法，分类的词组、长句的停顿、词语的拓展都指向下一环节的"讲"与"演"。

任务二：背台词，讲故事

登上"星光剧场"，将刘胡兰的故事传扬。把故事讲清楚、讲明白是需要把剧本里的台词记熟的。

活动1：故事要素记清楚

1. 时间、地点、人物记清楚。

出示：1947年1月12日，天阴沉沉的，国民党反动派包围了云周西村。由于叛徒的出卖，年轻的共产党员刘胡兰被捕了，关在一座庙里。

2. 故事内容说完整。

_____被捕了，面对_____威逼利诱，她_____，最后_____。

活动2：关键情节理清楚

1. 在上一节课我们为刘胡兰选取了夸奖词，现在也请你用一个词语来形容反动派，你觉得什么词语合适？（凶狠残暴、凶恶狡诈、粗暴残忍）

2. 上台宣讲故事，需要理清故事情节。读一读课文，用"_____"画出敌人说了什么、做了什么。

（1）结合画出的句子，说说敌人抓捕刘胡兰的目的是什么，敌人采用的手段是什么。

收买——"告诉我村子里谁是共产党员，说出一个，给你一百块钱。"

相机播放历史图片资料，体会"一百块钱"在当时不是一笔小数目。这么多的钱给刘胡兰，敌人想得到什么？（敌人想通过刘胡兰抓捕更多共产党员）像这样给别人钱财，以达到利用别人的目的就叫收买。

威胁——"不说就枪毙你！"

这一次，敌人换了什么招数？你能也像刚才一样从句子中找一个词语来回答吗？（威胁）用枪毙来恐吓刘胡兰、逼迫她说出秘密，这就叫威胁。谁来读好？你为什么用这个语气读？原来恶狠狠地说就是威胁，说了可能要伤害你的话就是威胁。

拷打——敌人从刘胡兰口中什么都没有得到，恼羞成怒，把她打得鲜血直流。

没有得逞的敌人又想出了什么办法？（打）

不是一般的打，而是把刘胡兰打得"鲜血直流"，敌人这样的行为，我们称之为拷打。

（2）敌人的凶残还体现在哪里？

敌人把刘胡兰拉到庙门口的广场上，当着她和乡亲的面，铡死了被捕的六个民兵。敌人指着鲜血淋漓的铡刀说："不说，也铡死你！"

（出示图片）你们瞧，博物馆中的"铡刀图"。敌人这次亮出了最严酷的武器，铡刀。一刀下去，人头落地，多么可怕啊！看着这血淋淋的铡刀，看着这满地的鲜血，你有什么感受？可是刘胡兰说了什么？

（3）小结：讲述故事时抓住"收买""威胁""拷打"有顺序地理清情节，听故事的人会听得更清楚、更明白。

活动3：读好对话背台词

1. 敌人由最初的收买到威胁，再到拷打，最后用铡刀行刑，刘胡兰又是怎么应对的呢？用波浪线画出面对敌人凶狠残暴的手段，刘胡兰说了什么，做了什么。

思考：刘胡兰向敌人屈服了吗？你从哪些地方看出来的？先自己完成，再在小组中交流。

2. 交流讨论。

（1）相机出示：

刘胡兰大声回答："我不知道！"（面对收买：毫不上当！）

刘胡兰愤怒地回答："不知道！就是不知道！"（面对威胁：毫不退缩！）

刘胡兰像钢铁铸成似的，一点儿也不动摇。（面对拷打：毫不动摇！）

刘胡兰挺起胸膛说："要杀要砍由你们，怕死不是共产党员！"（面对铡刀行刑：毫不怕死！）

（2）想成为优秀"宣讲员"，首先要读好刘胡兰说的话。

当敌人收买她时，她毫不上当，大声回答——

当敌人威胁她时，她毫不退缩，愤怒地回答——

当敌人拷打她时，她毫不动摇——

当敌人用铡刀行刑时，她毫不怕死，挺起胸膛说——

同桌合作读出"大声""愤怒"的不同语气，相互评价提提建议。

3. 刘胡兰的坚强不屈，不仅仅表现在她的语言，还体现在她的动作。

刘胡兰挺起胸膛说："要杀要砍由你们，怕死不是共产党员！"她迎着呼呼的北风，踏着烈士的鲜血，走到铡刀前。

（1）播放视频：刘胡兰英勇就义片段。带着观看感受，演示刘胡兰"挺起胸膛"的动作，再读这段文字。

（2）为了保守党的机密，为了同志们的生命安全，刘胡兰不惜牺牲自己年轻的生命。此时此刻，你就是乡亲们中的一员，亲眼目睹了这惊天动地、气壮山河的一幕，你有什么想对刘胡兰说的？

是啊！刘胡兰英勇牺牲时才十五岁呀，她的英雄事迹感动了无数人。虽然刘胡兰牺牲了，但她毫不屈服、视死如归的精神将代代相传，难怪毛主席赞扬她——（齐读）生的伟大，死的光荣！

（3）此时此刻，相信你对"牺牲"有了更深的理解。从古至今，无论是战乱还是和平，国家的发展壮大都离不开伟大的英雄们，在生命的最后一刻，他们选择了把最后一次心跳献给了祖国。在中国的历史中，还有哪些人的死你觉得也是可以称之为"牺牲"。

4. 回顾刘胡兰的语言、动作，尝试背记台词。

活动4：英雄故事登台讲

1. 开启班级的"星光小剧场"，请你们闪亮登场，借助提示讲好故事。

各位老师、各位同学，很高兴成为今天的红色宣讲员，今天我讲的是＿＿＿＿的故事……

借助板书：

敌人——收买　威胁　拷打　铡刀行刑

刘胡兰——不知道　不知道　不动摇　怕死不是共产党员

我感受到（谁）＿＿＿＿，因为他（她）＿＿＿＿＿＿＿＿＿＿＿。

2. 请同学们对照评价的表格，当个小评委，看看他的讲述能得几颗星（如表3-3所示）。

表3-3 宣讲员星级评价标准

具体标准	星级（涂星）
正确、流利地讲述，声音响亮。	☆☆☆
故事讲述有顺序、情节完整（时间＋地点＋人物＋事情）。	☆☆☆
能借助感叹号、提示语有感情地讲好敌人与刘胡兰的对话，有表情，添加适当人物的动作。	☆☆☆

【设计意图】通过问题引路、自主学习、交流汇报、精讲点拨、情境表达等，引导学生找寻"宣讲"的秘密：时间、地点要素清晰，故事情节完整，人物的语言、表情、动作生动。通过"宣讲员"活动，体会刘胡兰的人物形象，受到革命文化的熏陶。

任务三：演一演，赞英雄

刚刚登台的同学讲述了刘胡兰的故事，你们的表现棒极了。经过不懈努力，现在可以演剧本，争做优秀"小演员"了吧。

活动1：表演彩排入角色

1. 表演重在演员之间的合作，你们在小组中的角色分配好了吗？小组内商讨演员的人选，刘胡兰、敌人以及解说员谁来当？可以先分角色读对话，看看你适合演什么角色。

作为幕后的总导演，我也有话说：敌人的话语结束也是感叹号，刘胡兰话语结束也是感叹号，要试着读出语气的不同。

小小解说员在舞台剧中责任重大，观众能否听清、听懂故事就靠你了哟。你可以关注提示语，讲好故事，为演员铺垫情感。

2. 班级舞台试演，争做优秀小演员，请台下的小评委们对照评价表为上台表演的小组同学打分（如表3-4所示）。

表 3-4　小组合作表演故事星级评价标准

评价标准	星级（涂星）
道具、服装准备适宜，组员配合默契。	☆☆☆
熟记台词、故事情节完整。	☆☆☆
人物对话符合角色形象，表情生动，适当添加人物动作。	☆☆☆

活动 2：拓展延伸赞英雄

1. 你们都是出色的小演员，小组同学配合默契，把故事中的人物都演"活"了。近期我会聘请校"星光剧场"的评委老师来班级观看你们的表演，评选出优秀表演团队，参加"星光剧场"的演出。

2. 播放歌曲《王二小》，你们听，歌中传颂的是——王二小，他也是革命小英雄。

在峥嵘岁月里，面对强大又凶残的敌人，王二小和刘胡兰都表现得十分勇敢，他们为保护乡亲和战友，不怕牺牲，视死如归。他们都有一个共同的品质——坚持信仰，对党忠诚！也正是有了这些革命先烈的无畏牺牲，才换来我们今天幸福的生活。

3. 在战争年代，还有许许多多像刘胡兰一样的小英雄，你可以读读《刘胡兰的故事》《闪闪的红星》等书籍，以"讲""演"的形式去传扬英雄的故事，传承红色的精神。

【设计意图】此环节进行朗读指导时，对比敌人与刘胡兰的对话，提醒学生注意感叹号背后的情感变化，关注提示语的效果，帮助学生快速进入角色，在表演中呈现小英雄的人物形象，深切体悟小英雄可贵的精神品质。

用声音致敬伟人
——二上第六单元"领袖的童年"课外类文阅读教学设计

一、学习内容与学习目标

（一）学习内容

统编教材二上第六单元围绕"革命领袖"主题编排了四篇课文，分别是《八角楼上》《朱德的扁担》《难忘的泼水节》和《刘胡兰》，前三篇课文展现了革命领袖崇高的革命精神、高尚的道德品质以及与人民群众的鱼水之情，第四篇课文歌颂了刘胡兰视死如归的崇高品质和大无畏的革命精神。这一内容与文学阅读与创意表达学习任务群第一学段的第（1）条学习内容"阅读并学习讲述革命领袖、革命英雄、爱国志士的童年故事，表达敬仰之情和向他们学习的愿望"有很大的关联性。本课例基于本单元前三篇课文的学习，围绕伟大的"革命领袖"主题，拓展阅读革命领袖的童年故事，并创设情境进行口语交际，分享阅读成果。

（二）学习目标

1. 多渠道搜集素材，借助拼音正确、流利、有感情地朗读故事，凭借语言文字，理解故事内容，初步感悟领袖人物童年时代聪明好学、锄强扶弱、胆识过人等品质。

2. 借助读书卡、评价表等准确、生动地讲述毛泽东、周恩来、孙中山、邓小平等革命领袖的童年故事，能在"班级演讲""电视台小主播"等特定情境下进行个性化讲述。

3. 在具体的情境中，培养学生勤于探究、乐于表达的学习品质，大方得体、自然流畅的口语交际技巧，通过故事宣讲表达对革命领袖的敬仰之情和向他们学习的愿望。

二、整体思路与整合方式

(一) 整体思路

本单元的阅读训练要素是"借助词句，了解课文内容，初步感知人物品质"。纵观本册书的前五个单元，语文要素环环相扣，螺旋上升，从"借助图片"到"借助词句"，从"了解课文内容"到"感悟道理品质"，逐步提升学生的理解感悟能力。本单元的口语交际《父与子》旨在训练学生了解图意、发挥想象，按顺序讲清图意。这契合本单元的语文要素，但与单元人文主题"革命领袖"并不匹配。"革命文化"主题阅读在凝聚信仰、传承文化、立德树人等方面具有重要作用，文学阅读与创意表达学习任务群中，"革命文化"是三大核心内容之一，且一以贯之地安排在各个学段中。二上第六单元是典型的"红色"单元，适宜结合单元主题，从"伟人典型事迹"学习拓展到"革命领袖童年故事"的阅读。本课以校园电视台"用声音致敬伟人——红色小主播招聘"为学习情境，建构"找、读、讲、录"四个学习任务，让"革命文化"在课堂中落地（如表3-5所示）。

表3-5 统编版小学语文教科书二上第六单元拓展"领袖的童年"课外类文教学设计思路

学习情境	学习任务	学习活动	学习内容	评价设计	课时安排
用声音致敬伟人——红色小主播招聘	找故事，追溯革命领袖的童年脚步	活动1：回忆旧知，乐谈阅读 活动2：搜集故事，自主实践 活动3：分享资料，拓展教材	1. 分享自己的阅读经历和阅读方法。 2. 通过网络、图书馆、咨询家长等多种方式获取自己想要的资料。 3. 初步了解故事内容，根据主题自主选择喜欢的学习内容。	1. 搜集故事评价要点：①途径多样；②独立搜集；③主题符合要求。 2. 分享资料评价要点：①能根据要求及自己的喜筛选整理材料；②主动分享。	1

续表

学习情境	学习任务	学习活动	学习内容	评价设计	课时安排
	读故事，初识革命领袖的童年形象	活动1：自读故事，理清头绪 活动2：互享故事，交流感悟	1. 借助拼音，自主阅读，初步了解故事内容，感知人物品质。 2. 将自己最喜欢的片段读给伙伴听；借助读书卡，通过交流初步表达敬仰之情。	1. 自读故事评价要点：①独立阅读，读顺故事，不添字不漏字；②读书卡填写完整。 2. 交流感悟评价要点：①感悟内容正确；②表达流畅，"喜欢"有理有据。	
	讲故事，再现革命领袖的童年风采	活动1：赏析视频，拟定标准 活动2：个性演讲，多元评价	1. 文明观赏视频，各抒己见，拟定"优秀主播"评价标准。 2. 组内讲故事，同伴互听互评。	讲故事（红色小主播）评价要点：①普通话标准、语言通顺流畅、声音响亮；②内容正确，情节完整；③绘声绘色，讲述生动；④说清楚自己的感悟；⑤能表达敬仰之情和向他们学习的愿望。	1
	录故事，演绎革命领袖的童年故事	活动1：导演拍一拍，主播演一演 活动2：评委说一说，观众选一选	1. 班内影视社团的学生利用手机、平板等电子设备拍摄"小主播讲故事"视频。各组参赛选手在模拟真实	1. 主播演一演评价要点：见任务三"红色小主播评价表"。 2. 评委说一说评价要点：能结合主	

续表

学习情境	学习任务	学习活动	学习内容	评价设计	课时安排
			情境中进行故事宣讲，展示自我风采。 2. 其余学生认真观摩，自主点评，依据优秀标准择优上报。	播表演评价内容，按照"优点＋建议"的方式进行合理点评。	

（二）整合方式

"找故事，追溯革命领袖的童年脚步"旨在了解搜集资料的各种方法，感受阅读途径、阅读方式的丰富性，在搜集筛选中体会读书的快乐，在自助投稿和创编阅读中提升学习的内驱力。

"读故事，初识革命领袖的童年形象"以小组为单位，借助拼音自主阅读，运用查字典、猜测等多种方法读通、读懂故事内容，通过联系生活、找关键词句、小组讨论等方法发现人物品质，大胆表达心中所想。

"讲故事，再现革命领袖的童年风采"旨在训练学生的口语表达能力，提升他们当众表达的胆量。无论讲故事还是点评，都是口语交际的重点环节。此任务提前录制优质视频，设计精准可视的评价标准，通过层次分明的演说环节，搭建支架助力学生成长。

"录故事，演绎革命领袖的童年故事"旨在结合学校"影视课程基地""影视教育实验校"的特色，训练学生在真实情境中的表现力，鼓励学生自演、自导、自拍，实现多项技能的同步提升。

三、具体方案与设计意图

一年一度的艺术节到了，为了契合今年艺术节的"红色"主题，校园电视台正在举办"用声音致敬伟人"活动，需要招募红色小主播为全校学生讲述"革命领袖的童年故事"。你想试一试吗？（出示《学校电视台招聘启事》，如图 3-1 所示）

本次活动的竞聘方式：每位参与者依据主题，自选故事内容，录制视频，报送邮箱参赛。虽然不是现场选拔，但录制视频也不容易哦，别急，咱们一起想办法来解决难题。

图 3-1 《学校电视台招聘启事》

学生交流视频录制前期需要做哪些准备工作。（相机梳理出参加竞聘活动的流程：找故事—读故事—讲故事—录故事）

【设计意图】根据学习主题，创设校园电视台举办"用声音致敬伟人——红色小主播招聘"的学习情境，这一特定校园生活能引发学生共情，激发学生跃跃欲试的参与愿望，让学生在真实的实践中提升核心素养。

任务一：找故事，追溯革命领袖的童年脚步

要录制视频，先得确定讲什么内容。在招聘启事中，你关注到本次招募红色小主播的主题了吗？（革命领袖的童年故事）

活动 1：回忆旧知，乐谈阅读

1. 这简直就是为我们量身打造的呀！说到领袖，我们都不陌生，刚刚学习的第六单元就是革命领袖的故事，谁来给我们介绍一位？（相机出示资料）

相机点评，区分革命领袖与革命英雄：本单元介绍了四位伟人，毛泽东、

周恩来、朱德是革命领袖，刘胡兰是革命英雄。领袖重在领导人民和军队获得成就，英雄则是个人行为及品质值得赞颂。

2. 除了书上的四位，你还知道哪些革命领袖？（相机出示相关资料）

活动 2：搜集故事，自主实践

1. 这些伟大的革命领袖都是怎么成长起来的呢？你知道他们小时候的故事吗？

看来关于革命领袖小时候的故事，大家知道的并不多。的确，这些领袖和我们处于不同的时代，如何去了解他们的童年故事呢？你有没有好办法推荐？（问家长、老师，查阅课外书，网上搜索……）

2. 课外书、互联网都能成为我们的良师益友，能带我们穿越时空，回到伟人的童年时光。到哪去找它们呢？学校的图书馆里都有！我已经跟图书馆杨老师预约好了，让我们立即出发，开启寻觅之旅吧！（学生进图书馆搜集故事）

3. 搜集故事结束后，请家长、教师根据评价表评一评（如表 3-6 所示）。

表 3-6　搜集故事星级评价表

挑战目标	具体标准	家长评	教师评
独立寻找 多样搜集 自主筛选	能在大人的指导下，通过多种途径独立搜集资料，并根据要求自行筛选。	☆☆☆	☆☆☆
	能在大人的帮助下，亲自参与搜集、筛选资料的过程。	☆☆	☆☆
	能将大人或同学提供的资料，进行自主筛选。	☆	☆

【设计意图】此活动重在激发学生的阅读兴趣，引导其自主挖掘阅读资源，尝试类文拓展，一年级上册的"快乐读书吧"已经开始引导学生感受"读书真快乐"，鼓励多读课外书。此活动"纸质阅读"和"电子阅读"同时推进，让孩子感悟阅读内容来源途径的多样性。

活动3：分享资料，拓展教材

我们的阅读主题"革命领袖的童年故事"，书上没有此类故事，怎么办呢？瞧，上节课的图书馆之旅后，我收到了许多孩子的来稿，在众多来稿中，老师精选了一些装订成册，请打开自己手边装订成册的故事集吧，先去目录看看里面包含了哪些故事，把你喜欢的，或者想要补充的故事题目记录在学习单（一）上。

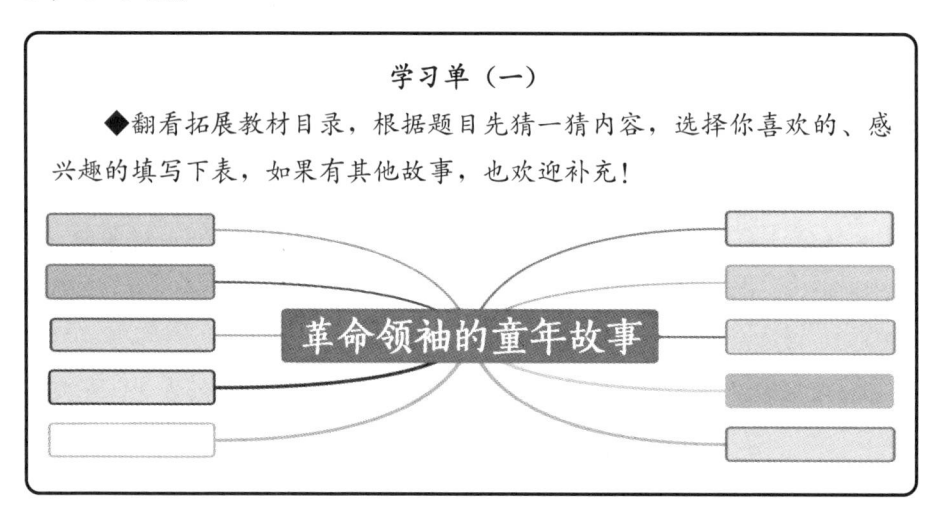

学习单（一）

◆翻看拓展教材目录，根据题目先猜一猜内容，选择你喜欢的、感兴趣的填写下表，如果有其他故事，也欢迎补充！

革命领袖的童年故事

【设计意图】整个学习资源的呈现，由已知过渡到未知，让孩子在实践中收获成长。图书馆寻觅之旅可检索书目、可用电脑查询，亦可询问馆内老师，方式手段多样。放手让学生根据兴趣进行自主筛选、补充，既体现了学生学习的主体性，也丰富了课堂教学形式，预设与生成相得益彰。

任务二：读故事，初识革命领袖的童年形象

现在，我们喜欢的故事找到了，讲故事的内容也就确定了。不过，如果要讲给大家听的话，首先要读明白故事内容，让"读书卡"来帮忙吧，跟它合作，你一定能行！

活动1：自读故事，理清头绪

选择你最喜欢的一个故事，借助拼音认真读一读内容，完成属于你的读

书卡。

```
                        学习单（二）
  ◆自读故事，完成读书卡。
  故事名称：_____
  主要人物：_____
  说说推荐（喜欢）理由：_____
```

活动2：互享故事，交流感悟

1. 将自己最喜欢的故事片段读给组内的伙伴听。

2. 借助读书卡分享交流阅读感悟，说说推荐的理由。

相机点评：引导用几句话讲清楚推荐的理由。

组内轮流交流阅读感悟，同伴评评分、加加星。

3. 以小组为单位推选代表朗读故事片段，说说阅读感悟（如表3-7所示）。

表3-7 "读故事+说感悟"星级评价表

挑战目标	具体标准	自评	互评
独立阅读流畅介绍自主感悟说清理由	1. 能借助拼音熟练地朗读故事片段。 2. 能流畅地介绍故事名称、主要人物和主要内容。 3. 能加入自己的阅读感悟，说清楚推荐的理由。	☆☆☆	☆☆☆
	1. 能借助拼音独立朗读故事片段。 2. 能正确介绍故事名称、主要人物和主要内容。 3. 能简单说出推荐的理由。	☆☆	☆☆
	1. 基本能借助拼音朗读故事片段。 2. 能说出故事名称、主要人物和大概内容。 3. 说不清推荐的理由。	☆	☆

【设计意图】二年级的学生已经从一年级"和父母一起读"升级为"借助拼音自主阅读"，一张简单的读书卡恰到好处地检查了孩子的自读情况，而分

享交流则在整体感知阅读材料内容的基础上，训练学生读好故事片段，讲好阅读感悟，达成对人物形象的初步认识，为讲故事打下扎实基础。

任务三：讲故事，再现革命领袖的童年风采

在读书卡的帮助下，我们读懂了自己的故事内容，也试着向别人简单推荐了喜欢的故事。要想做一名优秀的广播站小主播，还得把内容和形式合二为一。什么意思呢？别急，先来欣赏一段视频。

活动1：赏析视频，拟定标准

播放视频：

大家好，我是今天的小主播……，今天我给大家带来一个……小时候的故事，故事名字叫作……。（故事内容）故事虽然不长，但是它……（推荐理由），希望你们喜欢。今天的故事时间到此结束，听众朋友们，我们下次再见。

孩子们，这是上一届"红色小主播"参赛选手的视频，如果你是评委，给她打几颗星？说说你的理由。

教师引导学生，根据各自提出的评分理由，共同制订出此次讲故事大赛的评价量表（如表3-8所示）。

表3-8 "红色小主播"评价表

挑战目标	具体标准	自评（涂星）	互评（涂星）
自然流畅 情节完整 绘声绘色 有所感悟 情感真挚	1. 普通话标准，字音准确，声音响亮。 2. 语言自然流畅，故事情节完整。 3. 能绘声绘色地讲述故事，情感充沛。 4. 加入感悟，有充分的推荐理由。 5. 能表达对伟人的敬仰之情以及向他们学习的愿望。	☆☆☆☆☆	☆☆☆☆☆

活动2：个性演讲，多元评价

1. 选择你喜欢的故事，学着视频的样子，对照评价表练习讲一讲。

2. 小组内讲给同伴听，对照评价表互评。

【设计意图】2022版课标要求学生能"在具体的语言情境中有效交流沟通，感受语言文字的丰富内涵"；能"逐步养成说普通话的习惯，有表达交流的自信心"；能"认真听他人讲话，努力了解讲话的主要内容"；能"较完整地讲述小故事"；能"积极参与讨论，敢于发表自己的意见"。这些都是此环节设计讲故事、小组交流、学生互听互评的目的所在。

任务四：录故事，演绎革命领袖的童年故事

活动1：导演拍一拍，主播演一演

1. 架好手机，创设校春芽电视台演播情境。参加学校影视社团的孩子作为导演负责拍摄此次微视频。

2. 在组内分享的基础上，各小组推荐代表上台展示。

上台的小主播在视频范例的基础上个性化讲演，要求做到语言生动具体，仪态、动作得体大方，能充分展示自我风采。

活动2：评委说一说，观众选一选

1. 播放录制好的视频，学生集体观看。

2. 借助任务三的优秀"红色小主播"评价表，以小组为单位交流观后感，并选派代表当评委点评。

3. 结合各组评委意见，推选出最佳小主播，代表全班参加学校评选。

4. 革命领袖的童年故事数不胜数，课后建议大家去读一读《名人童年故事》（作者：黄慧萍，长江文艺出版社），这本书里有许多革命领袖精彩的童年故事，相信你会有意想不到的收获。

【设计意图】文学阅读与创意表达学习任务群的"教学提示"中明确提到要"鼓励学生在口头交流和书面创作中，运用多样的形式呈现作品，发挥自己的创造性"。此任务鼓励学生由"准确表达"升级为"个性化、创意化表达"，语文学科的综合性、实践性也得以体现。

第二节　中段"家国情怀"主题课例

争当红色故事巡讲员
——四上《为中华之崛起而读书》《梅兰芳蓄须》组合教学设计

一、学习内容与学习目标

（一）学习内容

统编教材四上第七单元以"天下兴亡，匹夫有责"为人文主题，编排了《古诗三首》《为中华之崛起而读书》《梅兰芳蓄须》《延安，我把你追寻》四篇课文，体现了普通人和伟人英杰身上都闪耀着的爱国之情，形成了一条贯穿古今的爱国主线。其中《为中华之崛起而读书》《梅兰芳蓄须》主旨相关、体裁相同，符合文学阅读与创意表达学习任务群第二学段第（1）条学习内容"阅读并讲述革命故事、爱国故事、历史人物故事，感受幸福生活来之不易，表达自己对美好生活的向往，以及对革命英雄、仁人志士的崇敬之情"。统编教材在编排上呈现"精读课文学方法、自读课文用方法"的体例结构，两篇文章有着相同的"把握课文主要内容"的能力目标，在单元中一精一略，位置一前一后，适合采用"先学后用"的策略，因此把两篇课文组合起来进行教学设计。

（二）学习目标

1. 正确、流利、有感情地朗读课文。认识"崛""范""蓄"等25个生字，读准"宁""要"2个多音字，会写"肃""默"等12个字和16个词语，理解"光耀门楣""当效此生""深居简出"等词语的意思。

2. 能抓住主要人物和主要事件概括文章主要内容。能通过查阅资料、联系背景、言行对比等方法，体会周恩来与梅兰芳的爱国之情。

3. 能借助表格，有序、生动、完整地讲述故事，且人物主体突出，能适当加入对人物的评价。

4. 能关注国家时事，基于家国情怀、人类命运或个人兴趣等表达自己的读书志向。

二、整体思路与整合方式

（一）整体思路

革命题材类课文在每个学段中都有呈现，每一篇文章都有可歌可泣的故事，每一个故事里都蕴藏着伟大的民族精神。本课例结合12月份的"一二·九运动纪念日""南京大屠杀死难者国家公祭日"，创设"铭记百年党史，传承红色基因"感动中国主题展览系列活动"招募红色精神巡讲员"的学习情境，设计的"红色故事推荐官""红色故事宣讲员"主要指向文学阅读，在读通、读顺文章的基础上，引导学生在群生语言对比、伯侄言行对比、群人反映对比中体会人物内心；设计的"红色故事传承人"主要指向创意表达，根据书后链接，进行人物的点评和读书志向的抒发（如表3-9所示）。

表3-9 统编版小学语文教科书四上第七单元《为中华之崛起而读书》
《梅兰芳蓄须》组合教学设计思路

学习情境	学习任务	学习活动	学习内容	评价设计	课时安排
招募红色故事巡讲员	红色故事推荐官	活动1：红色故事我知晓 活动2：恩来名片我来做	1. 看图片猜人物，连一连对应的故事，选择一个故事简单讲给评委听。 2. 朗读课文，选择文本内容，完成周恩来的人物卡片。	简述故事评价要点："人""事"匹配正确，讲述有条理。	2

续表

学习情境	学习任务	学习活动	学习内容	评价设计	课时安排
红色故事宣讲员		活动1：故事文稿我会读 活动2：故事内容我会理 活动3：争当优秀朗读者 活动4：我为恩来写评论 活动5：人人都是宣讲员	1. 将课文中表示地点和有文言色彩的词语、多音字读正确。 2. 采用表格支架，学习抓住主要人物和主要事件，归纳并串联课文讲述的三件事。 3. 抓住人物对话、动作等，读出少年周恩来立志时的坚定，立志前内心的疑惑、愤怒与沉重。 4. 阅读课后古诗，结合时代背景，以文解诗，从而理解少年周恩来的志向。 5. 通过表格支架，尝试生动讲述故事。	1. 初读评价要点：难读的字、词、句读正确、流利。 2. 梳理故事评价要点：一件事——主要人物＋主要事件。多件事——理清事件关系，有序串联表达。 3. 朗读故事评价要点：正确、流利，读出人物对话时的不同语气。 4. 评议评价要点：结合资料大致理解诗意，点评人物。 5. 讲述故事评价要点：利用表格支架有条理地讲故事，合理运用多种方法讲生动。	
	红色精神传承人	活动1：学习迁移，拓展延伸 活动2：我是红色信仰	1. 借助表格把《梅兰芳蓄须》的故事梳理清楚；运用各种方法，把故事讲清楚、讲生动。	1. 迁移拓展评价要点：故事情节梳理清楚，讲述生动。 2. 书写志向评价要	1

续表

学习情境	学习任务	学习活动	学习内容	评价设计	课时安排
		小传人	2. 结合时政和个人兴趣，引导学生书写自己的读书志向。	点：有正确的价值观和爱国情怀，结合当前时政或个人兴趣，用简洁的语言写清楚读书立志的原因。	

（二）整合方式

"红色故事推荐官"旨在引导学生回顾已学的红色题材的文章，按照一定的顺序讲清故事，为接下来的学习奠定基础。通过自主预习课文、学生百度搜索、浏览"周恩来纪念馆"专网、采访老师等方式，多渠道、全方位了解周恩来，简单讲述周恩来的故事，学会"删繁去简"，抓住有用的信息，完成人物资料卡片。

"红色故事宣讲员"旨在从"读进去"到"讲出来"的语言转化。借助表格支架，师生合作概括故事，提炼并迁移运用概括一件事和多件事的方法；抓住人物的对话、动作等品味语言、指导朗读，体会人物内心，结合"课后链接"加深对少年周恩来读书报国志向的理解，并再次利用表格支架有顺序、生动地讲述故事。

"红色精神传承人"旨在迁移运用《为中华之崛起而读书》的学法，依据表格梳理《梅兰芳蓄须》的故事内容，运用多种方法讲述故事，并引导学生关注社会，将个人的读书志向与国家发展、人类命运联系起来，结合个人兴趣确立读书之志。

三、具体方案与设计意图

12月是一个值得铭记的月份。"一二·九爱国运动"纪念日，"南京大屠杀死难者国家公祭日"，这些特殊的日子让人铭记历史，珍惜现在。本月学校开展"铭记百年党史,传承红色基因"主题展览系列活动,需要招募一批"红色故事巡讲员",为全校师生生动讲述红色故事。

【设计意图】2021年2月,习近平总书记在党史学习教育动员大会上发表重要讲话,指出要抓好青少年党史学习教育。教材中涉及革命题材的课文大都是故事类文体,创设"招募红色故事巡讲员"的学习情境,既能激发学生的学习兴趣,也符合文体的学习方式。

任务一:红色故事推荐官

要想从众多竞争者中脱颖而出,对红色故事了解得越多越好,先来做个"红色故事推荐官"吧。

活动1:红色故事我知晓

看图,你能回忆起哪些学过的红色故事,连一连(如图3-2所示)。选择其中的一个故事,简单讲给大家听一听。

◆识人物,讲故事

刘胡兰 英勇就义图	毛泽东主席 带领乡亲们挖井图	朱德同志 跟战士们一块儿 挑粮图
《朱德的扁担》	《刘胡兰》	《吃水不忘挖井人》

图3-2 红色故事连一连

评价要点:人物和故事对应正确,讲述语言流畅、有条理。

活动2:恩来名片我来做

1. 刚才我们回顾了革命英雄和革命领袖的故事。现在我们将新认识一位革命领袖。看,这是少年周恩来和他那力透纸背的书法作品。(出示文中插图)

2. 通过课前预习,完成周恩来人物名片。

学习单（一）

◆搜集资料，完成读书卡

名字：_____

文中身份：_____

文中事迹：_____

人物评价：_____

【设计意图】统编版教材中革命文化题材类课文内容明晰，梯度上升。此任务通过看图片、回忆故事、简要讲述故事，激活学生的原有认知。

任务二：红色故事宣讲员

要想成为一名合格的宣讲员，把故事内容读正确是最基本的要求。

活动1：故事文稿我会读

1. 自主读故事，检查词语。

学习单（二）

＊读准生词

　　江苏淮安　奉天东关模范学校　东北　被外国人占据的地方

＊读出语气

　　　　　　　　为家父而读书

　　　　　　　　为明理而读书

　　　　　　　为光耀门楣而读书

　　　　　　　为中华之崛起而读书

　　　为之一振　　好哇，有志者当效此生

＊读准多音字

　　　　　中华不振　　惩处　　背着伯父

第一组：正确朗读并相机理解。

奉天东关模范学校："奉天"就是今天的辽宁沈阳，是少年周恩来读书求学的地方。

东北：少年周恩来读书的时候，中国的东北已经被日俄两个帝国主义占领。

被外国人占据的地方：它在很多影视剧中被称为"租界"。在这里，中国人会遭受各种不公正的待遇。电车的头等车厢供洋人乘坐，中国人只能坐三等厢；公园、医院、学校这种基础设施，中国人没有资格享受。

第二组：因为故事发生在一百多年前，所以这组词带有文言色彩。谁能读出人物的不同语气？指导读出少年周恩来立志时的坚定，魏校长听到后无比赞赏。

相机理解"光耀门楣"：出示"门楣"图片，找近义词——光宗耀祖。"光耀门楣"的意思是做出让家门感到光荣的事情。

相机理解"有志者当效此生"："效"在这个词语中的意思是"效仿、学习"。"此生"：指的就是志向远大的少年周恩来。

第三组：故事中还有几个多音字比较难读，请大家读好。

2. 同桌轮流读课文，相互评价。要点：朗读通顺、流畅，难读的字、词、句读正确；能读出人物说话时的不同语气。

活动 2：故事内容我会理

要想成为一名合格的宣讲员，我们要会梳理故事。课文讲述了少年周恩来的多件事，借助表格将主要内容记录在小卡片上能帮助我们宣讲。

1. 梳理故事内容。快速浏览课文，用笔圈出表示事件发生的时间、地点，并据此将课文分为三个小故事，完成学习单（三）。

2. 三个故事里都出现了多个人物，学习抓住主要人物和关键事件概括第一件事。结合学生发言相机指导：忽略次要人物——其他学生，抓住主要人物——少年周恩来，主要事件——立志读书。

预设：新学年开始的修身课上，少年周恩来"为中华之崛起而读书"的回答让魏校长震惊、赞赏。

3. 同桌合作，运用"主要人物＋主要事件"的方法修改学习单（三）的表格，完成其他两件事的主要内容概括。

<table>
<tr><th colspan="4">学习单（三）</th></tr>
<tr><th>时间</th><th>地点</th><th>人物</th><th>事件</th></tr>
<tr><td>新学年开始</td><td>修身课</td><td rowspan="3">周恩来</td><td>"为中华之崛起而读书"的回答让魏校长震惊、赞赏。</td></tr>
<tr><td>12岁那年</td><td>东北奉天</td><td>听到了"中华不振"，当时疑惑不解。</td></tr>
<tr><td>一个星期天</td><td>被外国人占据的地方</td><td>看到中国妇女受到欺辱，体会到"中华不振"。</td></tr>
</table>

班内展示交流，生生互评。要点：主要人物、主要事件概括准确，语言简洁、通顺。

4. 思考三件事之间有着怎样的关系，连起来说说主要内容。

要点：第一个事件是结果，后面两件事情是第一件事情发生的原因。

理清了故事发生的先后顺序，按照一定的顺序，选择合适的关联词说说故事的主要内容。

先因后果：因为在东北奉天上学时，12岁的周恩来从伯父话中听到了"中华不振"，感到疑惑不解；一个星期天，在外国人占据的地方，周恩来看到中国妇女受到欺辱，体会到了"中华不振"。所以在新学年的修身课上，少年周恩来立志"为中华之崛起而读书"。

先果后因：少年周恩来之所以立志"为中华之崛起而读书"，是因为少年周恩来耳闻目睹了"中华不振"。

学生发言，教师组织评价。要点：关联词运用准确，语言通顺简洁。

5. 追问：文章为什么将故事的结果放在前面写？对我们讲述故事有什么启示？

要点：课文采用倒叙写法，使故事生动、曲折，充满悬念，避免平铺直叙。我们讲述故事想要吸引人，也可以采用"先果后因"法。

活动 3：争当优秀朗读者

想成为一名优秀的宣讲员，要读出三个故事中人物不同的语气。

1. 群生对比，读出立志的坚定。

（1）自由朗读 1—10 自然段，尝试读出本故事中不同人物的语气。

（2）重点指导读好少年周恩来立志的坚定，魏校长的惊叹。

2. 伯侄对比，读出内心的疑惑。

（1）"中华不振"是少年周恩来听伯父说的，也是促使他立志读书报国的关键原因。默读课文第 11—14 自然段，在文中画出他"疑惑不解"的语句。

（2）理解伯父的心酸和少年周恩来的不解，相机指导读好两人的对话。

要点：在中国土地上，中国的国民却要小心翼翼生活，这太不可思议，太令人气愤了。但是此时的少年周恩来还只是听说"中华不振"，没有经历一些事情，内心没有真正明白伯父的话。

3. 群人对比，读出周恩来心情的沉重。

相机出示：课文第 15—17 自然段。

（1）找出少年周恩来、妇女、围观的中国人、中国巡警不同的表现。重点理解"训斥"的意思，真正读懂"中华不振"的含义。

要点：家人被车轧死的女人在哭诉，围观的中国人紧握拳头，中国巡警不帮助中国人，而是大声"训斥"这个中国女人，周恩来才真正体会到伯父说的"中华不振"的含义。

"训斥"是严厉的斥责。表面上看中国巡警训斥中国女人很威风，但这却是不合理。国人在本国的国土受到外国人的欺负，得不到政府的保护，是"中华不振"的深刻表现，少年周恩来此时感受到"中华不振"的沉重分量。

（2）指导朗读：展开想象，体会人物的内心，读出不同的语气。

要点：中国女人的可怜，外国人的得意，中国巡警的嚣张，围观者的气愤，少年周恩来心情的沉重。

4. 同桌合作读，相互评价（如表 3-10 所示）。

表3-10 "争当优秀朗读者"评价表

学生姓名	☆☆☆	☆☆	☆	自评	同伴评
	朗读通顺流畅，不错字不添字不漏字；能读出三个故事中人物说话的不同语气；有感染力，能与观众产生共鸣。	朗读基本通顺流畅，不错字不添字不漏字；基本能读出三个故事中人物说话的不同语气；有一定的感染力，比较吸引观众。	朗读不够通顺流畅，添字漏字；不能读出三个故事中人物的不同语气；朗读感染力不强。		

5. 查找资料，探寻"不振"之因。

一百多年前的旧中国是一个怎样的国家？小组交流预习时查阅的相关资料。

相机出示：

1840年，鸦片战争爆发、战败，清朝政府被迫与帝国主义签订了一系列不平等条约，帝国主义掀起瓜分中国的狂潮，中国逐渐沦为半殖民地半封建社会。

第二次鸦片战争期间，英法联军悍然入侵中国，率3500人进占紫禁城，咸丰皇帝西逃承德避暑山庄，侵略者们在对圆明园这一富丽堂皇的东方园林宫殿一番抢夺之后，便一把火焚烧了它，震惊世界。

帝国主义列强通过不平等条约强行在中国获取租借地，就是租界。同是中国，租界内灯红酒绿、热闹非凡，租界外民不聊生、苦不堪言。在当年的上海的法租界里，有这样一个规定：晚上9点钟之后，中国人不允许在租界内走动，否则，巡逻的法国警察可以开枪将其击毙。

交流要点：一百多年前的中国积贫积弱、多灾多难。昔日的东方大国繁华不再，取而代之的是国土被掠，国人被欺。国家的困境，促使少年周恩来坚信读书救国之道。

【设计意图】以上三个学习活动借助词语支架，疏通文本；依据表格支架，有效提取信息，抓住主要人物、主要事件梳理故事，概括课文内容；通过品读语言、朗读感悟来体会人物内心，这些学习方法为略读课文《梅兰芳蓄须》的学法迁移奠定基础。

活动 4：我为恩来写评论

1. 要想成为一名卓越的宣讲员，我们要能加入自己的思想。通过几段对话、一个动词，我们体会到人物的内心；通过一组资料，我们了解到时代背景，读懂了"中华不振"的深刻内涵。

周恩来认识到只有学习更多知识才能找到拯救旧中国的道路。"振兴中华"这个伟大志向，伴随了周恩来的整个求学生涯。1917 年 9 月，周恩来中学毕业将赴日本留学。临行前，他给同学的临别赠言是：愿相会于中华腾飞世界时！后来又写下了气势豪迈的《大江歌罢掉头东》。

大江歌罢掉头东，邃密群科济世穷。

面壁十年图破壁，难酬蹈海亦英雄。

2. 结合搜集的资料，联系课文内容尝试用自己的话说说这首诗的意思。此时此刻，你认识了一个怎样的周恩来？

要点：诗文对照，以文解诗。如：用"中华不振"解释"世穷"，用"为中华之崛起而读书"解释"邃密群科济世穷"。

学生发言，教师点评。要点：能结合资料或运用课文中的语句解释诗句意思，人物品质提炼准确。

【设计意图】在教学中，我们要充分挖掘课后习题的内容，使其和课文形成一个有价值的"整体"。理解周恩来的诗词，感悟周恩来救国济世的急切心情和振兴中华的远大抱负，有利于学生进一步感受伟人精神，激发爱国之情。

活动 5：人人都是宣讲员

想做一名能发挥自如的宣讲员，我们得进行演练。

1. 根据表格，把少年周恩来立志读书的故事讲给其他同学听一听。

2. 生动讲述，"众筹"妙招。

本次比赛，学校还选择若干名一年级的同学来当"小评委"，讲述故事中可以运用哪些办法让"小评委"想听故事，听懂故事？

方法：①讲出人物不同的语气；②讲故事时增加表情、动作；③添加自己读故事后的感想。

3. 全班展示，互相评价。

小组内的"故事大王"讲《为中华之崛起而读书》，其他同学认真倾听，按照评价标准进行评价，选出"红色故事宣讲员"。

教师引导学生，根据各自提出的评分理由，共同制订出此次讲故事大赛的评价量表（如表 3-11 所示）。

表 3-11 "人人都是宣讲员"评价表

评价项	评价等级		
	☆☆☆	☆☆	☆
事件完整	时间、地点、主要人物等要素完整	具有主要人物、时间或地点等两个要素	仅有主要人物
人物突出	讲清楚主要人物的言行	主要人物的言行讲述不够清晰、完整	没有讲述主要人物的言行
主题突出	表达文本主题与自己的感受	表达文本主旨，但未说出自己的感受	未表达清楚主题

【设计意图】讲述故事时，强化讲故事的语气、动作、表情和个人评议内容，有助于将故事讲生动。师生共同制订评价标准，形成事件完整、人物突出和主题突出三个方面的评价指标。

任务三：红色精神传承人

活动 1：学习迁移，拓展延伸

1. 一个个小故事，只要你用心读，用情讲，都会充满力量，给人带去启发。历史上的英雄、领袖数不胜数，"位卑未敢忘忧国"的京剧大师梅兰芳又会有着怎样的红色故事？作为一名合格的宣讲员，你学会了自己读故事、讲故事了吗？请你打开《梅兰芳蓄须》一文，用学习单（四）梳理故事主要内容。

学习单（四）				
时间	原因	办法	危险和困难
1937—1938年	梅兰芳不愿意为日本人登台演戏	藏身租界深居简出	沦陷 不能演出、不能创作或虚度生命
1941年		蓄须明志卖房度日	多次逼迫 随时骚扰
一次		打针装病	险丢性命

2. 将表格内容连起来说说课文的主要内容。

预设：抗战时期，梅兰芳不愿意为日本人登台唱戏，面对不能演出、不能创作的困难，藏身租界、深居简出。面对日本人的多次逼迫和骚扰，蓄须明志、卖房度日，甚至装病拒演、险丢性命。抗战胜利后，他剃须登台演出。

3. 尝试抓住文章中的主要语段，体会感情。

1937年，日军占领上海，梅兰芳被迫藏身租界，以躲避日本人的纠缠。

1938年，他深居简出，不再登台，远避香港。

1941年，香港沦陷后，他只能用蓄须的方式表明不给日本侵略者演戏的决心，没有了经济来源就卖掉房子。

一次，他为了躲避日本人的纠缠，打针装病险丢性命。

1945年抗战胜利，梅兰芳剃须登台演出。

4. 小组讲述故事，选出《梅兰芳蓄须》的最佳"红色故事宣讲员"。评价参考"人人都是宣讲员"评价表。

【设计意图】本活动中教师依据课前提示搭建表格支架，帮助学生自主学习，让学生的概括能力不断进阶。在提取课文中有效关键词语的基础上，迁移《为中华之崛起而读书》时习得的概括多件事主要内容的方法，理清本文主要内容，再指导朗读关键语段，有助于讲好最令自己敬佩的地方，让听众与人物更加贴近。接着放手让学生练习讲述并展示。

活动 2：我是红色信仰小传人

1. 这个故事发生在一百多年前，一百多年后的今天，我们为什么而读书？我们生活在国泰民安的新时代，也许从未思考过这样深刻的问题，但是每一个时代的人都会面临这个时代的挑战。为什么而读书，是时代交给我们每一个人的必答卷。请你结合课文内容，或社会现状、时代挑战、个人的兴趣等写下你读书的志向与人生的抱负。

学习单（五）

◆刻写自己的读书志向

志向：_____

理由：_____

---

2. 全班交流，师生评价。要点：价值观正确，有家国情怀，有全球视野；能结合国家现状或人类命运，或自身兴趣、个人爱好等表达读书志向；语句通顺，理由充分。

【设计意图】"语文是落实革命传统教育的重要课程"，应"注重以文化人，引导学生深入体会革命精神、深入感受爱国主义精神，体认英雄模范的高尚品质，陶冶情操、坚定志向，树立正确的世界观、人生观和价值观"。本学习任务引导学生从积极向上的角度畅谈志向，并通过周恩来的榜样力量，引导学生树立远大的志向。

制作小人书，讲述英雄故事
—— 四下《小英雄雨来（节选）》单篇教学设计

一、学习内容与学习目标

（一）学习内容

统编教材四下第六单元围绕"儿童成长"主题编排了《小英雄雨来（节

选)》《我们家的男子汉》和《芦花鞋》三篇课文。"学习把握长文章的主要内容"是本单元的语文阅读要素。《小英雄雨来（节选）》是这个单元的第一篇精读长课文。本文选自管桦的同名中篇革命文化题材小说，课文主要写了在抗日战争时期，雨来为了掩护交通员李大叔，同敌人作斗争的故事，刻画了一位机智、勇敢的小英雄形象。从文本内容和体裁上看，本单元符合文学阅读与创意表达学习任务群第二学段第（1）条学习内容"阅读并讲述革命故事、爱国故事、历史人物故事，感受幸福生活来之不易，表达自己对美好生活的向往，以及对革命英雄、仁人志士的崇敬之情"。本案例以《小英雄雨来（节选）》为切入口，呈现单篇文本的学习任务设计，引领学生感受小英雄雨来的机智和勇敢，体会美好生活的来之不易，激发学生的爱国热情和对英雄的崇敬之情。

（二）学习目标

1. 认识"晋""絮"等13个生字，读准多音字"吧""哇""塞"，会写"膊""慌"等15个字，理解"晋察冀""劫难"等词语的意思。

2. 用较快的速度默读课文，初步了解长文章的阅读方法；学会用小标题串联的方式，把握课文的主要内容。

3. 借助表格自主学习，品析人物的语言和行为，感受雨来的英雄品质。通过比较品味描写还乡河景色的语句，体会环境描写表情达意的作用。

4. 学会抓住主要事件，按照事情发展的顺序，加入自己的语言讲述故事，并能大胆地与他人分享故事，传颂英雄的感人事迹。

二、整体思路与整合方式

（一）整体思路

本文课后习题1"为什么说雨来是小英雄"聚焦本单元的人文主题；课后习题2"给其他五个部分列出小标题，再说说课文的主要内容"则紧扣单元语文要素。本案例以"读红色经典，颂革命英雄"主题周活动为载体，让学生为结对的二年级学生讲述小英雄雨来的故事。基于讲述对象年龄小、讲述内容多、时间长的特点，创设"制作小人书，讲述英雄故事"的学习情境，在此真实情境中设计"确定画册知英雄""制作小人书品英雄""讲述故事颂英雄"三个学习任务，细化为七个学习活动，将课后习题融入其中，引导学生在"知英雄""品英雄"的活动中体会雨来的小英雄形象，突破教学的重难点（如表3-12所示）。

表3-12 统编版小学语文教科书四下第19课《小英雄雨来（节选）》教学设计思路

学习情境	学习任务	学习活动	学习内容	评价标准	课时安排
制作小人书，讲述英雄故事	确定画册知英雄	活动1：读好画册脚本 活动2：确定画册主要内容	1. 小组自学：认识生字词，读通课文。 2. 读第一部分，学习列小标题；合作学习第二至第六部分，尝试自主列小标题。将六部分内容串联起来概括课文主要内容。	1. 列小标题评价要点：能抓住主要人物和事件，内容正确，语言简洁。 2. 概括主要内容评价要点：有序串联，内容完整，语言连贯。	1
	制作小人书品英雄	活动1：聚焦例段配图 活动2：研读例段配文 活动3：合作完成其他部分	1. 聚焦"利诱""威逼"主要情节定格画面。 2. 品读，摘录描写人物动作、神态等关键词句。 3. 用"读、画、找、讲"四步法合作完成课文剩余五部分的学习。	1. 配图评价要点：能反映本部分的主要内容和人物的品质；能根据事情发展的顺序排列。 2. 配文评价要点：按事情发展的顺序，讲清情节中人物的主要语言和动作，适当加入人物的心理活动。	2

续表

学习情境	学习任务	学习活动	学习内容	评价标准	课时安排
	讲述故事颂英雄	活动1：班内分享会 活动2：校园故事会	1. 每组选择一部分内容讲述故事梗概，并通过想象补充故事情节。小组推选代表进行部分讲述，集体点评后再次优化。 2. 分享自己的表达，加入自己的想象，有顺序，有创意。	1. 故事讲述评价要点：能根据小人书，抓住人物的言行、心理活动等按事情发展的顺序将故事讲生动、讲具体。	1

（二）整合方式

"确定画册知英雄"这一学习任务用主问题"这么长的文章，主要写了什么？"驱动学生通读课文、概括情节。通过范例学习、自主尝试、小组筛选、全班讨论和修改自评，提炼出列小标题的方法，列出课文六个部分的小标题，确定画册的主要情节，最后让学生串联六个部分的内容概括课文大意，大家对照概括内容的标准进行评价。

"制作小人书品英雄"旨在通过小人书制作的任务驱动，抓住描写雨来语言、动作、心理的词句为图配文，感受机智勇敢、坚强不屈、热爱祖国的英雄形象，感悟语言文字所描写的英雄精神。教学过程中通过范例学习、品读自悟、小组合作等实践活动让学生对课文产生独特的理解和感悟，让教学难点自然突破。

"讲述故事颂英雄"旨在让孩子们在展示、评价中学会表达，丰富语言积累，升华情感。通过根据小人书给二年级小朋友讲述故事的实践活动，组织"组内—班级—学校"三个层面有目的有要求地讲述，大家互相帮助、互相评价、互相提高。学习成果分享的过程，就是小英雄雨来在学生心中生根的过程。

三、具体方案与设计意图

孩子们，本周是学校"读红色经典，颂革命英雄"主题周活动。我们四年级的活动是"小小英雄故事会"，倾听对象是二年级小朋友，内容是"小英雄雨来"故事专场。怎样讲述才能让二年级小朋友愿意听，听得懂呢？先小组商量商量。

【设计意图】以学校活动为抓手，创设真实的情境，抛出真实的问题，以真实的任务驱动学生进入一场全身心投入的语文实践活动。

任务一：确定画册知英雄

经过商量和投票，我们一致通过了"制作小人书"讲述故事的方式。小人书我们用PPT来呈现，现在我们首先得熟悉故事内容，读好脚本。

活动1：读好画册脚本

学生根据预习单的内容完成预习任务。

预习单

＊我会读

1. 读准词语
   晋察冀　苇絮　漩涡　　飘飘悠悠　歪歪斜斜　推推搡搡
   捆绑　劫难　枪毙　　　撒腿就跑　打个趔趄　趁其不备

2. 读好课文
   课文共有（　　）部分。
   自由轻声朗读两遍，读通、读顺课文。

3. 关注多音字（读一读，把他们在文中的读音写在括号里）
   塞（　　）进　　吧（　　）嗒吧嗒　　呜哩哇（　　）啦

> * 我会写（书写生字）
>
> | | | | | | | | | | |
> |---|---|---|---|---|---|---|---|---|---|
> | | | | | | | | | | |
>
> 自我评价：正确☆ 工整☆ 美观☆　　组员评价：正确☆ 工整☆ 美观☆
>
> * 我能解
>
> 圈画出文中不理解的词语，联系上下文或查字典尝试理解。
>
> 晋察冀边区　劫难　扫荡　睁眼瞎　趔趄　门槛　推推搡搡

小组内汇报预习情况（按照预习单进行）。

1. 我会读：组内成员读词语、读课文，组员相互倾听、评价。

2. 我会写：先自我评价，再组内成员互相评价。

3. 我能解：组内成员互相交流自己圈画出的不理解的词语，并说一说它的意思，其他成员可以补充。

活动2：确定画册主要内容

1. 学加小标题，习方法。

（1）这个故事节选自中篇小说《小英雄雨来》，课文虽只选了其中的一部分，但仍很长，有三千多字，分为六部分。这么长的课文怎么把握主要内容呢？第一部分有这样一个阅读提示（出示泡泡语），请同学们仔细读一读并完成学习单（一）。

> **学习单（一）**
>
> 1. 默读第一部分，想一想这部分写了哪些内容。
> 2. 想一想，故事的主角是_____，主要写了_____。
> 3. 尝试列小标题：_____
>   _____

（2）学生自由列小标题。小组讨论，进行比较，说说理由。

（3）全班交流，归纳列小标题的方法。

交流要点：①要能概括本段的主要内容；②短语的形式展现；③同一人物，可以省略。

（4）小结归纳：概括小标题的方法可以多样，只要将主要意思概括成一个短语或一个词组就行。回顾思考的过程，先想一想整个部分的意思，再概括成一句话，最后提炼成小标题。

2. 小组合作，固方法。

（1）生自读课文，自主尝试列第二到第六部分课文内容的小标题。

（2）根据归纳出的列小标题的方法，组内讨论，筛选出各部分的最优小标题。

（3）全班交流，确定各部分的最佳的小标题。

3. 串联小标题，把握主要内容。

（1）课文每一部分的内容我们已经清楚了，如何把握整篇课文的主要内容呢？

（2）长课文可以用串联小标题的方法。交流要点，形成评价内容（如表3-13所示）。

表 3-13 "串联小标题，把握主要内容"星级评价表

评价内容	组员评价（涂星）
1. 加连接词，把小标题串联起来。	☆ ☆ ☆
2. 加缺少的部分，概括内容完整。	☆ ☆ ☆
3. 能调整语序，语言表达通顺。	☆ ☆ ☆
4. 删重复多余的词，语言简洁。	☆ ☆ ☆

（3）小组内练习概括课文的主要内容，组员根据星级评价表评星。

【设计意图】此任务从初读课文、读准字音、理解生词、学列小标题、把握内容，循序渐进，螺旋上升。学习活动具有目的性、实践性、情境性、开放性。主要采用小组合作、探究的方式展开学习，为后面制作小人书做好铺垫。

任务二：制作小人书品英雄

通过前一个任务的完成，我们对课文的主要内容已经了然于心，现在到了制作小人书的环节，我们借助多媒体，用PPT的形式呈现小人书。

活动1：聚焦例段配图

1. 说一说：哪部分内容直接且充分地表达了雨来的英雄形象？
2. 聚焦第四部分："利诱""威逼"。默读第四部分，完成学习单（二）。

> **学习单（二）**
> 1. 默读第四部分，找出描写"利诱"的句段：
> 感受到敌人＿＿＿＿＿＿，感受到雨来＿＿＿＿＿＿。
> 2. 默读第四部分，找出描写"威逼"的句段：
> 感受到敌人＿＿＿＿＿＿，感受到雨来＿＿＿＿＿＿。

（1）默读课文，画一画。
（2）交流句段，说一说：读了这（句）段，谈谈敌人和雨来给自己留下的感受。交流：敌人狡猾狠毒。雨来机智勇敢、宁死不屈。
（3）指导朗读，读出情感。
（4）确定这部分的图片内容：面对敌人的盘问，他机智回答；面对敌人的哄骗和利诱，他毫不动摇；面对敌人的威胁、毒打，他绝不屈服。
（5）小组成员搜集图片。

活动2：研读例段配文

1. 只有品读人物的语言，走进人物的内心，故事才能讲得有声有色。雨来的语言中有三个字反复出现了三次——"没看见"，雨来分别是在何种情况下说的，反映了雨来怎样的内心？大家再细细读一读第四部分，完成学习单（三），结合雨来和鬼子的言行，说说雨来为什么被称为小英雄。

学习单（三）			
"没看见"	鬼子的言行	根据雨来的言行说一说	雨来的品质
第一次		雨来心想：	
第二次		雨来心想：	
第三次		雨来心想：	

2. 自由读课文，并画出相关的语句，小组内交流。

3. 组织全班讨论，圈画关键词。分角色读一读敌人和雨来的语言，感受人物的形象。

4. 商讨配文的语言组织，紧扣人物的语言、动作、心理。

交流要点：

（1）梳理事情发展的顺序：哄骗—利诱—威胁—毒打。

（2）每一个事情节点上雨来与鬼子关键性的对话、动作要尽量呈现。

（3）可以适当地加入人物的心理活动。

5. 在课文中还有一句话也反复出现了三次，大家默读课文找一找。

（1）相机出示："我们是中国人，我们爱自己的祖国。"反复朗读，说说你的感受。

上夜校时，大家认真地跟随女教师学习这句话，在心中种下爱国的种子。在与敌人斗争的过程中，雨来遭受毒打，血溅到这几行字上，再一次激发出雨来的爱国热情以及宁死不屈的坚强意志。这些使得雨来在与敌人斗争的过程中，反复出现"没看见"三个字，体现的是雨来勇敢、坚定的英雄气概。

（2）小结：像这样重复的关键性的语言，在给图片配文时可不能遗漏。

活动3：合作完成其他部分

1. 学生根据制作小妙招，合作尝试其他五部分内容的小人书制作。

> **小人书制作小妙招**
> 1. 读：读读对应的部分。
> 2. 画：画出关键的词句。
> 3. 找：搜集对应的图片。
> 4. 讲：对照例段配文要点讲述。

2. 小组自选一部分内容进行合作探究。
3. 各小组进行汇报（如表 3-14 所示）。

表 3-14　小组汇报主要内容

交流内容	图片搜集（主要情节）
第一部分：游泳本领高	仰浮、耍水、被妈妈追
第二部分：上夜校读书	学习环境、热爱学习、学习内容
第三部分：掩护李大叔	遇到李大叔、"把缸挪回原地"、引开敌人被抓
第五部分：河沿枪声	枪声、"有志不在年高"、误以为牺牲
第六部分：机智逃生	李大叔流泪、沿河寻找、雨来交代脱险过程

4. 上网搜集图片，制作成PPT。各小组根据制作的PPT练习讲述。
5. 通过前期的准备，我们的PPT画册已经制作完成，我们分小组展示自己所负责的部分，其他小组根据星级评价表（如表3-15所示）评选出最优PPT。最后，将六部分整合成一份完整的PPT，中间加入小标题。

表 3-15　"小人书讲述"星级评价表

评价维度	评价内容	第（　）小组评价
PPT 配图	1. 能根据事情发展的顺序排列。	☆　☆　☆
	2. 能反映本部分的主要内容。	☆　☆　☆
口头配文	3. 能抓住人物的语言、动作、神态、心理的关键句讲述。	☆　☆　☆
	4. 表达通顺流畅。	☆　☆　☆

【设计意图】本任务直接指向中年段的教学目标：初步感受作品中生动的形象和优美的语言，关心作品中人物的命运和喜怒哀乐。教学中通过如何制作PPT的问题进行探讨，实则是不断咬文嚼字，品读语言文字背后人物的形象和精神的过程。学生对PPT中画面的选择搜集与口头讲述，反映了他们对语言文字的理解与体会。

任务三：讲述故事颂英雄

活动1：班内分享会

1. 同学们，为了能给二年级的小朋友带去精彩的故事讲述，我们先在班级举行一个故事分享会，好好练习。经过前期每部分的配文讲述，对照脚本，你们有没有发现哪部分内容我们没有涉及？（景物描写）课文中的景物描写与题目中的"小英雄"似乎没有直接联系，那么在讲述时我们需要加入吗？

完成学习单（四），组织交流。

学习单（四）

景物描写比较阅读

片段1：芦花开的时候，远远望去，黄绿的苇上好像盖了一层厚厚的白雪。风一吹，鹅毛般的苇絮就飘飘悠悠地飞起来，把这几十家小房屋都罩在柔软的芦花里。

片段2：太阳已经落下去。蓝蓝的天上飘着的浮云像一块一块红绸子，映在还乡河上，像开了一大朵一大朵鸡冠花。苇塘的芦花被风吹起来，在上面飘飘悠悠地飞着。

1. 两处景物描写分别表达的心情：
第一部分景物描写表达了：_____。
第五部分景物描写表达了：_____。
2. 心情不同，景物描写的颜色也不同：
第一部分描写了_____；第五部分描写了_____。

要点：需要加入景物描写，因为景物描写作用很大，能够更好地渲染故事的情境。开头的景物描写交代了时间、地点、特殊的斗争环境，为雨来的出场做准备；第五部分的景物描写起到了承上启下的作用。

两处景物描写分别表达的心情：开头表达了轻松、愉快的心情；第五部分表达了沉重的心情。心情不同，描写的景物颜色也不同，第一部分描写的是芦花的白，第五部分描写的是云朵的红。

2. 加入景物描写再次练习讲述。

3. 组长组织组员将六部分内容轮流进行完整的讲述，组内互评。推选最佳选手进行班级"三星级讲述能手"（如表3-16所示）的PK赛。

表3-16 "三星级讲述能手"评价表

★★★	★★	★
1. 能讲清事情发展的过程。 2. 能加入人物的语言、动作、心理…… 3. 讲述绘声绘色，有个性化的理解。	1. 能讲清事情发展的过程。 2. 能加入人物的语言、动作、心理……	1. 能讲清事情发展的过程。

活动2：校园故事会

学校"读红色经典，颂革命英雄"主题周活动正在如火如荼地开展，我们受邀为结对的二年级小朋友讲故事，学校也邀请我们班参加红色经典故事宣讲活动，让我们走进校电视台、敬老院讲故事，请一星级、二星级讲述能手这几天向三星级讲述能手学习，利用几天时间进行故事再加工，争取讲得更加熟练，更加生动。

【设计意图】本任务让学生在真实情境下练习讲述，加深对课文内容的理解和课文语言的内化，用创造性的方式再塑人物形象，获得对小英雄人物形象和精神的审美体验。通过讲述活动的评价，让学生明确具体要求，依标评价，学有所评，学有所长。

任务小结：畅谈收获，评价总结

1. 在"制作小人书，讲述英雄故事"活动中，你有哪些收获？

要点：长故事可以通过列小标题来了解主要内容，确定小人书的基本框架；可以抓住故事情节来选图；可以抓住人物的语言、动作、心理等关键句口头讲述；适当加入自己的想象，能让故事讲述更加精彩。

2. 雨来这位小英雄形象已经印在了我们的心里，我们的故事会还在继续。课后你们可以读一读《小英雄雨来》这本书，选择自己最感兴趣的部分来制作 PPT，练习讲述。期待下期的英雄故事会！

第三节　高段"英雄赞歌"主题课例

跟着伟人走长征
——六上《七律·长征》与课外类文教学设计

一、学习内容与学习目标

（一）学习内容

统编教材六上第二单元围绕"重温革命岁月，把历史的声音留在心里"这一人文主题，安排了《七律·长征》《狼牙山五壮士》《开国大典》《灯光》四篇课文，旨在让孩子们重温峥嵘岁月，接受革命精神的洗礼，提升对生命价值的认识。文学阅读与创意表达学习任务群第三学段第（1）条学习内容是："阅读、欣赏革命领袖、革命先烈创作的文学作品，以及表现他们事迹的诗歌、小说、影视作品等，感受革命领袖、革命先烈伟大的精神世界和人格力量，认识生命的价值；运用讲述、评析等方式，交流自己的情感体验。"本课例根据 2022 年版课标的要求，对《七律·长征》单篇教学作新的思考，以《七律·长征》为主篇，拓展长征时期毛泽东创作的《忆秦娥·娄山关》《清平乐·六盘山》《十六字令三首》《念奴娇·昆仑》四首经典诗词，引导学生通过阅读、赏析，感受毛泽东伟大的精神世界和人格力量，体会长征精神。

（二）学习目标

1. 正确、流利、有感情地朗读诗歌；会写"律""崖""渡""索"等4个生字，理解"逶迤""磅礴"等词语的意思。

2. 通过查阅资料、填写调查表、观看长征影视作品等，了解长征中感人的事迹，熟悉诗词创作背景，感受长征的艰难；通过关注关键词、想象画面等方法理解诗词内容，体会诗人大无畏的英雄气概和革命乐观主义精神。

3. 通过朗诵、吟唱、讲故事、创作主题征文等形式，重温红色记忆，传承甘于吃苦、不惧艰难的革命乐观主义精神和勇于战斗、无坚不摧的革命英雄主义精神，激发学生对伟人的崇拜之情。

二、整体思路与整合方式

（一）整体思路

六年级学生基本掌握了圈点勾画、紧扣关键词句感悟体会的品读方法。他们能够自主感悟浮于文本表面的浅层次内容，但还缺少感悟藏于文本肌理的深层次内容的自觉和敏感。本课紧扣2022年版课标中文学阅读与创意表达任务群第三学段"革命文化"的学习内容，立足"品读伟人诗词，传承长征精神"的学习主题，创设"跟着伟人走长征"的学习情境，以阅读、赏析为主线建构学习任务，从语言、形象、情感等方面感受、理解诗词内容，运用口头交流与书面创作等方式表达阅读体验，引导学生感悟长征精神，认识生命价值（如表3-17所示）。

表 3-17 统编版小学语文教科书六上第 5 课《七律·长征》
与课外类文组合教学设计思路

学习情境	学习任务	学习活动	学习内容	评价设计	课时
跟着伟人走长征	品读伟人诗词	活动 1：查资料，知背景 活动 2：读诗句，明诗意 活动 3：入诗境，悟诗情	1. 了解创作背景，制作长征简略图。 2. 借助注释，理解诗意。 3. 体会情感，朗诵诗词。	朗诵评价要点：正确把握作品内涵，准确表达作品主题；节奏停顿准确，语气语调富于变化；表现形式有创意；能体现英雄气概和革命精神。	1.5
	传承长征精神	活动 1：吟唱伟人诗词，领悟长征精神	1. 欣赏、学唱毛泽东诗词。 2. 评选班级"吟唱小能人"。	吟唱评价要点：语音正确，语调到位，准确把握诗词的情感基调；配乐或视频能体现诗词意境；能彰显吟唱的特点；动作自然，表情、手势等搭配合适。	1.5
		活动 2：宣讲红色故事，弘扬长征精神	1. 搜集诗词背后的长征故事，深刻理解诗词内容。 2. 结合诗词，录制一段讲"诗词背后的长征故事"视频参赛，并参加学校的评选。	讲故事评价要点：围绕主题，结合诗词内容，生动讲述故事；故事情节完整、情感充沛、画面感强；有个人感悟。	

续表

学习情境	学习任务	学习活动	学习内容	评价设计	课时
		活动3：赓续红色基因，续写长征精神	1. 查阅相关资料，结合所学诗词，谈谈自己对长征精神的理解。 2. 创作"品读伟人诗词，传承长征精神"主题征文。 3. 评选优秀传承者。	优秀传承者评价要点：能结合诗词内容书写对长征精神的理解及感悟；结合新时代背景，书写长征精神的新时代意义。	

本课例设计两个学习任务，任务一"品读伟人诗词"的三项学习活动全体学生都要完成，任务二"传承长征精神"的三项学习活动每个学生自选一项完成。任务一主要指向文学阅读，在了解创作背景的基础上，指导学生借助资料理解诗词内容，体会情感。任务二主要指向创意表达，基于学生的特长，让学生自主选择个性化的表达方式，如学会吟唱毛泽东诗词、讲述诗词背后的长征故事、创作主题征文等，多样化展示学习成果，交流对革命领袖、红军战士和长征精神的理解和体会，感悟毛泽东及红军战士大无畏的革命乐观主义精神和英勇豪迈的气概。

（二）整合方式

"品读伟人诗词"的学习任务旨在引导学生知背景，明诗意，读诗文，悟诗情。这五首诗词是毛泽东在长征时期创作的，布置学生课前查阅长征资料，观看相关影视片，完成关于长征的调查表，了解诗词的创作背景。课上组织学生结合背景、借助注释理解诗词内容。在此基础上，指导学生通过各种形式的朗读感悟诗词中蕴藏的情感。三个学习活动循序渐进、螺旋上升，通过自主合作学习，在实践中提升理解诗意、感悟诗情的能力。

"传承长征精神"中"吟唱伟人诗词，领悟长征精神"旨在让喜欢音乐的学生通过声情并茂的吟唱，深入领悟诗词内涵，感受毛泽东等老一辈革命家的昂扬斗志和英雄气概；"宣讲红色故事，弘扬长征精神"旨在让擅长讲故事的学生搜集整理诗词背后的长征故事，录制一段微视频参加学校的评选，学校通过公众号推送优质微视频，让更多的学生了解长征故事；"赓续红色基因，续写长征精神"旨在让写作能力强的学生，围绕主题创作征文，诠释长征精神的内涵，表达对伟人的缅怀之情，或者结合新时代背景，写一写长征精神的新时代意义，激励青少年发愤图强、奋发有为。

三、具体方案与设计意图

9月5日，学校微信公众号推送一则活动通知：

毛泽东是新中国的主要缔造者和领导人，是伟大的无产阶级革命家、思想家，还是一位伟大的诗人。读他的诗词，可以体会到他英姿勃发的意气，战地黄花的灿烂，寒梅傲雪的品格，风流人物的慷慨。9月9日，是毛泽东逝世纪念日，学校举行"品读伟人诗词，传承长征精神"的主题活动，让我们跟着伟人走长征，表达对伟人的缅怀之情。

参加对象：六年级全体学生。

活动内容及要求：

（1）品读伟人诗词

有感情朗诵毛泽东诗词（《长律·长征》《忆秦娥·娄山关》《清平乐·六盘山》《十六字令三首》《念奴娇·昆仑》），任选其一，形式不限，班级评选"朗诵小达人"，9月9日学校组织朗诵比赛。

（2）传承长征精神

吟唱伟人诗词，领悟长征精神。学习吟唱五首诗词，任选一首参加班级"毛泽东经典诗词吟唱比赛"，形式不限。学校表彰"吟唱小能人"，校园电视台择优展示。

宣讲红色故事，弘扬长征精神。从五首毛泽东诗词中任选其一，拍一段视频，讲讲诗词背后的长征故事，学校微信公众号择优推送，并组织全校师生投票，评选出"最佳宣传员"。

赓续红色基因，续写长征精神。围绕主题创作征文，重温红色记忆，传承长征精神。9月10日，学校组织评选优秀征文，择优发表，学校组织表彰优秀征文作者。

活动说明：六年级学生全员参加"朗诵小达人"的评选；"我是吟唱小能人""我是最佳宣传员"和创作主题征文，任选其一参与。

同学们，看到这则通知，想不想展示一下自己的实力呢？那就让我们行动起来吧！

【设计意图】以任务驱动方式开展进阶式语文实践活动，有利于引导学生在真实的实践活动中学习并理解五首诗词的内容，深入了解长征故事，感悟长征精神。学习情境的创设，看似平平无奇，但真真切切地关注了学生在生活场景中的语言实践。"品读伟人诗词"这一基础性的活动，所有同学必须参与。"吟唱伟人诗词，领悟长征精神"需要学生有演唱本领，"宣讲红色故事，弘扬长征精神"需要学生有演说本领，"赓续红色基因，续写长征精神"学生需要有写作基本功，这三项任务让学生根据自身特长选择参与，达到基于个性因材施教的效果。

任务一：品读伟人诗词

活动1：查资料，知背景

1. 根据学习要求，进行自主学习。

（1）要求1：自由朗读五首诗词，借助拼音读准字音，掌握生字词，读通五首诗词。

（2）要求2：查阅长征相关资料，完成调查表。

学习单（一）

查阅内容	内容概述
红军长征的目的	
长征的起始时间和结束时间	
长征经过了哪些省，总路程是多少？	
长征途中翻越了几座山，跨过几条河？	
长征途中最艰难的是什么？	
长征途中有哪些著名的战役？	
长征开始时人数，结束时人数分别是多少？	
（可根据查阅资料，自己添加内容）	
我的感想	

（3）要求3：观看《飞夺泸定桥》《巧渡金沙江》《四渡赤水》《娄山关战役》等视频，选印象最深的一个片段向大家介绍。

2. 交流自主学习情况。

（1）检查生字词。

出示生词，指名试读，相机正音，指导读好"逶迤""磅礴"。

（2）要求2、要求3交流要点：1934年10月，中国工农红军为了北上抗日，保存实力，从江西瑞金出发，一路跋山涉水，在1935年10月到达陕北。在这短短的一年里，红军战士靠着自己的双脚，走过了11个省，翻过18座大山，跨过24条大河，爬雪山，过草地，挨过饿，受过冻，摔过崖……其间他们历经无数次生死考验，共战斗380余次，红一方面军由出发时的8万多人到长征胜利时，只剩下了6000多人，行程约二万五千里。

（3）了解到这些，你有什么感想？（学生结合资料和视频谈感受）

【设计意图】长征诗词的创作背景距离学生比较遥远，学生对"长征""毛泽东""五岭""乌蒙"等历史和地理知识都是陌生的。因此，课前有必要布置学生查找有关资料，拉近学生与文本的距离，让学生对长征的艰难有初步的感性认识，为理解课文减缓坡度，为学习全诗奠定基础。

活动2：读诗句，明诗意

1. 读《七律·长征》，结合注释，理解诗意。

（1）指名读、合作读、齐读、赛读等多种形式正确、流利地朗读诗词，读出节奏。

（2）交流"逶迤""磅礴"等难理解的词语。

课件出示"逶迤山形图""磅礴山势图"，猜意思。引导：逶迤两个字的部首都是走之，走着走着，你们看——（画图）"逶迤"就是形容道路、山脉、河流等弯弯曲曲绵延不绝的样子。磅礴两个字的部首都是石字旁，就像两座巨大无比的石头山，气势盛大。

（3）联系注释，用自己的话说一说每句诗的意思。

2. 合作探究，领悟诗词内涵。

> **学习单（二）**
>
> 长征，是一段我们难以想象的艰难历程。
>
> （1）读一读《七律·长征》，思考：诗人写了几幅红军长征途中威武雄壮的"征难图"，给你印象最深的是哪一幅？说说理由。
>
> （2）结合学习单（一）和诗句思考红军长征难在何处，从中你体会到了红军的哪些精神品质？完成下表。
>
> | "远征难" | 难在何处 | 我的体会 |
> |---|---|---|
> | | | |
> | | | |

交流：

（1）这首诗围绕第一句来写，描述了五幅"征难图"——越五岭、跨乌蒙山、巧渡金沙江、飞夺泸定桥、喜踏岷山雪。引导学生结合诗句想象画面，谈体会。

要点：

"五岭逶迤腾细浪，乌蒙磅礴走泥丸"，我仿佛看到了连绵起伏的五岭山伸向远方，巍峨的乌蒙山高耸入云，白雪皑皑，这些在红军战士眼里都不算什么……

"金沙水拍云崖暖，大渡桥横铁索寒"，我仿佛听到了战士们唱着《四渡赤水出奇兵》，开心地渡过金沙江，那歌声响彻云霄，他们的笑容感染了我。我又仿佛看到了十几个勇士沿着铁索匍匐前进，炮火连天中，他们那不服输的眼神感动了我。

"更喜岷山千里雪，三军过后尽开颜"，千里岷山，皑皑白雪，红军战士穿着单薄的衣服，艰难地前行，路上遇到被冻死的战友，他们被积雪覆盖，成了晶莹的丰碑。

（2）根据交流内容，小组合作完善表格（如表 3-18 所示）。

表 3-18　远征难

	难在何处	我的体会
"远征难"	自然环境恶劣	坚强乐观
	战斗激烈、处境艰难	神勇无比
	物资的缺乏	坚忍不拔
	路途的艰难	惊心动魄

3. 自学《忆秦娥·娄山关》《清平乐·六盘山》《十六字令三首》《念奴娇·昆仑》。

学习单（三）

（1）读诗句，联系注释理解内容，尝试描述诗中所呈现的画面。

（2）结合重点诗句或联系生活谈谈你的体会与感悟，四人小组在任务表（见表 3-19）中填写要点，进行口头交流。

表 3-19　画面与体会要点预设

交流内容	读诗句想象画面	体会与感悟
忆秦娥·娄山关	西风呼啸，一群群大雁划过长空，伴随着零碎而又纷杂的马蹄声，军号声响起来了。青山起伏像海的波涛，夕阳鲜红像血的颜色，战士们重振旗鼓，继续迈步向前……	在生活与学习中遇到挫折或困难时，我会情不自禁地想起"雄关漫道真如铁，而今迈步从头越"这两句诗，以此来树立信心，克服困难。
清平乐·六盘山	晴朗的天空白云飘飘，南飞的大雁到了天边。回首看看高峰挺拔的六盘山，漫山遍野到处是如火的红旗，在西风中舒卷……	"不到长城非好汉，屈指行程二万。"我读到了毛主席和红军战士的壮志豪情，以后不管遇到什么困难，我也要有一种积极向上的奋斗精神，不达目的不罢休。
十六字令三首	眼前的山高耸入云，回首看看身后的山峰，与远处的天边快接上了！连绵的群山，起伏如波涛，浩瀚似江海，又如奔腾迅猛的骏马……	山，是那么高，又是那么峻峭，可这样的山，又怎么阻挡得了红军战士前进的脚步呢？
念奴娇·昆仑	终年积雪的昆仑山脉蜿蜒不绝，好像无数条白龙在空中飞舞。夏天时，冰雪在融化，江河纵横流淌，洪水泛滥成灾……	毛主席在这里表达了"太平世界，环球同此凉热"的思想。他不希望世界在战火纷飞中毁灭，而希望看到世界人民的大团结。当今世界，并不太平，俄乌冲突还在继续，恐怖主义还在猖獗，唯有全世界人民同心协力，守望相助，求同存异，方能争取和平幸福的生活。

【设计意图】引导学生通过自学诗词，在头脑中勾勒出诗词所呈现的画面；合作探究填写表格，结合前面收集的资料，深入理解诗词的内涵，进一

步感悟红军战士钢铁般的意志,不畏艰险、勇往直前的革命乐观主义精神。

活动3：入诗境，悟诗情

1. 聆听名家读、男女赛读，从节奏、重音、韵脚、感情等几个方面进行指导，读出诗人的万丈豪情，读出诗词中磅礴的气势。

2. 诗歌朗诵会开始了！带着我们的理解，融入我们的情感朗诵这五首诗词。评选班级朗诵小达人（如表3-20所示）。

表3-20 "朗诵小达人"评分标准

评分内容	评分细则	得分
基本要求	1. 普通话标准，发音吐字清楚、准确。（20分） 2. 语言表达流畅，精神饱满，感情真挚，正确把握作品的内涵，准确表达作品主题。（20分）	
朗诵技巧	1. 节奏停顿准确，语气、语调富于变化，契合诗词朗诵的内容。（20分） 2. 能根据诗词内容选择合适的配乐、图片、视频等，表现形式有创意。（20分） 3. 适当加上动作、手势等，自然地表达朗诵内容，声音有感染力，能体现红军战士大无畏英雄气概和革命乐观主义精神。（20分）	
总得分		

【设计意图】新课标文学阅读与创意表达任务群中明确提出"引导学生综合运用朗读、默读、诵读等方法学习作品""重视古代诗文的诵读积累""引导学生成长为主动的阅读者、积极的分享者和有创意的表达者"。本方案由浅入深，引导学生理解所学诗词的内涵，有效地落实新课标的要求。

任务二：传承长征精神

9月9日是毛泽东逝世日，学校将举行缅怀活动，请同学们从"吟唱伟人诗词，领悟长征精神""宣讲红色故事，弘扬长征精神""赓续红色基因，续写长征精神"三个活动中任选一个,精心准备,唱好长征歌,讲好长征故事,写好长征征文,争取在活动中取得好成绩。

活动 1:吟唱伟人诗词,领悟长征精神

1. 观看视频,学习吟唱。

(1)播放五首诗词的吟唱视频。仔细听,诗词吟唱有什么特点?

(2)参与者任选其中一两首诗词,观看视频学习吟唱,唱出曲调和诗词蕴涵的情感。在吟唱中结合诗词内容,体会《七律·长征》的豪迈奔放,《忆秦娥·娄山关》的慷慨悲烈、雄沉壮阔,《清平乐·六盘山》的激情雄壮,《十六字令三首》的雄浑、豪放、洒脱,《念奴娇·昆仑》的境界博大开阔,气势恢宏。

2. 举行班级微型吟唱会。

参与者现场吟唱,师生做评委,根据评分标准(如表 3-21 所示)评选"吟唱小能人",通过学校电视台吟唱给全校师生听。

表 3-21 "吟唱小能人"比赛评分标准

评分内容	评分细则	得分
吟唱指数	1. 语音准确清晰,语调到位,准确把握诗词的情感基调。(20 分) 2. 根据诗词内容,配上相应的背景音乐或视频,有感染力,能准确体现诗词意境。(20 分) 3. 吟唱的旋律、节奏要准确,字音的长短、强弱、高低等处理得当,能彰显吟唱的特点。(20 分)	
舞台指数	1. 吟唱时动作自然,表情、手势、舞蹈搭配契合诗词内容等。(20 分) 2. 个人化妆、服饰搭配等符合吟唱内容特色,适当添加道具等。(20 分)	
总分		

【设计意图】以吟唱的方式引导学生欣赏诗词的韵律之美、意境之美,体会诗词的情感,感受毛泽东等老一辈革命家的昂扬斗志和英雄气概。这个活

动指向本单元语文要素的落实,"把历史的声音留在心中",让学生在具体的语文实践中,深刻领悟诗词内涵及表达的情感。

活动2:宣讲红色故事,弘扬长征精神

1. 准备:每一首长征诗词背后都有一段悠长而深情的故事,请大家搜集这五首诗词背后的长征故事,选择自己感受最深的故事讲一讲,并谈谈自己的体会。

2. 录制:拍摄一段长征故事宣传微视频。要求:先有感情地朗诵自己所要讲的诗词,然后讲述诗词的写作背景和相关的长征故事,最后谈谈自己的理解和感受。

3. 评选:班级组织观看参与者拍摄的视频,并组织评价(如表3-22所示)。

表3-22 "宣讲红色故事,弘扬长征精神"微视频评分标准

评分内容	评价细则	得分
作品主题	围绕"品读伟人诗词,传承长征精神"主题拍摄微视频。(20分)	
表达效果	普通话标准,字音准确,声音响亮,语言自然流畅。(20分)	
	能结合诗词内容,生动地讲述相关长征故事,故事情节完整,情感充沛、画面感强。(20分)	
	有自己对长征精神的感悟,语言具有较强的感染力、吸引力,能激发听众情感共鸣。(20分)	
作品拍摄	选择恰当的背景音乐,字幕规范,镜头稳定,画面流畅。(20分)	
总分		

4. 展示:评选的优秀视频由学校微信公众号推出,全校学生观看,投票选出校园"最佳宣传员"。

【设计意图】此学习活动引导学生在实践中深入理解诗词内容,交流自己的感悟,成为积极的分享者。投票的目的是让所有的学生都能了解长征故事,学习长征精神。

活动3:赓续红色基因,续写长征精神

1. 9月9日毛泽东逝世日。结合所学的五首诗词,围绕"长征"主题布

置学生创作征文,缅怀伟人风范,传承革命精神。

2. 评选优秀征文(如表 3-23 所示),表彰作者。

表 3-23 "赓续红色基因,续写长征精神"征文比赛评分标准

评分内容	评分细则	得分
征文主题	主题明确,表达对长征精神的赞美及对老一辈革命家的缅怀。(20 分)	
	结合诗词内容,书写对长征精神的理解及感悟。(20 分)	
	能结合新时代背景,写出长征精神的新时代意义。(20 分)	
语言表达	标题醒目、新颖,材料构思巧妙。(20 分)	
	语言通顺流畅、符合逻辑、详略得当。(20 分)	
总分		

3. 优秀征文在校报上发表。

【设计意图】此学习活动布置学生围绕主题创作征文,给学生提供平台表达对伟人的缅怀之情,传承长征精神,深化学习主题。

成果展示,活动小结

1. 成果展示。

(1)评选出的"吟唱小能人"在学校舞台上吟唱诗词,学校利用多媒体平台进行直播。

(2)根据学生投票评选出"最佳宣传员",学校组织表彰,并向市电视台等媒体推送。

(3)参加征文比赛获奖者,在升旗仪式活动中朗读征文,或校报刊发、学校微信公众号推送。

2. 活动小结。

"天若有情天亦老,人间正道是沧桑。"而今,那段血雨腥风的历史已成过去,"数风流人物,还看今朝"。让我们不忘历史,继承长征精神,战胜生活与学习中的种种困难,发奋学习,为祖国富强尽一分心力!

第四章
"人与自然"主题课例

第一节 低段"春夏秋冬""山河壮美"主题课例

秋天是个魔法师
——一上《秋天》单篇教学设计

一、学习内容与学习目标

(一)学习内容

统编教材一上第四单元编排了《秋天》《小小的船》《江南》《四季》四篇课文,这是学生进入小学后第一次真正意义上学习的课文,四篇课文包含了散文、现代诗、古诗、儿歌四种文学形式,描写了四季自然之美,契合文学阅读与创意表达学习任务群第一学段第(2)条学习内容"诵读表现自然之美的短小诗文,感受大自然的美景与变化"。本课例对小学阶段首篇课文《秋天》进行教学设计,它篇幅短小,全文有三个自然段,从三个不同的观察角度写出了不同观察对象在秋天的变化,且课文配有两幅插图,其中"落叶""雁群"与课文描述的情景对应,成熟的庄稼、捧着松果的小松鼠则揭示了秋天更多样的特点,留给读者美好的遐想。

(二)学习目标

1. 正确、流利、有感情地朗读课文,认识 10 个生字,会写 4 个字,读好"一"的不同读音和儿化音,读好长句子的停顿,读出感叹句的语气。

2. 找到事物在秋天发生的变化,通过朗读、看图片和视频,想象说话等多种方式品读语言,感悟秋高气爽、落叶金黄、大雁南飞的美好意境,感受秋天的美丽。

3. 仿照课文用"那么……那么……""一会儿……一会儿……"等句式描写秋天的变化;拓展阅读秋天的诗文,联系生活仿写句子,抒发对秋天的赞美之情。

二、整体思路与整合方式

(一)整体思路

从学情上看,《秋天》是学生第一次接触的课文,所以首先要了解课文的"构件",如一篇课文包含题号、题目、自然段,字词组成的句子和标点。低年级的语文学习是在了解文章"构件"的基础上,按照由词到句、由句到段落逐步突破阅读难点,在阅读中借助课文积累语言,学习表达。从学习内容上看,本文句式简单又富有童趣,适合一年级学生诵读、模仿。文中选取代表性的景象描写秋天的特征,学生在诵读中能够感受到天气转凉、黄叶飘飞的季节特征;能够跟随作者一起抬头仰望,看到天空的蓝和高,看到雁阵的飞行方向和队形变化,能够从插图中进一步引发对秋天其他景象的思考,从而激发出对秋天的喜爱之情。从学习任务上看,书面化的表达能帮助学生提升口语表达的完整性和规范性,学生可以在仿句训练中丰富语言经验;同时可以通过整体感知、联想想象等方式感受作品的思想内涵,丰富情感体验,获得对美丽秋景的个性化审美体验。

综上,结合低年级儿童心理和年龄特征,创设"秋天是个魔法师"的学习情境,围绕"跟魔法师秋天交朋友"设计"初见魔法师""跟魔法师一起玩""发现魔法师的秘密""跟着魔法师学魔法"四个学习任务,设计十个具体的学习活动来展开学习(如表4-1所示)。

表 4-1 统编版小学语文教科书一上第 1 课《秋天》教学设计思路

学习情境	学习任务	学习活动	学习内容	评价设计	课时
秋天是个魔法师	初见魔法师	初识秋天	1. 认读生字"秋",识记并组词。 2. 视频中感受秋天的变化并分享。	分享秋天的变化评价要点:乐于表达、自信大方、说出秋天的特点。	
	跟魔法师一起玩	活动1:"躲猫猫"真快乐 活动2:"魔法秀"真精彩 活动3:"朗读亭"来相约	1. 找到躲藏在课文中秋天的事物,相机学习课文各"构件"。 2. 掌握"一"的变调和儿化音,发现秋天事物的变化。 3. 正确、流利地朗读课文,尝试背诵课文。	朗读评价要点: ①能够读准字音,读准"一"的变调和儿化音;②能够关注逗号和句号,读清停顿,读好长句子,读出感叹句的语气;③能够流利地指读课文。	1
	发现魔法师的秘密	活动1:看图揭秘 活动2:想象揭秘 活动3:诵读揭秘	1. 能够选择合适的词语给秋景图起名。 2. 各种方式展开想象,品读课文,感受秋天的美好,激发对秋天的喜爱之情。 3. 朗读秋天的诗文,学习赞美秋天的不同句式。	揭秘评价要点: ①能够从老师提供的词语中选择合适的给秋景图起名字;②品读课文,能够想象落叶缤纷、天空高远的美丽景象和大雁南飞的动态变化;③发现文中"事物	1

续表

学习情境	学习任务	学习活动	学习内容	评价设计	课时
				+变化+了""一会儿……一会儿……""那么……那么……"等句式的特点并仿照着说一说秋天的变化;④诵读课外诗文,能运用叠词描写秋天景物。	
跟着魔法师学魔法		活动1:藏在诗歌中的魔法 活动2:小组魔法秀 活动3:魔法的进阶训练	1. 分享搜集的秋天的词句诗文,说出自己对秋天的感受和理解,并从诗文中学习更多的赞美秋天的表达方法。 2. 结合生活实际,小组合作,创编小诗,歌颂秋天。 3. 朗读语文园地"字词句运用"和课文4《四季》,初步感知四季之美。	创编秋天小诗评价要点:①能够选择秋天的代表性事物进行创编;②能用文中或者课外习得的句式和表达方法进行创编;③语句通顺,想象力丰富。	1

(二)整合方式

"初见魔法师"是基于"跟魔法师秋天交朋友"而设计的学习任务,旨在通过字卡、词卡让学生"初识秋天",播放视频直观地让学生初步感知夏到秋

158

的季节变化特征。秋天的变化在低年级孩子眼中是非常神奇的,于是秋天魔法师的身份便因此而来,为下面的任务情境做了铺垫。

"跟魔法师一起玩",旨在引导学生感知秋天的季节特征,感悟秋天之美。通过"躲猫猫""魔法秀""朗读亭"三个游戏,让学生一步步走进秋天,了解秋天的季节特征,从而认识秋天这位大自然的魔法师朋友。通过一遍遍朗读,相机完成本课的基础性学习任务;并在此基础上通过联想和想象引导学生感受秋天的变化之美。

"发现魔法师的秘密",秋天这位魔法师如何才能让自己的魔法更精彩?这便是魔法师的秘密——发现秋之美。本任务通过看图赏秋、诵读赏秋、想象画面、拓展阅读等阅读方式带领学生用不同方式,从不同角度进一步感悟秋天之美,通过由课内引向课外,从更多的文学作品中积累语言材料,进行仿说训练,丰盈对秋的认识和感受。

"跟着魔法师学魔法"旨在激发学生拓展阅读和表达的积极性,通过不同的阅读材料学习不同的表达方式,立足整个单元的学习,感受四季特征和四季之美。

三、具体方案与设计意图

任务一:初见魔法师

1. 老师邀请了一位新朋友,先看看她的姓名卡吧(出示"秋天")。播放音频:小朋友好,我是秋天,我姓秋,你有什么好办法记住我的姓?

要点:加一加。左边是禾,右边是火。

在禾苗变得金黄的时候,"秋"就会来到你们身边。读好"秋天"。给"秋"组词:秋天、秋日、金秋……

相机出示和"秋"字交友的三个步骤(如图 4-1 所示)。

会读准字音 | 能主动识记字形 | 会组词 → 成功交友

图 4-1 "秋"字交友三部曲

2. 小朋友们一下子就记住了我的名字。我要送给小朋友们一个礼物（播放秋天的视频）。观看视频，说说秋天的变化。

预设：我发现树叶变黄/红了，秋天来了。我发现树上结满了果子，秋天来了。

评价要点：能自信大方地说出秋天的特点，语句完整。

秋天能让大自然发生很多有趣的变化，他可是一位神奇的魔法师，这节课我们就一起跟这位魔法师交朋友吧！

【设计意图】"交朋友"是一年级学生喜闻乐见的形式，一下子就吸引了学生的注意力。通过好朋友的姓名卡与之初见，相机进行生字词教学；再通过视频礼物初步感受到秋天这一好朋友的变化，学习语言表达，揭示秋天"魔法师"的身份，引出"跟魔法师交朋友"这一大的学习情境。

任务二：跟魔法师一起玩

音频：小朋友们好，我是魔法师秋天，很高兴和你们成为好朋友，我们一起来玩游戏吧！

活动1："躲猫猫"真快乐

调皮的秋天早已悄悄来到我们身边，跟我们玩起了"躲猫猫"，他藏在了课文里，赶紧去找一找吧。

1. "构件"躲猫猫。

（1）这是一篇课文，你找到书本上"课文"两个字了吗？请你读一读。

（2）课文包含课题、正文、插图、生字和课后要求等部分，你能找到这些内容分别在哪里吗？

同桌相互指一指，说一说。全班交流。

相机解说：课后两条蓝线里的字是二会字，要求小朋友们会认识；田字格里的字要会写。蓝线上面的红色是新偏旁，田字格上面是生字的笔顺，旁边的小格子是新的笔画。

2. "数字"躲猫猫。

出示文中泡泡提示语，正文很长，由一个个自然段构成，这篇课文一共三个自然段，数字1、2、3本来应该在空格处表示相应的自然段，但是他们藏起来啦，指名到黑板上贴数字卡。

请小朋友们把数字写到书本上每个自然段的空格处，同桌互相检查。

3. "字词"躲猫猫。

（1）秋天把自己藏在了课文中，你能找到吗？集体讨论秋天哪些事物发生了变化。

出示：天气　树叶　天空　大雁
　　　tiān qì　shù yè　tiān kōng　dà yàn

指名读、齐读。

学习生字"树""叶"，相机教学生字中藏着的两个新偏旁：木字旁和口字旁。

（2）课文中藏着很多"了"，比一比谁先找到，谁找得更全。

出示：凉了　黄了　来了
　　　liáng le　huáng le　lái le

指导读好"了"轻声并书写。

（3）出示词串：那么蓝　那么高　落下来　往南飞
　　　　　　　nà me lán　nà me gāo　luò xià lái　wǎng nán fēi

这些词组都藏在哪些句子里呢？请四人小组一人找一句，然后合作朗读展示。

活动2："魔法秀"真精彩

"躲猫猫"的游戏难不倒小朋友，一起去看看秋姑娘的魔法秀吧。

1. "一"字宝宝魔法变变变。

秋天带来了"一"字，魔法变变变，"一"宝宝会变声！

出示：一　一片　一群　一会儿　一个
　　　yī　yí piàn　yì qún　yí huìr　yí gè

哎呀，"一"宝宝一会儿第一声，一会儿第二声，一会儿又是第四声，到底是怎么变声的呢？你们仔细看"一"宝宝的声调帽子和后面一个汉字宝宝的声调帽子。

故事演绎变调规则：（老师手拿小汽车演示）后面一个汉字宝宝是第四声，下山坡，那么"一"宝宝就要先爬山坡，读第二声。齐读。后面一个汉字宝宝变成了第二声,这个山坡好高啊,"一"宝宝要先下山坡,冲一下,准备冲上山坡,读第四声。齐读。爬山坡、下山坡好累啊,"一"宝宝一个人的时候就喜欢走平地,读第一声。

开启复读机,齐读"一"的词语,感受"一"的变调。

2. "儿"字的魔法变变变。

出示"儿",指名读。

出示词语"一会儿",指导朗读儿化音:在读前面一个字的韵母 ui 时卷舌。师范读,生跟读。

3. 秋天的魔法变变变。

(1) 出示词串:天气、树叶(叶子)、天空、大雁。秋天会魔法,这些事物都在变化,你发现了吗?

小组合作用贴词条的方式完成表格(如表 4-2 所示)。

表 4-2　秋天事物变化表

事物	找到变化贴一贴
天气	天气凉了。
树叶(叶子)	树叶黄了,一片片叶子从树上落下来。
天空	天空那么蓝,那么高。
大雁	一群大雁往南飞,一会儿排成个"人"字,一会儿排成个"一"字。

(2) 秋天的变化很多很多,除了上面的变化,你还能找到吗?出示插图,提醒学生看插图。

要点:小松鼠开始储存粮食准备过冬。植物变得金黄。

(3) 昨天老师请小朋友们去小区里、公园里走一走,找一找秋天,你们找到了吗?

学生交流:菊花开了。田里的稻谷谷穗越来越饱满了。树叶开始变黄了。晚上的气温开始降低了……

活动 3:"朗读亭"来相约

秋天跟我们玩了一整天,我们约定好去"朗读亭"玩一玩。

1. "朗读亭"遇到句子好朋友。

(1) 出示第一句：天气凉了，树叶黄了，一片片叶子从树上落下来。

读准生字和词语。认识逗号、句号，读出逗号、句号的停顿。

句子魔法棒：天气/凉了，树叶/黄了，一片片叶子/从树上/落下来。

出示句子朗读评价标准（如表4-3所示），指名读、齐读。

表4-3　句子朗读评价标准

星级	评价标准
★	不添字，不漏字。
★	词语宝宝要连贯，不能分开。
★	要读对停顿。

(2) 出示第二句：天空/那么蓝，那么高。

学生自主挑战。按照评价标准，给自己打星。

(3) 出示第三句：一群大雁/往南飞，一会儿/排成个"人"字，一会儿/排成个"一"字。

同桌合作读：①一起读，遇到问题的地方停下来，想一想应该怎么读，然后多读几遍。②你读给我听，我读给你听，按照评价标准给对方打星。

2. "朗读亭"遇到标点好朋友。

这篇课文里还出现了一个新的标点符号（出示感叹号卡片），碰到感叹号，我们可以读出赞美的语气。

出示：啊！秋天来了！

示范朗读，指名读。

3. 请你走进"朗读亭"。

(1) 拿起金话筒，把美丽的秋天通过你的朗读展示出来吧（如表4-4所示）！

表 4-4 "六星"朗读评价量表

内容	标准	星级
字词朗读	1. 能读准字音。 2. 能读准"一"和儿化音。	☆ ☆
句子朗读	1. 不添字漏字，不错字。 2. 断句正确。	☆ ☆
语气表达	1. 能读出句子的停顿。 2. 能读出感叹号的语气。	☆ ☆

（2）结合板书教师引导学生背诵课文，挑战独立背诵。

【设计意图】本环节学生跟魔法师一起玩了"躲猫猫"，找到了秋天的代表性事物，相机学习了生字词；跟秋天一起看了"魔法秀"，结合文字、插图和生活实际发现了秋天的变化；跟秋天一起去"朗读亭"约会，在读好句子的基础上大方展示、熟读成诵，感悟秋天的美好。

任务三：发现魔法师的秘密

秋天会变很多魔法，这些魔法怎样才能更精彩，让我们进一步展开想象的翅膀，继续跟秋天交朋友。

活动1：看图揭秘——意境之美

1. 秋天带来了三幅图和三个词语"天空高远""落叶纷飞""大雁南飞"。请你仔细看看这三幅图，想一想分别对应哪一个词语。

2. 学生看拼音尝试读词语，教师正音。

3. 学生选择合适的词语贴到相应的图片下面，给三幅图起名字。

小结：这三幅图有了自己的名字，让我们一起边看图边读一读他们的名字。

活动2：想象揭秘——文字之美

1. 看视频，感受落叶缤纷。

出示：天气凉了，树叶黄了，一片片叶子从树上落下来。

师：秋天的魔法棒一挥，树叶——

生：变黄了，变红了……

师：多美啊！秋天的魔法棒一挥，这些叶子——

生：从树上落下来。

师：秋天的魔法棒一挥，一片叶子从树上落下来，闭上眼睛想一想，它会怎样落下来。

生：慢慢地……转着圈圈慢慢地……

师：是呀，多么像一个旋转着跳舞的小姑娘，慢慢地从树上落下来，她一定舍不得大树妈妈。

师：这里落下来的是几片叶子？

生：很多叶子。

师：你从哪里看出来？

生：视频中、图片中、文中的"一片片"。

师：这么多叶子从树上落下来，像什么？

生：像许多许多的蝴蝶。像在下雪。

师：谁来挥舞魔法棒，比一比谁的魔法变得最好。

指名朗读第一小节，教师评价中再现秋天落叶之美。

2. 看图片，感受天空高远。

出示：天空那么蓝，那么高。

师：秋天来到了原野，他的魔法棒一挥，天空变得？

生：很蓝很蓝。很高。几乎没有白云。

师：像这样万里无云的天气我们就可以说天空高远。课文中也有一句话形容这样的天气，你找到了吗？

生：（圈画句子并朗读）天空那么蓝，那么高。

师："那么"就是特别、非常的意思。形容非常多就可以说"那么多"，非常红就可以说"那么红"，非常大可以说"那么大"。

（出示句式：＿＿＿＿那么＿＿＿＿，那么＿＿＿＿。练习说话。）

师：在这样的天空下，我们来到原野，你会干什么？（聚焦图中的原野）

生：放风筝、做游戏、跳舞、唱歌……

师：天朗气清，秋高气爽，在这样的秋天里玩耍多么快乐啊！

3. 摆一摆，感受大雁南飞。

出示：一群大雁往南飞，一会儿排成个"人"字，一会儿排成个"一"字。

秋天的魔法棒一挥，大雁排着队来啦！它们要飞到温暖的南方去过冬。请你们做一做南飞的大雁，上来摆一摆你们的飞行线路图。（按照大组一人一个磁吸，在桌上摆一摆。）

科普大雁南飞的知识，"人"字和"一"字的方队有利于降低飞行阻力，让大雁飞起来更轻松。

相机引读句子，你会用"一会儿……一会儿……"说一句话吗？

活动3：诵读揭秘——不一样的美

1. 秋天真美啊，你喜欢秋天吗？说说理由。

出示句式：因为_____，所以我喜欢秋天。

2. 除了你们，很多诗人都很喜欢秋天，他们把对秋天的喜爱都写进了诗里。

（1）出示儿歌《秋天到了》：秋天到了，苹果熟了、柿子黄了、稻子金黄、棉花雪白、高粱红了、玉米熟了、山药熟了、栗子熟了、芋头熟了、花生熟了、菱角熟了、大豆丰收了！

学生自主阅读小诗，说说发现。要点：秋天有很多很多的变化。比如苹果、柿子……

如果请你把这些东西分一分类，你会怎样分？（水果和粮食）

把秋天庄稼的变化，水果的变化归类写在一起，就能成为秋天的小诗。

（2）出示儿歌《秋天的颜色》：

小鸟说，秋天是蓝色的，天空碧蓝碧蓝。

青蛙说，秋天是金色的，大地金黄金黄。

大山说，秋天是绿色的，山冈翠绿翠绿。

人们说，秋天是白色的，雾气雪白雪白。

孩子说，秋天是红色的，朝霞火红火红。

农民说，秋天是黄色的，庄稼金黄金黄。

师范读，生跟读，说说发现。要点：秋天是个美丽的季节，不同事物眼中有不同的颜色，不同的小诗有不同的描绘秋天的方法。

出示句式：_____说秋天是_____色的，_____。仿照小诗用上叠词说一说你看到的秋天的颜色。

课后请小朋友们继续阅读秋天的小诗、儿歌，发现更多魔法师的秘密。

【设计意图】魔法师的秘密是什么？就是怎样让自己的魔法更精彩，带给大家更多的美。该任务在"探索魔法师秘密"的情境中，通过不同方式感悟秋天的美好。学生可以看图感受秋意之美，可以伴随着自己的想象通过文字感悟秋之美，可以通过课外的拓展阅读发现描写秋之美的不同方式。

任务四：跟着魔法师学魔法

上节课我们从图片、文字和小诗中发现了魔法师的很多秘密，这节课，让我们跟着魔法师一起学魔法吧！

活动1：藏在诗歌中的魔法

诗歌分享会：在小组内分享描写秋天的小诗或儿歌。要求如表4-5所示。

表4-5　诗歌分享会评价表

分享者	听众
1. 自信大方地朗读自己搜集的诗文。 2. 说一说诗歌中的魔法力量。	1. 认真倾听别人的发言。 2. 大方地说出自己的意见。

通过刚刚的分享会，你们发现了哪些魔法力量？可以写秋天的颜色、果实、庄稼、天气……

活动2：小组魔法秀

1. 四人小组合作，一人一句，写一写自己眼中的秋天，然后把四个人的句子合起来，变成一首小诗读一读。学生按照要求合作创作秋天的小诗。

交流评价：语句通顺、内容正确、句式相似，能合起来编成小诗。

2. 小组魔法秀：用自己的方式展示创作的诗歌。（诵读、配乐读、吟唱、拍手读、配图、表演等）

活动3：魔法的进阶训练

1. 秋天的魔法并不是最厉害的，大自然才是最厉害的魔法师，小朋友们想不想学习大自然的魔法？

2. 出示语文园地四"字词句运用"，大自然中有四个季节，他们都有自己的魔法，让我们一起去看一看吧。

学生了解四季的变化，说一说自己最喜爱的季节是什么，并说出原因。

3. 出示第4课《四季》，听老师朗读，学生跟读。

大自然的魔法还有很多，小朋友们可以继续阅读关于四季的小诗，发现更多大自然四季的魔法。

【设计意图】此任务立足创意表达，放眼整个单元的学习，引导学生在分享诗歌的同时进行诗歌创作，发现四季的特征，初步感悟大自然的四季之美。

美丽中国游
——二上第四单元整体教学设计

一、学习内容与学习目标

（一）学习内容

统编教材二上第四单元围绕"美丽中国"主题编排了四篇课文，分别是《古诗二首》（《登鹳雀楼》《望庐山瀑布》）、《黄山奇石》、《日月潭》、《葡萄沟》，文章编排有古有今，由东到西，自海峡而高山再到大漠，将祖国山河壮美景象一一展现。语文园地中的《画家乡》则描绘了孩子眼中的家乡——海边、山里、平原、草原以及城市的美丽景色。通过整个单元的学习，激发学生热爱祖国、眷恋家乡的情感。从文本内容来看，本单元符合文学阅读与创意表达学习任务群第一学段第（2）条学习内容"诵读表现自然之美的短小诗文，感受大自然的美景与变化"，同时也符合第一学段"多彩世界"主题阅读情境。

本单元语文园地中"识字加油站"借助火车票引导学生进行识字。去各地欣赏自然美景自然离不开火车这种常见的交通工具，这也在告诉学生生活中随处可识字的道理，凸显了识字教学这一低段语文教学的重点。语文园地中还特意编排了学写留言条这一典型的实用性阅读与交流的内容，显出编者的巧妙用心：外出游玩期间给亲友或者店主等写下留言条交代未尽事宜显得正式且方便。这一内容可以适时整合在单元整体情境中进行相机教学。文学阅读与创意表达任务群中辅以实用性阅读与交流的内容，且在真实情境中得到有效整合。这也体现 2022 版课标六大学习任务群根据学段与单元文本特点有所侧重，共同为学生语文核心素养助力的特点。

（二）学习目标

1. 认读 59 个生字，读准 4 个多音字，会写 37 个生字，能联系上下文和生活经验，了解"陡峭""五光十色"等词语的意思。

2. 通读本单元课文，结合以往旅游经历做好旅游前的准备，在明确旅游目的地、讨论旅游路线、交流乘车事宜以及完成留言条等活动中进行归类识字以及语言表达训练。

3. 能正确流利有感情地朗读课文，感受作者笔下祖国壮美的山川风光。在旅游途中，能借助图画将古诗中想象的画面说出来，能仿照课文句式给奇石起名字，能借助照片说说日月潭的美，能借助旅行手账说清喜欢葡萄沟的理由。

4. 进行单元整体梳理，能选择适合自己的方式，如推荐旅游景点、讲述游玩经历等分享自己的游玩所得或者介绍家乡的美景，将对祖国、对家乡的热爱之情通过创意化的表达展示出来。

二、整体思路与整合方式

（一）整体思路

本单元紧扣单元主题"美丽中国"创设"美丽中国游"的学习情境，带着学生畅游中国。按照旅游的实际经验，组织旅游前、旅游中、旅游后三个学习环节，共对应三个学习任务："做好旅游准备""沉浸游玩其间""分享游玩所得"。引导学生将语言文字的学习运用与"旅游"这一常见、真实的生活场景和需求相联系，建构结构化的学习经验，并教会学生一些生活能力（如认识火车票、写留言条、设计旅游路线……）。学生借助多样的学习支架（思维导图、图画、照片、旅行手账等），在阅读与鉴赏、表达与交流、梳理与探究等语文实践活动中发展更好的语言品质，提升语文核心素养。

表4-6 统编版小学语文教科书二上第四单元整体设计思路

学习情境	学习任务	学习活动	学习内容	评价设计	课时安排
美丽中国游	做好旅游准备	活动1：回忆梳理游前准备 活动2：依次完成游前准备	1. 游前准备清单。 2. 景点所在省份以及特点猜想，设计游玩路线图，确定出行工具，给邻居写一张留言条。	留言条评价要点：格式正确、内容清楚、语句通顺。	2
	沉浸游玩其间	活动1：说一幅想象的画面（《古诗二首》） 活动2：起一个有趣的名字（《黄山奇石》） 活动3：选	1. 《古诗二首》：读诗句，将想象画面画出来，并借助图画说一说。 2. 《黄山奇石》：仿照课文句式给奇石起名字。 3. 《日月潭》：借助日月潭不同时间	1. 说画面评价要点：能说出诗句中的事物、能适当添加想象的内容、表达流畅自然。 2. 起名字评价要点：能用比喻句说清石头的样子、能添加适当的动词让石头活起来、表达流畅自然。	8

续表

学习情境	学习任务	学习活动	学习内容	评价设计	课时安排
		一张美景的照片（《日月潭》）活动4：做一份游玩的手账（《葡萄沟》）	的美景照片理解课文内容，想象画面，并从中选择自己喜欢的一张照片进行美景介绍。 4.《葡萄沟》：根据课文内容绘制葡萄沟游玩手账，并借助手账说清喜欢的理由。	3. 选照片评价要点：紧扣文本内容说出日月潭的美、能适当添加想象的内容、表达流畅自然。 4. 说理由评价要点：紧扣文本内容说理由、有自己独特的感受、表达流畅自然。	
分享游玩所得		活动1：游玩分享会 活动2：介绍我家乡	1. 梳理旅游收获；选择合适的方式分享游玩所得。 2. 阅读《画家乡》，并用自己喜欢的方式介绍家乡的景点。	分享会评价要点：抓住景点特色、语言表达流畅、态度自然大方。	2

（二）整合方式

"做好旅游准备"：创设一起去旅游的情境，引导学生回顾以往经历，旅游前都会有哪些准备？通过旅游清单进行梳理，如制订游玩路线、确定出行工具、准备行李、给邻居写留言条代收快递等。将学习园地四的内容在这一板块进行前置学习，将整个单元教学内容进行有机整合。

"沉浸游玩其间"：在"美丽中国游"的大情境中，紧扣单元语文要素、文本内容与课后习题的要求，结合旅游途中想象、拍照等真实活动，为每篇课文设计一个主线学习活动来展开教学。

《古诗二首》重在想象画面，课后习题要求学生"读诗句，想画面，再用自己的画说一说",因此设计"说一幅想象的画面"的学习活动,引导学生通过读诗、理解诗意、展开想象等活动将文字变成画面,再以画面为言说支架,完成本课学习目标。

《黄山奇石》中作者通过"先写奇石样子像什么,再用动词让它活起来"的方法,给奇石取了一个个动听的名字。课文最后一句说"那些叫不出名字的奇形怪状的岩石,正等你去给它们起名字呢!",课后习题要求学生将图片中奇石的样子描绘出来。综合以上,设计给奇石"起一个有趣的名字"的学习活动,旨在引导学生在文本阅读中,关注语言表达的特点,并活学活用,发挥想象完成迁移。

《日月潭》一文刻画了其在不同时间、不同天气的美。课后习题注重引导学生关注景物之美,"你觉得日月潭美在哪儿?找出有关的句子读一读"。据此设计了"选一张美景的照片"的学习活动,将不同时间、天气下拍摄的日月潭的照片呈现在学生面前,通过读照片对应的文字,让静态的文字形象化。学生可以借助照片展开想象穿梭在文字中,获得审美体验。最后根据自己的审美感受选择认为美的照片,在理由的讲述中进行文本语言的理解与内化。

《葡萄沟》一文抓住"梯田""晾房"这两处代表性景点向学生介绍葡萄沟,文中景美情深,需要学生综合运用抓关键词句想象画面进行审美感受等方法进行文本学习。课后习题"你喜欢葡萄沟吗?说说理由",要求学生从整体把握文本内容并进行梳理表达。于是用"做一份游玩的手账"的学习活动去引导学生走进文本,最后借助游玩手账这一支架去完成理由讲述。

"分享游玩所得":游玩之后有哪些收获呢?要以怎样的方式呈现呢?这既是对此次"美丽中国游"的活动总结,也是对本单元学习内容的总结性评价。收获可以是在旅行途中认识了许多中国汉字、了解了不同的地名、学会写留言条等,可以是设计游玩路线图、制作旅游手账等,也可以是能借助画面将想象的内容表达出来,或者借助照片讲述美景……本任务旨在引导学生进行单元整体梳理与创意表达。创意表达的形式多样,如做一回景点星推官,向亲友推荐其中一个旅游景点并说清楚推荐理由等活动都充满了现实意义。

三、具体方案与设计意图

我们的祖国幅员辽阔、风景如画，有奔腾不息的长江、绵延千里的黄河、巍峨峻拔的泰山、景色秀丽的西湖……还有那世界最高的山峰珠穆朗玛矗立在西藏高原。古人云："读万卷书，行万里路。"读书和旅游都能让我们增长见识。让我们一起去往祖国各地，开启"美丽中国游"的畅游学习之旅吧，相信你会在旅途中有许多意想不到的收获哦！

【设计意图】创设"美丽中国游"的学习情境，唤起学生的旅游经历，调动其学习兴趣，开启单元学习之旅。

任务一：做好旅游准备

同学们，游学即将开始，希望你能先做好游玩准备哦！

活动1：回忆梳理游前准备

将准备的内容罗列下来，和同学交流：

旅游前，我会先_____，再_____，最后_____。

活动2：依次完成游前准备

1. 了解旅游景点。通读第四单元课文，明确游玩景点，了解其所在的省份，并照样子紧扣名称完成特点猜想。

例：鹳雀楼在山西，我猜因为这座楼上经常有鹳雀栖息，所以称它为鹳雀楼。

①庐山瀑布在_____，我猜因为_____，所以称它为庐山瀑布。
②黄山奇石在_____，我猜因为_____，所以称它为黄山奇石。
③日月潭在_____，我猜因为_____，所以称它为日月潭。
④葡萄沟在_____，我猜因为_____，所以称它为葡萄沟。

（1）相机教学一组形声字"瀑""潭""沟""湾"，理解其不同。补充三点水的字如"江""河""湖""海"，借助地图，认识各景点所在的省份，以及长江、黄河、台湾海峡等。

（2）交流猜想，借助资料、图片以及课文内容，了解鹳雀楼、日月潭、葡萄沟名称由来，初步了解起名字的一些方法，如借助外形、突出特点等。

2. 讨论游玩线路。对照自己的游玩路线图与同学交流，注意说清设计的理由。

图 4-2 "美丽中国游"游玩路线图

3. 交流乘车事宜。根据距离远近或者自身需要选择合适的出行工具（火车、汽车、飞机等），交流乘坐交通工具时的注意事项，相机认识火车票：从火车票上了解了哪些信息，认识哪些字？

4. 完成留言条。出门前，给邻居阿姨写一张留言条，希望她能在你们外出期间代收一下快递。

【设计意图】"旅游前的准备"将语文园地的学习内容如认识火车票、写留言条等在真实的旅游大情境中展开学习。遵循"用语文的方式学语文"的原则，这一任务的内容包含多样化的表达，如按顺序交流旅游准备、紧扣名称进行特点猜想、说清自己的旅游路线设计理由等，旨在丰富学生的言语实践经验。同时巧妙地进行字词的归类教学，注意语言文字的积累与梳理。

任务二：沉浸游玩其间

做好了充分的准备，接下来就开始我们的游玩之旅吧！

活动1：说一幅想象的画面（《古诗二首》）

第一站，我们跟随唐代诗人的脚步去往鹳雀楼和庐山。

1. 走进鹳雀楼和庐山，出示图片、文字资料。教学生字"楼"。

2. 多形式读诗句，多种方法理解诗意，相机进行生字教学。

3. 从"白日依山尽，黄河入海流"与"飞流直下三千尺，疑是银河落九天"中任选一句，将自己想到的画面画下来。（想象画面中出现的事物数量大于或等于文字所描述的事物数量）

4. 借助图画，用自己的话说一说诗句描绘的画面。（紧扣诗句，依照诗句的意思进行适当添加；想象画面中出现的事物数量大于或等于文字所描述的事物数量）

活动 2：起一个有趣的名字（《黄山奇石》）

第二站，我们来到黄山风景区。

1. 走进黄山风景区。出示课文第 1 自然段，指名读，相机教学生字"南""部""些"，拓展"中外闻名"的近义词。

2. 课文中描写了哪些有趣的怪石呢？整体感知，明确课文依次介绍仙桃石、猴子观海、仙人指路、金鸡叫天都，相机教学多音字"都"。

3. 这些奇石的名字藏着怎样的奥秘？（预设：外形＋动作）

将"仙桃石"与"猴子观海、仙人指路、金鸡叫天都、天狗望月、狮子抢球、仙女弹琴"进行对比，有什么发现？或者可不可以把名字换成"猴子石""仙人石""金鸡石""天狗石"等呢？

4. 课文中是怎么介绍这些石头的？读课文第 2－4 自然段，提示：先说样子像什么，再加动作让它活起来。注意联系上下文理解"陡峭"，相机教学"巨""位""每""升"等生字，理解"金光闪闪"的意思并进行 ABCC 词语拓展。

5. 出示奇石图片（课后习题第二题），请你也用这样的办法来给奇石起名字，再选择一个进行介绍。

示例：

①孔雀石：那巨石真像一只美丽的孔雀，正立在山顶侧头凝望远方。

②仙人采药：那巨石真像一位背着箩筐在陡峭的山峰上采药的人。

③天狗望月：这巨石好像一只天狗蹲在山头，静静地望着天空的月亮。

活动 3：选一张美景的照片（《日月潭》）

第三站，我们来到台湾日月潭。

1. 走进日月潭。出示课文第1、2自然段，相机教学"名胜古迹""中央"。

2. 观赏日月潭的美景可以选择哪些时间呢？通读课文，整体感知。（预设：清晨、太阳高照、雨后）

3. 出示日月潭不同时间的照片，读对应的文字，想象画面（想象画面中出现的事物数量大于或等于文字所描述的事物数量）。相机进行字词教学，并拓展 AABC 词语。

4. 在这三张日月潭照片中，你最喜欢哪一张照片？说说你的理由。（结合课文内容，说出自己的感受。如自己的生活经历或者想象到的画面。）

活动4：做一份游玩的手账（《葡萄沟》）

第四站，我们将去往新疆吐鲁番。

1. 走进葡萄沟。出示新疆地图，找出吐鲁番、葡萄沟。出示课文第1自然段，指名读。相机教学生字"产""份"，知道"份"的不同含义，拓展词语如"一份""分量""省份"等。

2. 葡萄沟有哪些值得游玩的景点呢？（预设：梯田、晾房）自读课文，整体感知。

3. 你在梯田和晾房都玩了哪些项目呢？相机进行生字、词语、句式教学。

（1）梯田欣赏葡萄种植美景：借助图片相机理解关键句"茂密的枝叶向四面展开，就像搭起了一个个绿色的凉棚"，"葡萄一大串一大串地挂在绿叶底下，有红的、白的、紫的、暗红的、淡绿的，五光十色，美丽极了"。联系上下文理解"五光十色"的意思，并进行仿句表达：葡萄沟的水果成熟了，有_____，各种各样，丰富极了。

（2）晾房看葡萄干制作过程：对照图片介绍晾房位置、内部结构、制作原理等。相机教学"城市""利用""水分""葡萄干"。

4. 图文结合完成一份"葡萄沟"游玩手账（如图 4-3 所示）。

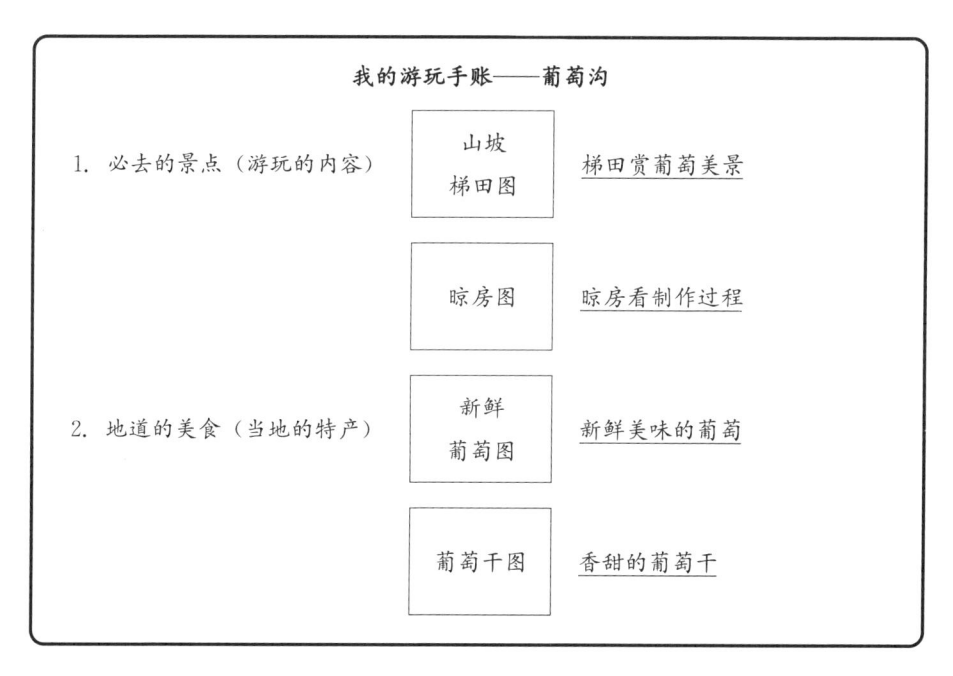

```
              我的游玩手账——葡萄沟

1. 必去的景点（游玩的内容）   [ 山坡
                              梯田图 ]    梯田赏葡萄美景

                              [ 晾房图 ]   晾房看制作过程

2. 地道的美食（当地的特产）   [ 新鲜
                              葡萄图 ]    新鲜美味的葡萄

                              [ 葡萄干图 ]  香甜的葡萄干
```

图 4-3 《葡萄沟》旅游手账

5. 你喜欢葡萄沟吗？借助游玩手账向大家说一说，注意说清理由。

【设计意图】该任务旨在让学生通过整体感知、文本细读等方式感受语言文字的独特魅力，在联想与想象中感受不同景点的美。借助相应的学习支架完成单篇文本的学习，在具体的语言实践活动中获得个性化的审美体验。

任务三：分享游玩所得

旅行过程中相信大家会有很多收获，让我们一起交流一下吧！

活动 1：单元梳理——游玩分享会

1. 在"美丽中国游"的整个旅游过程中，你有哪些收获呢？完成个人收获梳理单。

> **我的旅游收获**
>
> 1. 字词方面:
>   我认识了这些汉字:＿＿＿＿＿＿＿＿＿＿＿＿＿＿＿
>   我理解了这些词语:＿＿＿＿＿＿＿＿＿＿＿＿＿＿＿
> 2. 句子方面:
>   我们一起游玩了国内的许多景点,有＿＿＿＿＿＿,＿＿＿＿＿＿,好玩极了。
> 3. 积累方面:
>   我积累了描写景物的词语:＿＿＿＿＿＿＿＿＿＿＿＿＿
>   我积累了相关的诗句:＿＿＿＿＿＿＿＿＿＿＿＿＿＿＿
>   ＿＿＿＿＿＿＿＿＿＿＿＿＿＿＿＿＿＿＿＿＿＿＿＿＿
>   我积累了有趣的句子:(如:茂密的枝叶向四面展开,就像搭起了一个个绿色的凉棚)
>   ＿＿＿＿＿＿＿＿＿＿＿＿＿＿＿＿＿＿＿＿＿＿＿＿＿
>   ＿＿＿＿＿＿＿＿＿＿＿＿＿＿＿＿＿＿＿＿＿＿＿＿＿
> 4. 其他方面:
>   ＿＿＿＿＿＿＿＿＿＿＿＿＿＿＿＿＿＿＿＿＿＿＿＿＿
>   ＿＿＿＿＿＿＿＿＿＿＿＿＿＿＿＿＿＿＿＿＿＿＿＿＿

2. 在游玩过程中,你的各项能力也得到了锻炼和提高!让我们一起来分享吧!你可以选择下面一种形式,也可以采取其他形式进行展示。作品可以在班级墙报、微信公众号、班级网页上展示交流。

(1) 做一回景点星推官,向亲友推荐其中一个旅游景点,说清楚推荐理由。

示例:我向大家推荐五星级旅游景区——葡萄沟,它位于新疆吐鲁番。这里的景点非常有特色,你可以去梯田欣赏葡萄种植美景,也可以去晾房了解葡萄干制作的过程。在这里,你可以品尝到新鲜的葡萄以及香甜的葡萄干。最重要的是维吾尔族老乡特别热情,让你有种宾至如归的感觉。

(2) 做一组图文并茂的景点介绍幻灯片,并进行介绍。

示例：这里是位于新疆吐鲁番的葡萄沟景区。景区里最有趣的是梯田上的葡萄种植园和制作葡萄干的晾房。夏天的梯田上可以看见一个个绿色的凉棚，那是葡萄树长出的茂密枝叶。秋天的梯田色彩斑斓，到处挂满了五颜六色的葡萄，看得人直流口水。晾房就像一个碉堡，它的四壁留着小孔，将新鲜的葡萄挂在木架子上，利用空气的流动将它们自然风干。这里的葡萄干颜色鲜、味道甜，非常有名。

表4-7 "景点星推官""幻灯片介绍"星级评价表

评价内容	自评（涂星）	他评（涂星）
1. 抓住景点特色	☆ ☆ ☆	☆ ☆ ☆
2. 语句通顺流畅	☆ ☆ ☆	☆ ☆ ☆
3. 表情自然大方	☆ ☆ ☆	☆ ☆ ☆

活动2：拓展学习——介绍我家乡

1. 阅读《画家乡》，说一说自己的家乡（如家乡在哪里、有什么特产等）。

2. 用自己喜欢的方式，介绍家乡的一处景点（评价标准参见表4-7）。

示例：我给大家介绍我家乡的一处五星级旅游景区——常州的溧阳天目湖。这里山清水秀，漫步湖边、泛舟湖上，眼前的美景都能让人心情愉悦；湖周围有许多历史文化遗迹如伍员山、太白楼、报恩禅寺等。来到天目湖一定要品一品白茶，尝一尝天目湖大鱼头，这些都是天目湖景区独有的特产。

【设计意图】该任务立足整个单元的学习，在"美丽中国游"的情境中围绕字词、句式、表达等进行总结性评价。其中表达的形式由学生根据自己的能力与兴趣进行选择，表达的能力要求与任务二保持一致，不论是景点推荐还是结合幻灯片进行讲述，都指向语言文字的运用，指向学生核心素养的发展。最后通过"介绍自己家乡的美景"这一活动，将学到的能力进行适时运用。

轻叩春之门

——二下《古诗两首》《找春天》组合教学设计

一、学习内容与学习目标

（一）学习内容

统编教材二下第一单元围绕"春天"主题编排了四篇课文，分别是《古诗二首》《找春天》《开满鲜花的小路》和《邓小平爷爷植树》，四篇课文体裁各异，有古诗，有散文，还有童话故事，表现了早春时节的美景美事，尽显春天的美好。这一内容符合文学阅读与创意表达学习任务群第一学段第（2）条学习内容"诵读表现自然之美的短小诗文，感受大自然的美景与变化"。本案例组合前两篇课文，它们虽然分属古诗和散文，体裁不同，但都侧重对"春景"的描写，表达春天的美好。

（二）学习目标

1. 认识"莺""拂""醉"等25个生字，会写"绿""荡"等17个字，会写"春天""寻找"等8个词语，积累"堤""柳"等生字拓展的词语。

2. 正确、流利、有感情地朗读课文，在读好语气和重音中丰富语感，体会散文和古诗的不同韵律，增加积累，提升对美好事物的感受力。

3. 能在具体的问题情境中借助表格、关键语句等厘清文本中春天的踪迹，想象古诗、散文中的美丽春景，体会寻春、品春、颂春的喜悦。

4. 能借助文本范式，尝试用想象或联想的方式感受春的美好，用自己的方式表达对春天的喜爱，并大胆与他人分享。

二、整体思路与整合方式

（一）整体思路

《古诗二首》表现了春的蓬勃朝气，表达了诗人面对盎然春意时的欢欣，

《找春天》是散文，字字句句都是发现春之讯息的惊喜。虽然文体不同，但都表达了景之美，情之欢。进入这两篇课文，犹如叩开了春之大门，扑面而来的是多姿多彩的春天。"朗读课文，注意语气和重音"是本单元的教学重点，在《古诗二首》和《找春天》的课后习题中，均对这一教学重点进行了提示。"注意语气"学生并不陌生，一二年级的教材中多次出现过，"注意重音"是新要求。《找春天》一文中还安排了"找春天"的语文实践活动，这是组织学生观察体验、创意表达的好载体。对照课标第一学段"阅读与鉴赏""表达与交流"等学习领域的目标要求，这两篇课文围绕"春天"主题，创设"轻叩春之门"的学习情境，让孩子们伴着歌曲中的小燕子，开启春天的寻觅之旅。设计"寻觅春之踪迹""品味春之美好""唱响春之赞歌"三个学习任务，细化为九个相关联的渐次展开的学习活动，引导学生走进文本，品读、想象、探究，找春天、读春天、品春天、讲春天（如表4-8所示）。

表4-8 统编版小学语文教科书二下第一单元《古诗二首》《找春天》组合教学设计思路

学习情境	学习任务	学习活动	学习内容	评价设计	课时安排
轻叩春之门	寻觅春之踪迹	活动1：读一读春的味道 活动2：品一品春的样子 活动3：寻一寻春的踪迹	1. 在"朗读者"闯关活动中初步感知课文内容，学习生字词，读好语气、重音，感受文本音韵美。 2. 借助表格，厘清文本中春之踪迹，与伙伴交流。 3. 向生活拓展，与同学分享自己寻觅的春天。	1. 朗读评价要点：准确、流利、有节奏。 2. 生字词书写、积累评价要点：书写正确美观，字词积累丰富。 3. "寻春"评价要点：准确发现春天的景物，并清楚流利地分享。	1

续表

学习情境	学习任务	学习活动	学习内容	评价设计	课时安排
	品味春之美好	活动1：品味古诗春之韵 活动2：品味散文春之俏 活动3：尝试表达春之美	1. 在诵读、想象、分享中品味古诗中春之韵味。 2. 品味动词、句式的秘密，感受散文中春之俏丽。 3. 在诵读展示、仿写练习中表达春之魅力。	1. 朗读评价要点：古诗读出节奏、音韵等，熟读成诵。散文读出语气和重音，能感受句式的独特。 2. 表达评价要点：能积极参与诵读展示、仿写练习，对文本进行补白，创意表达。	2
	唱响春之赞歌	活动1："春之诗"赛诗会 活动2："春之俏"诵读会 活动3："春之美"展示墙	1. 在"赛诗会""诵读会"中用吟诵、朗诵表达对春天的向往和赞美。 2. 在展示墙中用文字、图画等分享表达，展示创意，唱响春之赞歌。	1. "赛诗会""诵读会"评价要点：正确流畅，注意语气和重音，有节奏和韵味，内容丰富。 2. "展示墙"评价要点：多种方式表达，展示创意。图片清晰，选景独特，文字能仿照文本句式，内容符合图意，表达有创意。	1

(二) 整合方式

"寻觅春之踪迹"旨在通过通读文本，调动多种感官，去发现春天的讯息。本学习任务侧重识字写字和对本文信息的初步筛选，以及联系类文和生活，丰富对春日美景的认知。在设计中既有对课本资源的挖掘，也有对描写春日美景为主题的类文资源的利用，还有对学生生活资源的充分调动；同时综合朗读法、关键词句理解法、图文结合法，借由帮小燕子寻找春姑娘的藏身之处这一符合四年级儿童认知特点的真实情景加以驱动。

"品味春之美好"旨在通过朗读、想象诗文描绘的春景，体验春天的美好。本学习任务侧重品味文本之韵味，尝试找到文中句式表达的秘密，仿照表达春日之美丽。"品读—描述—表达"，层层递进，指向本单元语文要素的落实，是文学阅读与创意表达任务群的典型实践路径，让学生在具体的语文实践活动中，促进学生从积累到运用的有效迁移。

"唱响春之赞歌"旨在通过实践活动，丰富学生的词语积累，联系自己的发现和体验，引导学生感受春景的美好，激发对春天、对自然的热爱。说是"展示"，实是"测评"，丰富的实践活动让学生有选择，让展示更多元。背诗、读文、图配文等一系列的活动，评价要求具体且便于操作，能够引领学生在酣畅淋漓的分享展示中获得评价。

三、具体方案与设计意图

（播放歌曲《小燕子》）小朋友们，今天老师给大家带来一位新朋友，是谁呀？小燕子刚从南方飞回来，她有很多话想和小朋友们说，你们想听吗？

（播放录音：小朋友们，你们好！我是小燕子。你们愿意和我一起寻找春天的足迹吗？让我们一起出发吧!）

【设计意图】以儿童熟悉的动物"小燕子"切入，创设"轻叩春之门"的学习情境，让学生和"小燕子一起寻找春天"，激发学生的阅读兴趣，引导学生进入想象的世界，生发联想，启发学生深入思考，对这一段"寻觅的旅程"充满期待。

任务一：寻觅春之踪迹

春姑娘看到大家这么热情，害羞地躲到了两篇课文里，你能找到她吗？要想找到她，首先得把课文读好，咱们自己先来试一试吧！

活动1：读一读春的味道

请小朋友们打开课本，自由读一读这两篇课文。注意：关注学习单中的生字词，碰到难读的地方借助拼音多读几遍。

学习单（一）

＊读准生词

　　嫩芽　棉袄　绿丝绦　草长莺飞　拂堤杨柳

　　妆成　触到　探出　谁裁出　放纸鸢

　　害羞　似剪刀　醉春烟　遮遮掩掩　躲躲藏藏

＊读好句子

　　1. 春天像个害羞的小姑娘，遮遮掩掩，躲躲藏藏。

　　2. 她在柳枝上荡秋千，在风筝尾巴上摇哇摇；她在喜鹊、杜鹃嘴里叫，在桃花、杏花枝头笑……

＊读好课文

　　读好古诗，注意诗的节奏。

　　同桌之间按小节轮流读第2课，互相评价对方的朗读是否准确，并做好提醒。

---

1. 多种方式读词语，读音重点关注"莺""拂""鸢""趁""嫩"，字形上重点讲解"醉"，了解"醉"的演变过程，理解诗中的"醉"。字义上重点关注一组动词："探""触""遮""躲""藏"等。书写上重点指导："荡"是上下结构，上扁下宽。"绿"的最后四笔为"点、提、撇、捺"。"柳"右边第三笔是"丿"。

2. 仔细观察这一组词语，发现了什么？（样子、动作、感觉等）

　　图示理解"堤"，拓展积累"堤岸""大堤""河堤"等词语。出示柳树图片，积累"柳树""柳根""柳条""柳枝""柳叶"等词语。

3. 读句子，相机了解叠词，拓展表示动作、声音的叠词。

4. "朗读者"闯关。

第一关：读古诗。（评价重点：字音、节奏）

第二关：读散文。（评价重点：正确、流利）

活动 2：品一品春的样子

你们不仅读准了字音，读通了课文，也发现了古诗和散文在朗读时的不同。小燕子很高兴，要你们帮她找到春姑娘的藏身之处！请大家再读课文，画出春姑娘的藏身处。

学习单（二）

我发现在《村居》中，春姑娘藏在_____

……我是从这些句子（词语）中找到的：_____

我发现在《咏柳》中，春姑娘藏在_____

……我是从这些句子（词语）中找到的：_____

我发现在《找春天》中，春姑娘藏在_____

……我是从这些句子（词语）中找到的：_____

---

1. 生边读边画，自主找一找。

2. 小组交流：我来说，你们补充。

预设：小草、黄莺、杨柳、野花、树木、小溪、杜鹃、喜鹊、桃花、杏花、风筝、小朋友……

3. 读一读找出的句子，把春天的样子印在心里。

活动 3：寻一寻春的踪迹

1. 春姑娘藏在课文中，也藏在很多文章里。小燕子带来了儿童文学作家陈伯吹爷爷的一首儿歌，里面也藏着春姑娘的踪迹呢！赶紧来读一读吧！

春天在哪里

陈伯吹

春天在哪里？

春天在枝头上：

春天的风微微吹动，

柳条儿跳舞，桃花儿脸红。

春天在哪里？

春天在草原上：

春天的雾轻轻细细，

草儿醒过来，换上绿的新衣。

春天在哪里？

春天在竹林里：

春天的雨一阵又一阵，

竹笋从地下探出头来。

春天在哪里？

春天在田野里：

春天的太阳那么暖，那么亮，

麦苗青，菜花黄，蚕豆花儿香。

2. 原来，陈伯吹爷爷笔下的春天藏在了枝头上，草原上，竹林里，田野里。小燕子有一个问题想不明白，为什么春天会藏在这些地方呢？你们能帮小燕子找出答案吗？出示学习单（三）。

学习单（三）

春天藏在枝头，是因为枝头上有_____，

春天藏在草原，是因为草原上有_____，

春天藏在竹林，是因为竹林里有_____，

春天藏在田野，是因为田野里有_____，

春天藏在小溪，是因为小溪中有_____，

春天藏在天空，是因为天空中有_____。

3. 联系生活想一想：春天除了在枝头上，草原上，竹林里，田野里……她还会在哪里呢？咱们再寻一寻春的踪迹吧！

【设计意图】本学习任务主要指向低段基础型学习任务群的教学目标：正确流利地朗读，扫清字词障碍，感知文本内容等，这是文学阅读与创意表达的前提和基础。聚焦"寻觅春之踪迹"这个任务，从初读课文、识记理解生字新词开始，层层递进，逐步深入，在文本中寻找春姑娘的踪迹，同时拓展到文本外、生活中，为下面"品味春之美好"打下基础。

任务二：品味春之美好

小燕子非常感谢你们帮忙，找到了春姑娘的踪迹。春姑娘真是太美了，小燕子希望你们做春天的使者，把春姑娘的美丽分享给更多的小朋友。

活动 1：品味古诗春之韵

请大家自由练读《村居》《咏柳》，边读边想象画面，根据学习单（四）的要求，小组内说一说，品味古诗中春的韵味。

学习单（四）

1. 诵读《村居》《咏柳》，注意节奏、韵律，想象画面。

诵读《＿＿＿＿＿＿＿》，我仿佛看到：＿＿＿＿＿＿＿。

2. 我感受到了＿＿＿＿＿＿＿＿＿＿＿＿的春天。

---

1. 小组议一议。节奏——注意停顿；韵律——读出韵尾。
2. 自由表达：你仿佛看到了什么样的美景？试着用自己的话说一说。
3. 带着想象，带着感受，指导诵读的节奏音韵等，反复诵读，直至熟读成诵。
4. 描绘春天的古诗很多，小燕子还没有听够哟！小朋友们能不能再向大家分享一些呢？（用自己喜欢的诵读方式分享给同伴，表现古诗的节奏和韵味。）

活动 2：品味散文春之俏

春姑娘的美不仅藏在古人的诗句里，还躲在一些现代文中呢！瞧，一群小朋友迫不及待地寻找春天了，我们也去看看吧！

1. 读出期待的心情。

出示：春天来了！春天来了！我们几个孩子脱掉棉袄，冲出家门，奔向田野，去寻找春天。

读一读，圈画动词，从连串的动作中体会孩子们"惊喜、激动、兴奋、急切"等心情，通过重读动词，加快朗读速度，读出期待与感叹。

评价要点：重读、语速，读出激动与急切。

2. 读出句式的特点。

上节课，我们已经知道，孩子们找到了春天，春姑娘藏在小草、野花、树木、小溪……孩子们找到的春天是什么样呢？

（1）图片对比（小草、眉毛），感受两种事物之间的相似，体会比喻之妙。

（2）朗读比较：小草从地下探出头来，那是春天的眉毛。

小草从地下探出头来，那是春天的眉毛吧？

体会：用疑问的语气说出心中的猜测，指导读出疑问的语气（重音、语调等）。

评价要点：语调上扬，读出猜测与疑问。

（3）体会句式：同样的语气，读好下面三句。

师生合作读，注意疑问的语气和重音，同时感受句式的特点。相同的句式层层递进，句子读起来更加朗朗上口，更加悦耳动听。

3. 体会动词的精妙。

出示：她在柳枝上荡秋千，在风筝尾巴上摇哇摇；她在喜鹊、杜鹃嘴里叫，在桃花、杏花枝头笑……

（1）春天在这些地方干什么？为什么是不一样的动作？

交流：荡——细长的随风飘荡的柳枝

摇——风筝随风飘飞

叫——喜鹊杜鹃叽叽喳喳

笑——桃花、杏花开放，绽开笑脸

（2）春天还在哪里呢？（柳枝上，风筝尾巴上，喜鹊、杜鹃嘴里，桃花、杏花枝头……）还会有什么不一样的动作呢？（飘、漂、闹、跑……）

评价要点：动词的使用与事物的匹配。

（3）小朋友们找到了这么多春天的足迹，他们是怎样寻找的呢？

出示：春天来了！我们看到了她，我们听到了她，我们闻到了她，我们触到了她。

交流：看、听、闻、触……各种感官参与，仔细寻找，用心发现，孩子们才找到了无处不在、魅力无限的春天！

活动3：尝试表达春之美

小朋友们，刚才我们在古诗诵读和散文朗读中和小燕子一起寻觅春姑娘的足迹，现在向小燕子汇报。

1. 诵读展示台。评价要求如表4-9所示。

表4-9 "诵读展示台"评价表

内容	星级标准	自评	小组互评	班级测评
《村居》	☆正确。 ☆☆正确、流利、有节奏。	☆☆☆	☆☆☆	
《咏柳》	☆☆☆正确、流利、有节奏、有韵律，能注意语气和重音。	☆☆☆	☆☆☆	☆☆☆
《找春天》	☆正确。 ☆☆正确、流畅。 ☆☆☆正确、流畅，能注意语气和重音。	☆☆☆	☆☆☆	☆☆☆

得到三个"☆☆☆"，就可以获得"诵读章"一枚哦！

2. 仿写练习场。

我们也像文中的小朋友一样，到田野去，到公园去，在校园里……用心去看一看、听一听、闻一闻、摸一摸，把我们的发现写一写吧！书写内容如学习单（五）所示，评价标准如表4-10所示。

> **学习单（五）**
>
> 小草从地下探出头来，那是春天的眉毛吧？
> 早开的野花一朵两朵，那是春天的眼睛吧？
> 树木吐出点点嫩芽，那是春天的音符吧？
> 解冻的小溪叮叮咚咚，那是春天的琴声吧？
> _____，那是_____？……
> 她在柳枝上荡秋千，在风筝尾巴上摇哇摇；她在喜鹊、杜鹃嘴里叫，在桃花、杏花枝头笑……
> 她在_____，在_____……

表4-10 "仿写练习场"星级评价表

评价维度	★★★	★★	★	星级
仿内容	能选择春天新颖的、有创意的景物进行仿说，能说出景物的特点，描述生动。	能选择春天的景物进行仿说，能说出景物的特点，语句通顺。	能选择春天的景物进行仿说，但是特点不明显，表达不够清楚。	
仿句式	两处的仿写句式与原文一致，能各说出2句或以上。	两处的仿写句式与原文相似，能各说出1句或以上。	两处的仿写句式与原文有差距。	

在展示中得到两个"★★★"的小朋友，可以获得"创意章"一枚哦！

【设计意图】"品味春之美好"重在引导学生深入文本，通过朗读、仿写的练习和展示，强化对文本的阅读体会，完成预期目标。在反复朗读中想象、感受早春风光的无限美好，品味作者诗一般的语言表达，同时通过仿写，让学生展开想象的翅膀，对文本进行补白，创意表达，内化语言。在任务的实施中，"小燕子"一直伴随左右，协同任务的开展，同时创设"诵读展示台""仿写练习场"这样的实践情境，符合低年级学生的年龄特点，学生学得轻松愉快。

任务三：唱响春之赞歌

这几天我们跟随小燕子一起寻找春姑娘的足迹，感受到了春姑娘的美丽，度过了一个愉快的春天。小燕子对小朋友们的表现很满意，她决定举办一次"唱响春之赞歌"展示会，请小朋友们在这次展示会上展示自己在这次旅程中的收获。这次展示会共分三个活动，小朋友们可以任选其中的一两个活动积极报名参与。表现突出的小朋友可以获得奖励哦！让我们好好准备吧！

活动1："春之诗"赛诗会

在古诗的长河里，描写春天的古诗很多很多，你搜集了多少首？你能正确、流利、有节奏、有韵味地背诵多少首呢？自己评一评（如表4-11所示）。

表4-11 "赛诗会"星级评价表

学生姓名	搜集数量	背诵数量	★★★	★★	★	星级
			正确、流畅，有节奏和韵味。	正确、流畅。	不熟练，有错误。	

能背诵五首以上，且获得"★★★"的小朋友可以获得"小诗人"的徽章。

活动2："春之俏"诵读会

在文学的殿堂里，对美妙的春天有很多精彩的描写。你最喜欢哪些文章呢？或者你最喜欢哪些片段呢？用你们最美的声音分享给更多的小朋友吧！同伴评一评（如表4-12所示）。

表4-12 "诵读会"星级评价表

学生姓名	诵读作品	★★★	★★	★
		正确、流畅、有感情，注意了语气和重音，感染力强。	正确、流畅，语气和重音处理不够到位，略显平淡。	不流畅，诵读中有错误。

获得"★★★"的小朋友可以获得"小朗读者"的徽章。

活动 3："春之美"展示墙

双休日，在爸爸妈妈的带领下，我们小朋友们走进大自然，去看一看、听一听、闻一闻……你们在春天里看见了什么？感受到了什么？请把你看到的印象最深刻的一处春景拍下来，或者画一画，给图配上一段文字，如果能用到我们学到的仿写的方法，相信你一定会在展示墙上大放异彩！请老师评一评（如表 4-13 所示）。

表 4-13　"展示墙"星级评价表

学生姓名	类型（打√）	★★★	★★	★	星级
	1. 照片配文 2. 绘画配文	图片清晰，选景视角独特有创意。能用积累的词语写句子，用词恰当。会使用"＿＿＿，那是＿＿＿？""她在＿＿＿，在＿＿＿"等句式，所写内容符合图意，表达有创意。	图片清晰，能用积累的词语写句子，会使用"＿＿＿，那是＿＿＿？"等句式，所写内容符合图意，但不够生动。	图片清楚，语句基本通顺，内容基本符合图意，但用词不够丰富、恰当。	

获得"★★★"的小朋友可以获得"小作家"的徽章。

【设计意图】"唱响春之赞歌"这个学习任务指向成果展示，也是学生自由表达、尽情展示的舞台。在真实的情境中，面对真实的问题解决情境，综合运用已有的知识和经验来解决问题，聚焦本单元的语文要素和教学目标，指向学生的"读"和"写"。通过有情有趣的朗读、背诵，感受诗文语言、情感、形象等方面的魅力。学生在背诗、读文的过程中，欣赏、评价语言文字作品，提高审美的品位，增强理解、积累语言、丰富感受。在图配文的过程中展开丰富的想象，获得个性化的审美体验，在语言的迁移运用中，表达自己独特的体验和思考，实现自己的创意表达。评分表中的星级指标，既是评价的指标，也是展示的要求。让学生明确了每一个活动的标准，既可以自评、互评，也可以组成"评委组"进行评价。

任务小结：畅谈收获，结束旅程

时间过得真快呀，我们和小燕子的"轻叩春之门"之旅就要结束了，临别之际，我们向小燕子说一说你们在这个旅程中的收获吧！

总结：我们识记了那么多的生字、词语，美美地读了课文，学会了朗读时要注意重音和语气，很多小朋友还学到了写作的"秘密"，把自己眼中、心中的春天完美展示出来，你们的表现真是太棒了！小燕子都为你们竖起了大拇指，她说明年她还要和小朋友们一起走进春天，发现春天的精彩。

【设计意图】这个环节是对文本学习的小结。和小燕子的"轻叩春之门"之旅，不是导入新课时为了激发兴趣设计的"虚假"情境，它是文学作品中虚拟真实与生活中可能的真实相结合的大情境，它贯穿整个学习任务过程中。教学环节虽然结束了，但新的期待才刚刚开始。

第二节　中段"珍爱自然"主题课例

乘坐秋婆婆的时光列车
——三上第二单元"散文＋现代诗"组合教学设计

一、学习内容与学习目标

（一）学习内容

统编教材三上第二单元围绕"秋天的美景"编排了《古诗三首》《铺满金色巴掌的水泥道》《秋天的雨》《听听，秋的声音》四篇课文，其中《铺满金色巴掌的水泥道》和《秋天的雨》是写景散文，《听听，秋的声音》是一首现代诗歌。单元的人文主题是"金秋的阳光，洒在树叶上，洒在花瓣上，也洒在我们的心上"。本单元课文契合文学阅读与创意表达学习任务群第二学段第（2）条学习内容"阅读描绘大自然、表现人类美好情感的诗歌、散文等文学作品，结合自己的生活体验，尝试用文学语言表达自己热爱自然、珍爱生命的情感"。单元中散文和现代诗歌语言生动优美，通过视觉、听觉、触觉等描绘了秋天的特点，展现了秋景的奇妙与美丽；首篇课文古诗语言凝练，教学有其特殊性，因此本课例把散文和现代诗组成一个整体进行教学。

（二）学习目标

1. 能正确、流利、有感情地朗读课文；认识"洼""印"等26个生字，会写"铺""泥"等26个字，理解"凌乱""明朗"等词语的意思。

2. 借助思维导图梳理文章内容，感受自然景物的美，并通过联系上下文等方法理解难懂的词语，品读关键词句，体会作者丰富的想象和独特的感受。

3. 养成乐于观察的好习惯，提升观察能力，并能根据观察和想象记录所见所闻。能用自己的话描绘秋日美景，表达对秋天的喜爱之情。

二、整体思路与整合方式

（一）整体思路

儿童对自然充满着向往。不同季节的大自然有着不同的魅力，这魅力需要儿童去发现和探索。心理学研究表明："兴趣是人们对事物的选择态度，是积极认识事物或参加某种活动的心理倾向，是学生积极获取知识形成技能的重要动力。"教育家皮亚杰亦指出："所有智力方面的工作都依赖于兴趣。"因此本案例教学致力于激发学生对秋天美景的发现、探索、展示之趣，从而促进学生核心素养的发展。

2022版课标第二学段要求提出："能借助字典、词典和生活积累，理解生词的意义"，"能初步把握文章的主要内容，体会文章表达的思想感情"，"观察周围世界，能不拘形式地写下自己的见闻、感受和想象"。单元语文要素是"运用多种方法理解难懂的词语"和"学习写日记"，在课后习题中配套安排了"运用合适的方法理解词语""阅读、摘录喜欢的句子""小练笔"等语言实践活动，以此促进学生将阅读经验有创意地运用到表达中。本案例紧扣学段要求和单元语文要素，创设"乘坐秋婆婆的时光列车"的学习情境，设计"读秋""识秋""寻秋""写秋"四个学习任务，让学生探寻秋天的趣味，领略秋日的独特魅力。

文学阅读与创意表达学习任务群要求学生在整体感知的基础上进行联想想象，体会文章的美。因此"读秋""识秋"是整体感知文本内容，理清文章脉络，初步走进作者笔下的秋天，感受秋日的美好。"寻秋""写秋"紧承前两个学习任务，以"秋日有约"为具体实践活动，激发学生走进自然，观察、感受秋天；通过"与众不同的秋"让学生勇敢表达；"我的秋日专刊"这一任务，鼓励学生尝试用文学语言，表达对秋天的喜爱之情。最后分享作品，根据评分标准，进行互评、修改。在此基础上，鼓励学生以日记的形式，记录自己的发现，大胆地联想想象，促进创意表达能力的提升（如表4-14所示）。

表4-14 统编版小学语文教科书三上第二单元"散文+现代诗"组合教学设计思路

学习情境	学习任务	学习活动	学习内容	评价设计	课时安排
乘坐秋婆婆的时光列车	读秋	活动1：秋天的新词读一读 活动2：秋天的佳句品一品 活动3：秋天的代言比一比	1. 认读生字词、短语，掌握理解词语的方法，正确流利地朗读课文。 2. 从视觉、听觉、嗅觉等角度感受秋天，赏析优美的句子，练习有感情地朗读。 3. 开展"做秋天的代言人"朗读竞赛。	1. 品佳句评价要点：能够运用查字典、联系上下文、结合生活、组词、找近义词等方法理解难懂的词语；能抓住不同的感官和修辞手法来品读文中的优美语句。 2. 朗读竞赛评价要点：能读通读顺课文，不错字，不添字漏字；读好句子停顿，语气语调适宜；能读出对秋天的喜爱和赞美之情。	2

续表

学习情境	学习任务	学习活动	学习内容	评价设计	课时安排
识秋		活动1：秋天的美景我来绘 活动2：秋天的印象我来谈	1. 绘制思维导图，梳理文中景物。 2. 圈画自己喜欢的字词句段，并说出理由，总结作者的表达方法。	1. 思维导图评价要点：直观清晰，简洁明了，能理清文中的美景。 2. 分享词句段评价要点：声音响亮，有逻辑性，能清晰、准确地说出喜欢的理由。	2
	寻秋	活动1：秋日有约 活动2：与众不同的秋	1. 小组合作，以不同的方式观察、发现、记录秋天。 2. 用绘画、摄影等不同的方式记录秋天的美景，并用文字表达自己独特的收获。	文字描绘秋天评价要点：语句通顺，有条理；有独特的观察角度，用不同的感官观察秋天；能运用恰当的修辞，想象丰富、语句优美；字里行间蕴含着对秋天的喜爱和赞美之情。	2
	写秋	活动1：我的秋日专刊 活动2：记录秋景计划	1. 用文学语言写一个片段记录观察过程；根据评价标准评价、修改片段。 2. 了解日记的好处，为自己做好日记的规划。	1. 我的秋日专刊（手抄报）评价要点：图文结合，内容丰富，形式新颖，有创意。 2. 制订写日记计划评价要点：能抓住观察时间、观察地点、观察对象、观察感受来制订走进秋天的写日记计划。	2

（二）整合方式

根据情境预设，师生受秋婆婆的邀请，跟随秋婆婆的脚步踏上时光列车，开启探寻秋日的旅程。

"读秋"创设秋婆婆引领师生漫步秋天，在时光列车的汽笛声中开启与众不同的"秋游"的情境，以此来激发学生的朗读兴趣。其中"秋天的新词读一读""秋天的佳句品一品"从字词到短语到段落篇章，从读准、读顺到读懂，循序渐进，抓基础立自信，掌握朗读的方法，体会朗读的妙处。"秋天的代言比一比"则是成果的展示，让学生在竞赛中相互学习，不断提升。

"识秋"旨在让学生把握课文主要内容，从不同的角度感受秋天的多姿多彩，在不同作者的文笔中深入体会秋天的美。通过"秋天的美景我来绘""秋天的印象我来谈"两个学习活动，让学生先阅读课文，理清内容，再在分享交流中感受文学语言的妙味。

"寻秋"创设秋婆婆带大家去大自然中寻找秋天的情境，引导学生进行小组合作，做好计划，仔细观察、自发寻找秋天，展开联想想象，有条理地进行创意表达。其中"秋日有约"是走进大自然观察秋、感受秋，而"与众不同的秋"则是在课堂上分享秋、表达秋。

"写秋"创设为秋婆婆留住秋天的情境，旨在继续提升学生观察兴趣，激发学生对自然的热爱。"我的秋日专刊""记录秋景计划"都是让学生在感受文学语言的魅力后，学以致用进行创意表达。

三、具体方案与设计意图

亲爱的孩子们，欢迎你们乘坐秋婆婆的时光列车，在这辆列车上你们将见到许多与众不同、绚丽多姿的美景。本次旅程，我们将经过读秋、识秋、寻秋和写秋四站。你们听，列车的汽笛声已经响起，我们的旅程开始啦！

【设计意图】本学习情境的创设，目的在于激发学生的兴趣，明确学习任务，让学生在学习过程中有期待、有目标，同时也将语文学习和学生生活紧密地联结起来。

任务一：读秋

欢迎来到第一段旅程——读秋。希望大家在这一段旅途中能成为秋天的代言人，把你最好的声音献给秋天。

活动1：秋天的新词读一读

自由轻声地朗读课文，把喜欢的词语和难读的句子多读几遍，完成学习单（一）。

学习单（一）

1. 读一读下面的词语。

放晴　明朗　清凉　　　枫叶　果树　菊花
规则　凌乱　平展　　　留意　歌唱　叮咛

你还有喜欢的词语吗？可以写下来哦！
_____

2. 把不懂的词语放到句子中读一读，再理解它的意思。
（1）我不懂的词语是_____，它在课文中的句子是_____
_____
（2）我通过_____的方法（①查字典、词典；②联系上下文；③联系生活积累），认为这个词语的意思是_____

3. 难写的字练一练。

交流要点：

1. 读词语，注意语音清楚、节奏适宜、情感恰当。

（1）读好后鼻音"枫""凌""叮""咛"。

（2）说说你的发现：第一组词和天气有关，第二组词和植物有关，第三组词和事物的状态有关，第四组词和行为有关。

2. 理解词语。

方法一：查字典、词典。

利用工具书，快速地查找相关字词的意思，并代入文中理解。

例："叮咛"——通过查字典，知道了"叮咛"的意思是"怕对方不重视，反复地告诉"。结合课文中的语句"一排排大雁追上白云，撒下一阵暖暖的叮咛"，可以想象大雁对地面上的朋友反复地说着关心的话。

方法二：联系上下文。

例："明朗"——通过联系上下文找到的相关描写有"天开始放晴了"，说明天气变得晴朗；有"一个亮晶晶的水洼"，说明天空很明亮；有"映着一角小小的蓝天"，说明天空很蓝。明朗就是天空晴朗，湛蓝明亮的样子。

方法三：联系生活积累。

将熟悉的字词带入生活中，联想相关的生活实际，以此促进对词语的理解。

例："凌乱"——"乱"字在生活中常常听到，想一想，在什么情况下会被形容成"乱"？比如卧室的东西没有摆放整齐会被说乱，把这样的体验带到文章中，就能轻而易举地理解"凌乱"是地上的落叶不整齐划一的意思。

方法四：组词、找近义词和猜词。

理解词语可以借助组词，找近义词和熟字猜词义的方法来理解。比如"熨帖"，将"贴"字组词，如"服帖""字帖"等，则可大概理解词义为平整的、整洁的。

3. 难写的字练一练。

写好"铺""墙""迟"等字的笔顺；注意"印""紧"等字不漏笔、不添笔；关注"晶""闻"等结构难以把握的字。

【设计意图】理解词语是走进课文的敲门砖，要想感受作者的情感，就要理解作者用词的妙处。本单元的语文要素就是学会多方法理解词语，从读词语到理解词语，循序渐进，这一语言文字积累的学习任务是学生阅读与表达的有效支持。识字与写字一体化设计，有利于学生扎实地掌握生字新词。

活动2：秋天的佳句品一品

1. 同学们，秋天的景色可美丽了。这些美丽的景色就藏在优美的句子中，让我们来美美地读一读这些句子吧！看谁能打动秋婆婆的心！

> **学习单（二）**
> 描写看到（听到、闻到）的优美句子
> 佳句：_____。
> 读着这个句子我仿佛看到（听到、闻到）了_____
> _____，心里觉得_____。

交流要点（以《秋天的雨》为例）：

（1）看到的。

预设佳句：它把红色给了枫树，红红的枫叶像一枚枚邮票，飘哇飘哇，邮来了秋天的凉爽。

预设回答：读着这个句子我仿佛看到了火红火红的枫叶在秋天的树林中翩翩起舞，心里觉得大自然真是奇妙，每个季节都有它独有的魅力。

（2）听到的。

预设佳句：秋天的雨，吹起了金色的小喇叭。

预设回答：读着这个句子我仿佛听到秋雨在和动植物朋友们亲切地谈话，心里觉得很温暖，这让我更喜欢秋雨了。

（3）闻到的。

预设佳句：梨香香的，菠萝甜甜的，还有苹果、橘子，好多好多香甜的气味，都躲在小雨滴里呢！

预设回答：读着这个句子我仿佛闻到了各种水果的味道，心里觉得小雨滴太好了，真想把它们装进一个漂亮的瓶子里，整天都能闻到它的味道。

相机小结：想要打动秋婆婆的心，需要抓住事物的特点展开想象，表达内心独特的感受。

2. 同学们，除了这些描写看到、听到、闻到的优美句子，还有一些句子运用了修辞手法，你能找出来和大家分享吗？

交流要点（以《听听，秋的声音》为例）：

（1）拟人。预设回答：我喜欢这首诗的第一段，"听听……是黄叶道别的话音",读了这段话我感受到作者对秋天离去的依依不舍,作者把黄叶当作人来写,让我和黄叶有了情感的联结,我似乎成为了秋天的一草一叶,完全沉浸在秋天的美景中了。

(2)比喻。预设回答:我喜欢的句子是"走进秋,走进这辽阔透明的音乐厅"。这句话中,作者把秋天比作音乐厅,让我感受到秋天的声音还有很多,是热闹的,作者还用"辽阔"来形容音乐厅,让我感觉秋天的空旷宽广,我更喜爱秋天了。

(3)排比。预设回答:我喜欢第五段,"秋的声音,在每一片叶子里,在每一朵小花上,在每一滴汗水里,在每一颗饱满的谷粒里"。这段话运用排比的修辞手法,读起来气势连贯,很有节奏感,让我感觉秋天无处不在。

【设计意图】学生调动多种感官去品读句子,从修辞的角度去欣赏句子,并分享心中的感受,旨在让学生的思维和情感都能沉浸到句子中,具身感受秋的美好与韵味,为朗读整篇课文作准备。

活动3:秋天的代言比一比

秋婆婆希望你们能成为秋天的代言人,读好三篇课文并录音,帮助她把秋天的美传播,你们谁能胜任呢?我们来个小小的竞赛,选出秋天的代言人吧!选拔标准如下表4-15所示。

表4-15 "秋天的代言比一比"评价表

参赛者	课文	评价内容	★★★	星数
		字音	字音朗读正确,不读错字,不添字漏字,吐字清晰,语音饱满。	
		节奏	语言流畅,句与句、段与段之间停顿适宜,抑扬顿挫。	
		感情	能把握课文的基调,读出对秋天的喜爱和赞美之情。	

恭喜胜出的秋天的代言人,让我为你颁发代言人勋章吧!

【设计意图】此活动重在通过朗读感受课文语言与秋天美景的独特魅力。

从"字音""节奏""感情"三个角度评价学生的朗读,能力要求由低到高,具体标准的设计体现梯度要求,如"字音"中,"字音朗读正确"是基本要求,"吐字清晰,语音饱满"则提出了较高要求,这也是给予"星数"的依据。

任务二:识秋

我们继续踏上快乐的旅途。这段旅程中秋婆婆会为大家介绍很多秋天的美景。大家要积极去认识它们,相信你们一定会喜欢秋天。

活动1:秋天的美景我来绘

1. 在"读秋"的环节,我们品读优美的语句,从视觉、听觉、嗅觉等多重感官去感受秋天,对很多秋天的景物留下了深刻的印象。绘制思维导图可以让我们更好地把握文章内容,从而认识一个完整的秋天。请大家再次读一读《秋天的雨》,完成思维导图。

2. 根据思维导图了解文本总分总结构;依托思维导图,尝试背诵课文第2自然段。

3. 绘制另外两篇课文的思维导图并交流。

【设计意图】对三年级的孩子来说,思维导图可以更直观地向他们展示课文主要内容,自己动手绘制思维导图,更有助于理清课文内容。学生在绘制的过程中,需基于对课文的整体感知,将文中散乱的点进行归纳、联结、整理,这是学生思维能力提升的好助手,也是对课文内容整体感知的最好体现。

活动2:秋天的印象我来谈

看了这么多秋天的美景,你一定喜欢上秋天了吧!让我们告诉秋婆婆,秋天给你留下了什么样的印象。

> **学习单（三）**
>
> 1. 秋天给我留下的最深印象是_____，如_____（填课文题目）中的_____
>
> 2. 秋天还给我留下了_____的印象，如_____（填课文题目）中的_____

预设示例：

1. 秋天给我留下的最深印象是美丽，如《铺满金色巴掌的水泥道》中的"我走在院墙外的水泥道上。水泥道像铺上了一块彩色的地毯。这是一块印着落叶图案的、闪闪发光的地毯，从脚下一直铺到很远很远的地方，一直到路的尽头……"。

2. 秋天还给我留下了芬芳的印象，如《秋天的雨》中的"秋天的雨，藏着非常好闻的气味。梨香香的，菠萝甜甜的，还有苹果、橘子，好多好多香甜的气味，都躲在小雨滴里呢！小朋友的脚，常被那香味勾住"。

【设计意图】结合文中相关语段来谈一谈对秋天的印象，在整体感知秋天的同时，再次沉浸到语言文字中品读作者的情感。让学生把这些语句摘录下来，是为了让学生形成自己的资源库，为创意表达积累语言材料，同时养成积累、做笔记的好习惯。

任务三：寻秋

秋婆婆的时光列车又启动啦！这一次她要带我们走进大自然中感受秋天的美了。

活动1：秋日有约

亲爱的孩子们，你们愿意和小伙伴一起分头去寻找秋天吗？去吧！去寻找秋天，去观察、去发现、去体验美好吧！以小组为单位，进行讨论，确定可行的计划，明确分工。

> **学习单（四）**
>
> 以小组为单位，进行"秋日有约"实践活动。
> 1. 寻秋的地点：_____
> 2. 找寻的秋景：_____
> 3. 记录的方式：_____
> 4. 文字的描绘：_____
> _____
>
> 说明：记录秋景的方式可以是画画、拍照、拍视频等；文字描绘可以从不同的感官出发，展开想象，运用不同的修辞手法来表现秋天的美。

【设计意图】文学阅读与创意表达学习任务群鼓励学生观察、感受大自然。此活动中，学生走向大自然，带着目的去观察秋景，这更利于培养学生的观察能力，也更容易激发学生对秋天的热爱之情，为"写秋"提供素材和情感支持。

活动2：与众不同的秋

孩子们，欢迎回课堂！你们洋溢着微笑的脸庞让秋婆婆很是好奇。请你们学习课文中语言表达的方式，用最优美的语言来介绍你眼中的秋天，分享和秋天约会的经过吧！

1. 明确分工，小组合作分享，具体要求：

（1）能结合绘画、摄影或视频等具体作品展示秋天的美。

（2）能配合图片或视频，从视觉、听觉、嗅觉等角度用文学的语言描述秋天，表达逻辑清晰，条理清楚，想象丰富，语言优美（评分标准如表4-16所示）。

表 4-16 "说秋"评价表

内容	评分标准		
	★★★	★★	★
语句通顺，表达有条理。			
抓住一两个不同的感官描绘秋天的特点。			
运用恰当的修辞手法，丰富想象，语言优美。			
情感真挚，表达了对秋天的喜爱和赞美之情。			

2. 小组推荐，全班交流。学生之间互相分享自己的观察所得，体会不一样的秋天，感受不一样的乐趣。

【设计意图】"秋日有约"是一个开放的实践活动，以课文为依托，让学生感受到秋天的美妙之处，乐于走进自然去寻找秋天，能通过自己的观察发现身边的美好，这样的学习更能激发学生对自然的热爱，更能提高学生的观察能力。"与众不同的秋"是一个片段练习，为接下来的"写秋"提供素材支持。

任务四：写秋

你们的体验真是太丰富有趣了！秋婆婆的时光列车即将到站了，请你们用最生动的语言，记录下寻秋的经历，用最优美的文字，描绘最美的秋天，为秋婆婆留下这一路美丽的风光吧！

活动1：我的秋日专刊

1. 每个小组制作一张手抄报，主要内容是记录小组寻找秋天、发现秋天的过程，用笔描绘过程中看到的美丽秋景，用笔抒写活动的内心感受。

2. 根据任务三"寻秋"中的文字评价标准修改、完善"秋景专刊"的文字内容，小组合作，师相机点拨。

3. 明确分工，小组合作制作"秋景专刊"手抄报。要求：内容丰富，形式新颖，图文结合有创意。

【设计意图】这一环节是在学生走进自然、观察自然、体会自然的基础上设计的，旨在培养学生细致观察、展开联想想象、记录观察内容，用文字表达内心感受的能力。

活动2：记录秋景计划

秋天的美景是无处不在的，而且是不断变化的，你可以继续观察，只要有新的发现就把它记录下来，让我们来制订一个"记录秋景"的计划。

学习单（五）

记录秋景计划

1. 观察秋景的日期：＿＿＿＿＿＿＿＿

2. 观察秋景的地点：＿＿＿＿＿＿＿＿

3. 观察到的秋景和感受：＿＿＿＿＿＿＿＿

---

1. 关于"观察秋景的日期"和"观察秋景的地点"，你可以预先计划好，也可以在有发现时即时记录。

2. 大家是否发现，学习单（五）的内容稍微整理一下就是一篇日记。日记可以很好地记录我们的生活和感悟，希望大家都能养成写日记的好习惯。

【设计意图】写日记是本单元的核心目标，此活动指向创意表达成果的展示与延伸，通过向学生推介日记，让学生了解写日记的好处，激发学生写日记的兴趣，促进他们养成写日记的习惯。

任务小结：畅谈收获，结束旅程

我们携手走进了神秘的秋天，和秋天见面，和秋天交流，和秋天交朋友，感受了秋日的美好，在此过程中，我们更是运用美妙的文字展示了我们眼中的美好画面，真是让人回味无穷！下面，让我们对此次秋游做一次小小的总结吧！

表 4-17 "秋游"总结评价表

评价内容	评价标准	评价
读秋	1. 能运用多种方法理解词语。 2. 能将课文读通顺、流畅。 3. 能读出对秋天美景的赞美与喜爱。	★★★ ★★★ ★★★
识秋	1. 能绘制思维导图，抓住文中关键景物。 2. 能主动摘录自己喜爱的句子，抓住不同的感官、不同的修辞手法体会句子的趣味，并与他人交流。	★★★ ★★★
寻秋	1. 能主动到生活中去寻找秋的特有景物。 2. 能展开想象，用优美的语言介绍自己发现的秋天。	★★★ ★★★
写秋	1. 能把自己见到的美丽秋景用图文结合的方式记录下来，同伴之间能相互给予恰当的评价。 2. 能为自己制订写日记的计划。	★★★ ★★★

【设计意图】以评价表的方式回顾学习之旅，有助于促进学生知识和能力的结构化，这既是对单元学习的小结，也是对学习效果的总体评价。

为"大自然的生灵"云端文学馆布展
——三下第一单元整体教学设计

一、学习内容与学习目标

（一）学习内容

统编教材三下第一单元以"大自然的生灵"为人文主题，编排了《古诗三首》《燕子》《荷花》和《昆虫备忘录》四篇课文，通过描写燕子、鸳鸯、鸭子、荷花等可爱的生灵，展现出大自然的勃勃生机。口语交际是"春游去哪儿玩"，习作是写一位植物朋友。单元语文要素为"一边读一边想象画面"，

"体会优美生动的语句","试着把观察到的事物写清楚"。此单元符合文学阅读与创意表达学习任务群第二学段第（2）条学习内容"阅读描绘大自然、表现人类美好情感的诗歌、散文等文学作品，结合自己的生活体验，尝试用文学语言表达自己热爱自然、珍爱生命的情感"。单元内容形成有机整体，旨在引导学生走进大自然，邂逅众生灵，多角度感受大自然生灵的可爱与美丽，生发热爱大自然的情感；同时学生可以从文学作品中体会描写的技巧，结合对大自然的日常观察感受，用文学的语言表达对可爱生灵的情感。

（二）学习目标

1. 会认本单元的44个生字，读准4个多音字，会写36个字。

2. 正确、流利、有感情地朗读课文；背诵指定的古诗和段落，积累优美生动语句。

3. 能借助注释和插图了解诗句的意思，想象画面，说出诗中描绘的景象；抓住关键词句一边读一边想象画面，体会小燕子的可爱、荷花的美和昆虫的有趣，产生亲近自然、热爱自然的情感。

4. 体会优美生动的语言，尝试在口语交际和习作中迁移运用。掌握观察事物的一般方法，写清植物朋友特点，懂得适当加入自己的感受可以更好地表达情感。

二、整体思路与整合方式

（一）整体思路

从2022版课标学习任务群分类出发，本单元文本文学性价值最为突出，古诗呈现了诗人眼中春夏美景，两篇散文均是名篇，短小精致，描写与想象如诗如画，词句优美生动，值得反复诵读品味。科普文昆虫描写个性十足、妙趣横生。因此，我们将本单元划归文学阅读与创意表达的发展型任务群进行单元整体教学设计。设计思路上重视单元语文要素的有机渗透、逐层递进；重视文本内容整合，巧妙转化为实践作业。口语交际中，引导学生饶有兴致地大胆推荐，借助评价表，优化交际。习作教学关注多角度描写，写出特点，融入自己独特感受。

本单元创设"为'大自然的生灵'云端文学馆布展"的学习情境,即在班级网站或QQ空间开辟公共展区,引导学生走进文本,感悟生灵,描绘生灵,用朗诵音频、书法作品、美文分享等创新形式布展作品,形成以学习成果为主的主题展馆。主要创设四大学习任务,即"寻找生灵,布展美名美词馆""走进生灵,布展古诗学习馆""夸赞生灵,布展散学习文馆""描绘生灵,布展美说美作馆"。在这样的语言实践中,学生习得语言与写法,依次完成布展作品,生发对大自然生灵的喜爱之情,提升语文核心素养(如表4-18所示)。

表4-18 统编版小学语文教科书三下第一单元整体教学设计思路

学习情境	学习任务	学习活动	学习内容	评价设计	课时安排
为"大自然的生灵"云端文学馆布展	寻找生灵,布展美名美词馆	活动1:寻找记忆中的生灵,结合导语谈一谈 活动2:寻找文中的生灵,名称分类写一写 活动3:寻找生灵的特点,重点句段读一读 活动4:寻找生灵的身影,多种形式晒一晒	1. 通读单元内容,感知人文主题,结合生活谈谈对生灵的认识。 2. 字词归类学习,生灵名称书写、记忆。 3. 多种形式朗读,读顺长句长段,找一找文中表示生灵特点的词语。 4. 观察身边大自然,丰富对生灵的感知。	读文识字评价要点:①书写:关注结构、用笔,注意易错字"融""凑""聚""瓣"的正确写法;注意生灵名称与特点词语的归类梳理;②朗读:能正确流利朗读重点句段,如第2、3课的第2自然段等;③观察:分享反映自然生灵的图片或短视频。	2

续表

学习情境	学习任务	学习活动	学习内容	评价设计	课时安排
	走进生灵，布展古诗学习馆	活动1：聆听范读，古诗朗读模仿秀 活动2：想象画面，自然传奇解说美 活动3：观看视频，经典传唱情感浓 活动4：参照范例，书帖临摹作品呈	1. 学习四首古诗，读准字音、读出节奏。 2. 借助注释、插图，想象并描绘古诗画面。 3. 借助视频资料，学唱古诗。 4. 借助书帖格式，临摹创作古诗作品。	诗歌学习评价要点：①能够以栏目解说员身份，画外音视角，用较生动的语言描述诗中生灵活动的画面；②借助朗读、书写，尤其音诗画经典传唱的形式积累古诗。	2
	夸赞生灵，布展散文学习馆	活动1：绘制导图支架，为课文"把脉" 活动2：揣摩优美语句，为动物"摄影" 活动3：感悟优美句段，为植物"摄像"	1. 绘制课文结构图，把握《燕子》《荷花》《昆虫备忘录》的主要内容。 2. 用好交流平台的学法指导和词句段运用习题范例，在揣摩课文相关语句基础上，仿写生灵外形。 3. 理解荷花形态描写，迁移仿写熟	散文学习评价要点：①熟读课文，会背诵《燕子》1-3自然段，《荷花》2-4自然段；②感受画面中生灵的可爱，体会词句的优美生动；③能运用写法和积累的好词仿写动物外形和植物形态；④能制作植物记录卡。	4

210

续表

学习情境	学习任务	学习活动	学习内容	评价设计	课时安排
		活动4：制作植物记录卡，为植物"挂牌"	悉的植物。 4. 借鉴桃花、荷花式样，为校园植物制作记录卡并进行挂牌。		
描绘生灵，布展美说美作馆		活动1：口语交际，春游佳地推荐会 活动2：习作撰写，绘"话"自然群芳谱 活动3：习作评改，欣赏云端文学馆	1. 在小导游推荐的情境中，学习"春游去哪儿玩"的口语交际。 2. 用单元学习学到的语言、写法，撰写习作：我的植物朋友。 3. 欣赏文学作品展馆，升华情感，积累文学阅读经验。	口语、习作评价要点：①推荐是否条理清晰，听人介绍是否有耐心；②能否多角度描写植物特点，并较好运用优美语句，表达自己的真实感受。	3

（二）整合方式

"寻找生灵，布展美名美词馆"指向整体感知和生字词学习，旨在引领学生从单元导读文字和课文初读中初步感知单元人文主题和学习内容，落实读顺课文和生字词书写记忆的基本任务。重点关注生字词较多的长句长段朗读，有层次地归类识字词，引导学生写好字。此任务既关注学生基础知识的习得，也为深入学习课文做了铺垫。实践性作业观察大自然拍照录像，可以小组为单位自由选做，增强学生对生活中生灵的认识。

"走进生灵，布展古诗学习馆"指向诗歌学习，旨在引导学生借助边读边想象画面的方法走进诗歌意境，感受大自然的美好。学习活动采用扶放结合的方式。"扶"指的是以《绝句》为例，引导学生联系注释和插图，从电视节目配音解说的角度，生动描述诗歌的意境。"放"指的是以四人小组为单位，选择一首进行自学交流。相机借助网络资源，愉悦中咏唱古诗经典、书写诗歌作品。

"夸赞生灵，布展散文学习馆"指向三篇课文的整合学习，旨在引导学生感受生灵的活泼可爱，美丽、逗趣。在重点情节的学习中，揣摩作家遣词造句与修辞使用的精妙。学习活动由寻找画面入手，厘清散文结构；通过词句比较，理解感受词句的优美；略读课文由学生自主寻找感兴趣的描写昆虫的画面，朗读感悟优美词句。相机勾连语文园地，完成仿写小练笔，制作植物记录卡等学习任务。

"描绘生灵，布展美说美作馆"指向口语和习作的学习任务，旨在引导学生抓住生灵的特点，有条理、有重点地描述，表达对大自然的热爱之情。推荐春游景点，在小导游推荐会的情境中展开，注意说清理由。介绍植物朋友，鼓励学以致用，用好记录卡支架，用上优美词句，有创意地表达。最后将口语视频及习作美文分享至文学馆，欣赏中获得学习成就感。

三、具体方案与设计意图

飞鸟在空中翱翔，虫儿在花间嬉戏。大自然中，处处都有可爱的生灵。在这一单元的学习中，同学们将与自然生灵交朋友，走进它们的世界，观察它们，读背美文，制作记录卡，描绘它们。为此，我们在班级网站上开辟了创意栏目"大自然的生灵"文学馆（如图4-4所示），用来展示同学们的学习成果。

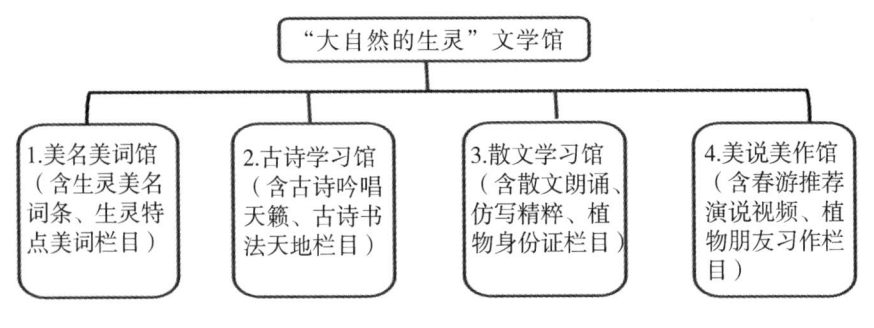

```
                    "大自然的生灵"文学馆
        ┌──────────┬──────────┬──────────┐
   1.美名美词馆   2.古诗学习馆   3.散文学习馆   4.美说美作馆
   （含生灵美名   （含古诗吟唱   （含散文朗诵、  （含春游推荐
   词条、生灵特   天籁、古诗书   仿写精粹、植   演说视频、植
   点美词栏目）   法天地栏目）   物身份证栏目） 物朋友习作栏
                                              目）
```

图 4-4 展馆内容规划示意图

期待同学们在单元学习中，不断形成自己的优秀作品，我们一起来为文学馆布展，一起成为大自然生灵的好朋友。

【设计意图】明确学习目的，增强学生投入学习的动力。为云端展馆布展的综合型任务贯穿单元学习过程，也很好地满足学生展示学习成果的需求。

任务一：寻找生灵，布展美名美词馆

活动1：寻找记忆中的生灵，结合导语谈一谈

1. 浏览单元导语和四篇课文，提炼单元主题：大自然的生灵。（理解"生灵"）

2. 播放生物多样性剪辑视频，学生结合主题，谈谈对大自然生灵已有的认识。

活动2：寻找文中的生灵，名称分类写一写

1. 默读课文，圈画出生灵的名字。

相机学习生字词：燕子、鸳鸯、蚂蚱。（"燕"可以用部件组合或想象样子记忆，注意四点底的写法，再拓展"燕"字的演变，最后说说对燕子的看法。后两个词语，由鸟字底和虫子旁便可以判断出其所属类别，再适度拓展，如鹦鹉、蚂蚁等）

2. 分类整理，书写生灵的名字。

禽鸟：_____　花木：_____　昆虫：_____

大自然的生灵成千上万，多认识些花草树木、鸟兽虫鱼，这是很好的学习活动。课外，请同学们以小组为单位，到身边的大自然中去拍摄短视频或开展写生活动，增加对大自然生灵的认识。

活动3：寻找生灵的特点，重点句段读一读

1. 整合课后习题，读好修饰短语和轻声词。（出示《燕子》课后第二题的短语，《荷花》课后第一题的词语）

相机学习生字词：伶俐、花瓣儿、莲蓬。（"伶俐"有聪明、灵巧之意，近义词还有"机灵""灵活"等，多用来形容小动物或小朋友动作、反应迅

速。"花瓣儿"的"瓣"注意写法和类似结构字的拓展与字意比较。"莲蓬"既要注意轻声读音,也要注意结构和走之底写法)

2. 挑选课文长句段,响亮正确流利地朗读。

《燕子》的第 2 自然段,《荷花》的第 2、4 自然段,《昆虫备忘录》中描写花大姐的第 3 段,独角仙的第 2 段。(指名读、男女生读、齐读)

相机朗读并理解词串,学习生字词:

轻快有力	剪刀似的	斜飞	横掠	(燕子)
吹拂	赶集似的	聚拢	烂漫无比	(春光)
饱胀	破裂	舞蹈	随风飘动	(荷花)
灵敏	款款	霸王	咯咯作响	(昆虫)

四行词语依次描写的是燕子、春光、荷花和昆虫的特点。比较"拂"与"佛",写好"聚"的垂露竖和两个捺画的变化。与此同时,注意易错字"凑""冒"的正确书写。

活动 4:寻找生灵的身影,多种形式晒一晒

1. 到大自然中去寻找文中的生灵,拍照片或短视频;也可以到网上寻找,或者画一画。

2. 在班级 QQ 相册中晒一晒,注意附上简洁的文字说明。

【设计意图】从创设单元情境出发,明确学习任务。从整体入手,了解单元主题,训练读书习字基本能力。将四篇课文和识字加油站中的生字词集中学习,便于发现汉字规律,精准识记。归类生灵,积累词汇,为课文的理解和观察写作实践活动的开展做好铺垫。相机完成文学馆布展的第一批创意作品:美名美词及大自然的写生画或短视频。

任务二:走进生灵,布展古诗学习馆

活动 1:聆听范读,古诗朗读模仿秀

1. 自由练读,读准字音、读出节奏。

2. 指名读,结合点评教师相机范读。

3. 诵读展示。先集体,再个人,达到人人熟读。

活动 2：想象画面，自然传奇解说美

1. 说清诗意：结合注释、插图，说说三首古诗的大意。

2. 说美诗意：出示配图诗文，学生想象四首古诗（看到的、画中的、出行中的、回忆中的）的画面意境，试着以电视节目解说员的身份生动描述。教师先以《绝句》为例教方法，再给句式思路，学生三选一练习并展示。

活动 3：观看视频，经典传唱情感浓

1. 共学共唱《绝句》。

2. 自学自唱《惠崇春江晚景》《三衢道中》《忆江南》。

3. 展示演唱（下载视频资源）。

古诗语言是简洁的，但我们的想象却是无限的。通过想象，我们就能看到缤纷的色彩，闻到各种的芬芳，听到鸟儿们的呢喃絮语……让我们传唱经典，牢记这四首描绘美丽自然、可爱生灵的古诗词。

活动 4：参照范例，书帖临摹作品呈

1. 学习范例。（结合习字册的格式，去掉标点）

2. 临摹作品。（选择喜欢的格式，适时评议）

【设计意图】本任务整合了古诗三首和日积月累的《忆江南》。在模仿朗读、反复练习中，培养语感。在想象画面、电视节目解说中理解诗意，丰富意境，体会诗人的愉悦心情。在经典咏流传的情境中，巧妙落实背诵积累的目标。在书写作品的任务中，巩固所学。相机完成古诗馆布展的创意作品：吟唱诗歌音、视频与古诗书法。

任务三：夸赞生灵，布展散文学习馆

活动 1：绘制导图支架，为课文"把脉"

《燕子》一文，你看到了几幅图？围绕荷花，作者主要写了哪些画面？《昆虫备忘录》中，作者介绍了哪几种昆虫？让我们画一画三篇课文的思维导图。

1. 描写燕子的画面有外形图、春光图、飞行图和休憩图。追问：春光图中写了不少别的景物，与写燕子有什么关系呢？春光图中燕子是主角，其他的景物是背景，是陪衬，突出了燕子的伶俐可爱，是春天的使者。

2. 叶圣陶主要从荷花形态和想象变成荷花两个画面来夸赞荷花美不胜收，是夏日的仙子。追问：作者本来在看荷花，怎么会变成一朵荷花呢？这种入迷，陶醉在某种美景中的体验，同学们有过吗？

3. 看图，先说说对四种昆虫的了解，然后看看作者是怎么称呼它们的，相机自主画一画课文结构图。（蜻蜓—复眼、瓢虫—花大姐、甲虫—独角仙、蚂蚱—挂大扁儿）追问：为什么会有这样的称呼？（与其长相特点有关）

4. 比较思维导图，谈谈发现。课文思路清晰，主要内容均是通过画面描写来反映生灵的特点，给人留下深刻印象。课文学习时，我们要读出画面感，在想象中体会词句的优美。

活动2：揣摩优美语句，为动物"摄影"

在介绍这些大自然生灵时，作者的遣词造句很有讲究。同学们先圈画出让你觉得优美生动的语句，然后与同桌交流一下体会。如何体会呢？先来学习一下语文园地的交流平台。

1. 学习交流平台，说说自己的理解。

2. 词句揣摩，体会用词、修辞的生动。

（1）生动的字词。

痕："……几痕细线连于杆与杆之间，线上停着几个小黑点，那便是燕子。"这里的量词"痕"还可以换成什么词？（生：条、根、股）为什么作者用"痕"？体会作者远距离观察燕子，电线看上去若隐若现，在空中留有痕迹，因此使用"痕"更准确，燕子成了小黑点，也是因为远看的原因，作者观察仔细，用词准确生动。

冒："白荷花在这些大圆盘之间冒出来。"怎样地出来才叫"冒"呢？"冒"字还可以换成什么词呢？（生：长、生、探、露）为什么作者偏要用"冒"字呢？同学们，你就是一朵美丽的白荷花，现在你要冒出来，该怎样冒，用动作演一演。学生明白这里使用了拟人的修辞，表现了荷花形态各异、生机勃勃，让人眼睛一亮，感受到绿叶衬托下荷花亭亭玉立，格外美丽。

（2）优美的句段。

出示语文园地"词句段运用"中的"读一读，照样子写一种小动物的外形特点"例句。

①对比修饰语。去掉形容词，对比朗读，说说体会。

②对比表达语序。将主语燕子放在前面，转换成"春天的小燕子活泼可爱，它有……"的句式，对比朗读，继续体会。

③对比外形描写。朗读发现，写动物外形，要注意抓住事物主要部分的特点（颜色、形状、大小等）生动描述。

3. 迁移写法，仿写小动物外形。

小练笔：仿照例文写法，抓住特点，写一种自己熟悉的小动物的外形。

活动3：感悟优美句段，为植物"摄像"

1. 背诵《荷花》一文2、3小节，说说哪些地方可以体会到这一池荷花是"一大幅活的画"。

2. 说说作者是如何写出荷花形态的。根据开放程度，抓住三种形态，加入感受，用上"有的……"句式进行描写，写出了荷花的丰富的形态美。

3. 出示植物开花图片，比如月季、梅花、玉兰等，学生仿写植物形态。

活动4：制作植物记录卡，为植物"挂牌"

1. 出示单元习作中的桃花记录卡，清楚内容，多角度观察。

信息内容：这份记录卡是从哪些方面来记录桃花的信息的？（样子、颜色、气味、其他）

信息来源：作者是如何得知这些信息的？（看、闻、听、查资料……）

2. 根据课文描写，师生合作，尝试制作"荷花"观察记录卡。

画一画荷花的样子	名字：_____ 整体样子：_____ _____ 叶（看看）：_____ 叶（摸摸）：_____ 花色（看看）：_____ 花型（看看）：_____ 花瓣（摸摸）：_____ 花香（闻闻）：_____ 其他：_____

3. 根据日常观察，各自对喜欢的植物仿做记录卡（如月季、山茶、春梅、迎春花……）。

【设计意图】本任务板块有机整合课文、课后习题与语文园地，以落实"体会优美生动词语"语文要素为主，教给方法，相机迁移仿写片段，为单元习作做铺垫。思维导图的支架，有利于快速把握文脉；有层次地推敲字词、揣摩句段，有利于提升语文学习品质；给植物挂牌的实践活动，有利于寻找习作对象，观察仿写。相机完成散文馆作品布展：朗诵音频、仿写片段、植物名片等。

任务四：描绘生灵，布展美说美作馆

活动1：口语交际，春游佳地推荐会

1. 创设情境：日出江花红胜火，春来江水绿如蓝。这是白居易《忆江南》中的诗句。朗读这句诗，我们可以感受到春天的江边花红草绿，色彩艳丽，景色迷人。我们还可以想象到水中鱼儿嬉戏，水边芦苇、垂柳随风摇曳，鸟儿飞来飞去，在枝头唱歌，快乐生长。假如此时，学校组织春游，你会推荐哪儿呢？

2. 推荐指导：怎么推荐呢？老师提前录制一位同学的推荐视频，播放给同学们观看。随后引导学生根据下发的评价标准进行评价（如表4-19所示）。

推荐词：同学们好，春天来了，我推荐大家到红梅公园去春游。上星期，

我去过红梅公园。红梅公园的梅花开放了，很漂亮。有红色的，有白色的，还有粉色的。我们在红梅公园能闻到梅花的清香；梅花凌寒开放，不畏寒冷，我们可以在梅花林里诵读梅花的诗，开展一场赛诗会；红梅公园里还有许多游客，他们举着手机、照相机在拍照，我们还可以举办一个梅花摄影大赛，看看哪位同学拍的梅花最漂亮……以上就是我的推荐，希望老师和同学采纳。谢谢！

表4-19 "春游佳地推荐会"评价表

推荐地：_____

学生姓名	景物（生灵）	类别	★★★	★★	★	星数
		口语表达	语言流畅、生动，有动作等。	语言通顺，比较平淡。	疙疙瘩瘩、停顿多。	
		推荐理由	能从3个及以上角度结合自己感受介绍。	能从2个角度介绍，缺少感受。	仅能从1个角度介绍。	
		内容创意	有2处以上优美生动的词句。	有1处以上优美生动的词句。	词句普通，缺少新意。	
总星数						

3. 现场演说：现在我们召开游玩推荐会，班级就是导游公司，你们都是小导游。请选择身边熟悉的街道、公园、郊外等地方，给大家作推荐。努力把理由说清楚，让人听了想到那里去玩。最后我们根据评价表，评选出十佳小导游。（课堂上评选出部分，课外自行录制，上传QQ空间，分组评选）

（1）先四人小组相互说，听听同学的意见。

（2）用好评价表，进行全班PK赛。（每组一位，现场录像）

活动2：习作撰写，绘"话"自然群芳谱

1. 将记录卡转成习作，方法指导。再次以《荷花》一文为例，对比交流，如图4-5所示。

| 荷花图片 | 名称：荷花
样子：荷叶多圆形，花骨朵胀鼓鼓的，已经绽放的花朵露出小莲蓬。
颜色：花瓣白色，小莲蓬嫩黄色。
气味：清香
其他：无 | 　　清早，我到公园去玩，一进门就闻到一阵清香。我赶紧往荷花池边跑去。
　　荷花已经开了不少了。荷叶挨挨挤挤的，像一个个的碧绿的大圆盘。白荷花在这些大圆盘之间冒出来。有的才展开两三片花瓣儿，有的花瓣儿全展开了，露出嫩黄色的小莲蓬。有的还是花骨朵儿，看起来饱胀得马上要破裂似的。 |

图 4-5　记录卡与名篇对比图

（1）写作顺序：荷叶、白荷花（有的……有的……有的……）
（2）表达感受：挨挨挤挤像碧绿的大圆盘；冒出来；看起来；破裂似的。
（3）借助修辞：生动形象介绍植物朋友。

2. 对照记录卡，当堂习作训练。
（1）有顺序将观察的植物朋友特点写清楚。（花、叶、茎……）
（2）适当加入自己的感受。
（3）运用上优美词句。（叠词、的字短语、修辞……）

活动3：习作评改，欣赏云端文学馆

1. 借助评价指南指导习作修改。

习作修改评价指南

（1）标点符号使用是否正确，是否有错别字。
（2）能够从样子、颜色、气味、感受等方面多角度写出植物特点。
（3）能够按一定顺序展开（由远及近、由上到下、由观察到想象等）。
（4）能够使用优美词句（叠词、的字短语、比喻、拟人等修辞）。

出示习作，集体评改。
　　一天晚上，我和妈妈、妹妹一起在小区里散步。我边走边跳着绳，忽然

听到了"啪"的一声，原来我的绳打到了一个东西。我让妈妈把手机上的灯打开，原来是一棵山茶花。

山茶花十分美丽，它有许多花瓣，火红火红的，十分好看。它的花蕊是嫩黄色的，里面的花瓣小，外面的花瓣大。整朵花有我半个手掌那么大。

（1）评一评：说说习作优缺点。

优点：写出了植物的位置以及怎么发现它的。能注意从花的颜色、大小等方面进行观察。

缺点：①还可去摸一摸山茶花的花瓣，感受一下花瓣的质感，闻一闻花儿有没有味道，数一数整株植物上有多少朵花；②还可以查一查资料；③可以写一写自己欣赏花儿时的感受。

（2）添一添：针对缺点，补充信息。

一天晚上，我和妈妈、妹妹一起在小区里散步。我边走边跳着绳，忽然听到了"啪"的一声，原来我的绳打到了一个东西。我让妈妈把手机上的灯打开，原来是一棵山茶花。

山茶花十分美丽，它的花瓣火红火红的，十分好看；花蕊是嫩黄色的，红黄相衬，更加好看了。每一朵山茶花都有许多花瓣，里面的花瓣小，外面的花瓣大。这棵山茶树上只开了几朵花，大的花有我半个手掌那么大，还有的处于含苞待放的状态，枝头上更多的是被绿萼包裹着的花苞，鼓鼓的，好像迫不及待地想出来透透气。

我把鼻子凑过去闻了一下，山茶花没什么香味。这实在是太可惜了，如果它能像梅花一样散发出一阵阵清香，那该多好啊！也正是它没有香味，所以我们打开了手机上的灯，才注意到它。

我用妈妈的手机查一下资料，发现山茶花原产于中国，是我国的传统园艺观赏花木。它还有好多颜色，我真期待能看到其他品种的山茶花啊！

（3）改一改：自主改，同桌互评，加工完善。

2. 推选佳作，拍照布展文学馆。

3. 欣赏布展，总结成果、升华情感。

大自然多姿多彩，小生灵活泼可爱、讨人喜欢。本单元我们将学到的知识，转化为学习成果，布展云端文学馆，这是一次很特别的"拥抱自然，亲近生灵"的学习旅程。在想象画面与体会优美语言中,同学们提高了语文素养,生发了对大自然生灵的喜爱之情。

【设计意图】口语交际与习作撰写结合,推荐春游景点是通过那里的景物(生灵)及可以开展的活动来吸引人前往赏景游玩。通过评价表,创设情境示范等方法,激发学生说的兴趣,借鉴迁移,提升交际评价质量,也为写清植物特点做了铺垫。观察自然写生(视频)、给植物挂牌、小练笔这些前置的布展作业,潜移默化地为学生写植物提供了多元支架。通过修改指南和修改举例,清晰地指导学生有法可依,有章可循,提升习作品质。最终学生完成文学馆的布展与欣赏,产生了满满的学习成就感。

共游"和美乡村",争当最"美"志愿者
——四下《乡下人家》单篇教学设计

一、学习内容与学习目标

(一)学习内容

乡村一直是文学创作的重要母题,统编版四下第一单元安排了一组以乡村为主题的文学作品,包括《古诗三首》《乡下人家》与《天窗》,三篇精读文本都以描绘乡野美丽自然风光为主要内容,描摹景物的同时又善于使用关键性的语句,结合儿童生活体会童趣以及对乡野的喜爱之情。这与文学阅读与创意表达任务群中第二学段的第(2)条要求不谋而合,即"阅读描绘大自然、表现人类美好情感的诗歌、散文等文学作品,结合自己的生活体验,尝试用文学语言表达自己热爱自然、珍视生命的情感"。

本单元习作以"我的乐园"为题,虽然暗含了自然风光描写、情感表达的要求,但主题过于宽泛,不能很好地与单元乡村童趣的主题相呼应,需要对习作内容进行重组。口语交际中转述的学习虽偏重于实用性阅读与交流任务群要求,但可以借助真实情景加以整合,如学校的乡村研学,对未来同学的转述,这也符合现实生活中可能遇到的真实情况,在主次分明的任务群教

学中，共同促进学生核心素养的发展。本单元的语文园地中暗含着美丽乡村再现的密码，无论"天边的晚霞"还是"金色的沙滩"，都是选取典型景物再现自然之美的表达方式。

对单元内容的整体教学还是要落实到具体的文本中，就本单元来看，《乡下人家》以其对乡野生活的独特审美表达，能作为承担单元整体教学任务的一个重要组成部分；就其内容来看，作者选取了乡村富有美感的景物，如瓜架，如虫鸣，如鸡鸭觅食，是体味乡村自然人情美的优良载体；从表达上来看，作者选材精准，选取的景物富有乡野独特趣味，与城市对比鲜明，在描写中善用比喻、对比等修辞细致描写乡野之美，并在字里行间蕴含独特的情感，这样的独特审美表达是值得学生去细细品味的。

(二) 学习目标

1. 能读会本课的生字，能联系上下文和生活经验，了解"和谐""照例"等词句的意思。

2. 通读课文，结合外出研学游玩经历和乡村生活经历，在转述游玩地点，介绍乡村景点位置等活动中进行归类识字以及语言表达训练。

3. 能正确流利有感情地朗读课文，感受作者笔下独特的乡村田园风光，在当小导游的过程中，能够抓住关键词句想开去，在介绍美丽乡村风景时融入自己的感受，吸引游客驻足观赏。

4. 归纳乡下人家景物的特征，从独特、和谐、迷人等关键词语想开去，思考还有哪些景点值得小导游推荐一番，结合个人体验，为景点起一个简洁明了的名字，并配上一段景点介绍词。

二、整体思路与整合方式

(一) 整体思路

本课的教学紧扣单元主题"淳朴的乡村，一道独特的风景，一幅和谐的画卷"展开，创设了"共游魅力乡村"学习情景。学生是介绍魅力乡村的志愿者，按照时间的流程，首先是志愿者的前期准备工作，接着是志愿者实践工作，最后是为魅力乡村发展建言献策。该流程对应了三个任务："做好志愿者的准备工作""沉浸式导览魅力乡村""挖掘魅力乡村旅游资源"（如表 4-20 所示）。

表 4-20　统编版小学语文教科书四下第 2 课《乡下人家》教学设计思路

学习情境	学习任务	学习活动	学习内容	评价设计	课时安排
共游魅力乡村	做好志愿者的准备工作	活动1：景区播音我能行 活动2：景区地图我来画 活动3：志愿者一个都不能少	1. 熟悉乡下人家景区发来的介绍文本。 2. 了解乡下人家中的景点与对应位置，并绘制游览路线图，尝试介绍。 3. 向因故缺席的小志愿者转述相关事宜。	1. 读准字音，读通句子。能够选择自己喜欢的片段展示。 2. 主要景点无遗漏，能按照方位有顺序地介绍。 3. 转述关键信息清晰无遗漏，注意人称的变化。	1
	沉浸式导览魅力乡村	活动1：设置景点指示牌 活动2：为游客推荐代表性景物	1. 从游览路线图出发，确定自己最喜欢的一个景点，写到景点指示牌上去。 2. 抓住关键词句聚焦文本对特定景物生动形象的描写，结合个人体验，展开想象，体会特定景物的差异美。 3. 通过小组合作的方式将零散的美的感受归类整合，	1. 起的名字要符合指示牌的实际功能和要求；用简洁的语言说清景点的位置和景物特点，富有美感则更加出色。 2. 描绘代表性景物的过程中要紧扣文本关键词语展开，能说清楚喜欢的理由，能用有感情地朗读等方式表达对不同景物美的差异的感受。	1

224

续表

学习情境	学习任务	学习活动	学习内容	评价设计	课时安排
			能够尝试与城市比较，介绍突出乡下人家风光独特与迷人之处。	3. 完整准确介绍乡下人家各景点之间美的个性；介绍时能够尝试与城市比较，说出乡间景物独特迷人的共性美，表达自然流畅，富有吸引力。	
	挖掘魅力乡村旅游资源	活动1：为增设的景点起一个名字 活动2：为推荐景点写一段解说词	1. 结合个人阅读和生活体验，列出乡下人家可能有的独特风貌，能够选择自己熟悉和喜欢的景物，起一个名字。 2. 能够抓住景点中代表性景物，想象它们的样子，结合本课中写作手法，适当融入自己的独特感受，撰写解说词。	1. 景点应该是乡间的代表性景物，景点还需有审美的价值。 2. 能够使用恰当的方式再现乡土景点之美，能融入自己的感受。有一定的吸引力。	1

（二）整合方式

"做好志愿者的准备工作"旨在通过争当最"美"志愿者的情境，赋予学生特定身份，并从身份出发衍生出一系列的任务：争当景区播音员，景区地图我来画，向未到的志愿者转述相关要求等，借助真实情境，既赋予字词教学实际的意义，同时将口语交际的内容进行有机整合。

"沉浸式导览魅力乡村"旨在通过"导览"的任务，赋予学生导游的身份，通过设置景点指示牌引导学生聚焦喜爱的景点，这既是对准备工作任务中绘制景区地图的进阶，由完整到简明体现思维的进阶，同时又暗含了审美的潜在要求。

确定介绍的景点后，志愿者争当小导游的身份则要求对喜爱的景点的代表性景物展开想象，描绘画面，至于介绍时融入自己的体验则是进一步吸引游客的内在要求，在此过程中代表性景物的选择引导学生进一步聚焦文本中生动形象的句子，而想象与描绘的过程则是勾连阅读与表达，介绍由景点到全景的轨迹，既符合实际游览的逻辑，又考虑到了学生思维的进阶，对乡村之美的理解由各有其美到和谐独特之美的进阶；介绍中采取有感情地朗读或配插图讲解的方式，有利于学生乐于表达，同时不同方式的选择也暗含创意表达的要素于其中。

"挖掘魅力乡村旅游资源"既是志愿者活动的延续，又是对导览任务中获取的资源、方法等要素的整合，是在主动阅读乡土文本，感受文本中优美的形象（如活泼的鸭子，生机勃勃的春笋）、生动的语言（如春笋的"探"纺织娘的"催眠曲"）和作者对乡野的喜爱和眷恋之情基础上，向创意表达挑战。此任务可分两步走，第一步为景点起名字的任务是唤起那些关于乡村的生活体验，起名字的过程又是一种审美的选择，让那些与乡野情趣无关的景物排除在外，从选材上为学生进行创意表达保驾护航。第二步写解说词则是以解说词勾连之前当小导游过程中积累的审美经验，让学生利用之前自己推荐文本中景点的写法，如代表性景物的选取，修辞手法的使用等，并借助想象让景物在脑海里走一个来回，既有利于景物形象的丰满，又包含审视评价的要素于其中。

三、具体方案与设计意图

同学们，中央一号文件提出"扎实推进宜居宜业和美乡村建设"。为了响应国家的号召，共建"和美乡村"，本市的乡下人家准备开发当地原生态乡土旅游资源，建立和谐自然的乡村景区。要实现这一愿望，景区急需一批学生志愿者，让我们一起"共游魅力乡村"，争当最"美"志愿者。

【设计意图】结合国家建设"和美乡村"的文件精神，用真实情境中的学习任务点燃学生的激情，激起学生学习的兴趣。

任务一：做好志愿者的准备工作

为了帮助我们更好地了解乡下人家，景区特意发来一份介绍文本（指课文）。

活动1：景区播音我能行

读完文本，你是否有信心挑战一下播音员小志愿者呢？

1. 第一关：挑战多音字。

开花结果　结束　门前场地　公共场所　鸡冠花　冠军

2. 第二关：挑战拟声词。

（1）出示文本：月明人静的夜里，它们便唱起歌来："织，织，织，织啊！织，织，织，织啊！"

（2）指导学生思考：纺织娘是虫子，虫子的叫声是什么样子的？作为拟声词的"织，织，织，织啊"应该怎么读？

3. 第三关：挑战长句子。

（1）出示文本：青、红的瓜，碧绿的藤和叶，构成了一道别有风趣的装饰，比那高楼门前/蹲着一对石狮子/或是竖着两根大旗杆，可爱多了。

（2）提示学生可以如上所示，根据意思，适当停顿，化长为短，读好长句子。

4. 在当小播音员的过程，你觉得课文中还有哪些段落同学们会遇到困难，请你指出来，再带着大家字正腔圆地读一读。

活动2：景区地图我来画

1. 默读课文，借助表格（如表4-21所示）画出乡下人家的各景点与对应的位置。

表 4-21　乡下人家景点一览表

地点	景物
屋前	瓜架
门前	鲜花
门前	吃晚饭的人家
屋后	竹林和春笋
房前屋后	觅食的鸡鸭
瓜架上	纺织娘的虫鸣

2. 联系课文插图，将乡下人家的景点景物画到小地图对应的位置上去（如图 4-6 所示）。

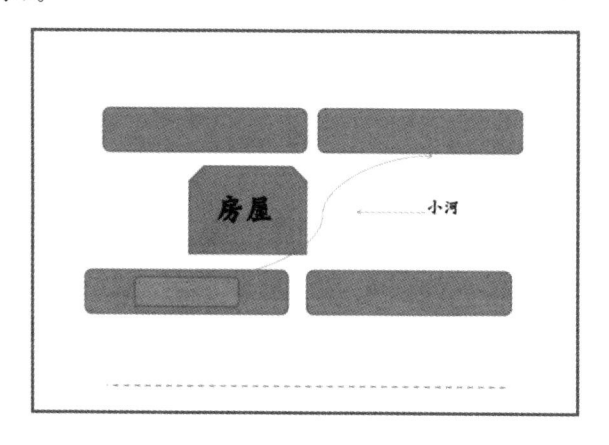

图 4-6　乡下人家景点方位图

3. 尝试结合表格和插图，提前为游客规划一下旅游路线图，并试着和你的志愿者同伴说一说你这样安排的理由。

活动 3：志愿者一个都不能少

本次的志愿者准备活动，四（7）班的小红同学因为感冒没有参加，请你将老师所说的两个任务转述给他，让他做好准备，并提醒他本周六上午 8 点到学校门口集合，一起前往乡下人家参与志愿者活动。

【设计意图】在设计学习任务的过程中，要充分考虑如何协调好各任务群之间的关系，《乡下人家》文本特质虽然更偏向于文学阅读与创意表达任务群的要求。但不能忽视其他任务群的要求，因此，我们以志愿者工作准备这一真实情景设计识字写字任务，同时从本单元的口语交际出发，将"转述消息"这一实用性阅读与交流任务群的要求整合其中，最后，在对文本中景物的整体感知和概括中，以文学阅读与创意表达为主，协同各任务群的要求整体促进学生核心素养整体发展。

任务二：沉浸式导览魅力乡村

各位志愿者们，在了解景点的基本情况后，我们即将迎来第一批外地游客，请你作为志愿小导游带他们来乡下人家转一转吧。首先让我们为景区制作一批景点指示牌，帮助游客做出选择。

活动1：设置景点指示牌

1. 根据任务一中的景点地图，选择你感兴趣的景点，画出文章中描写景点的语句，尝试概括景点的特点。

2. 出示著名的景点指示牌，如"断桥残雪""雷峰夕照"，让学生仿照"地点＋特点"的方式，结合自己的概括，为景点命名，并按照如下的方式进行评价（如表4-22所示）。

表4-22　"景点指示牌"评价表

挑战目标	具体标准	自评	互评
制作景点指示牌	指示牌能高度概括景点的位置	☆☆☆	☆☆☆
	指示牌能简要说清楚景点的特点	☆☆☆	☆☆☆
	指示牌的景点名富有美感	☆☆☆	☆☆☆

小导游们，游客们终于到了，不过他们的时间有限，看看景点指示牌，你准备向游客介绍哪些有代表性的景物？

活动2：为游客推荐代表性景物

1. 哪些景物值得选。

学生根据选择的景点，自由分组，默读课文，找到描写对应景点的语句，从中圈画出富有美感的景物的描写，作为代表性景物的备选，如学生可能会关注"色彩丰富，富有生机的瓜架上""从土地中钻出来的春笋""惬意游走在门前门后的鸡鸭"等。

2. 谁的景物值得选。

提出游客时间有限的背景，请小导游们展开激烈竞争，看看谁推荐的景物最不容错过。

（1）读出景物带给人的视听享受，让人心痒。

请同学们找出景点中有代表性的景物，说说美在何处，如学生可能找到这样的句子："几场春雨过后，到哪里走走，你常常会看见许多鲜嫩的笋，成群地从土里钻出来。"

让学生边朗读边想象画面，运用节奏的变化，声调的高低轻重，读出画面中的美感，达到吸引人的目的。

（2）想出景物带给人的美好感受，让人神往。

小导游们，想象游客看到你推荐的美景，可能有哪些感受，如果你能设身处地说出他的想法，那么他一定会被你牵着鼻子走哦。

请大家结合刚刚朗读时想象的画面，试着说说这样的画面让你联想到了什么，你的心里又有着怎样的情绪波动，把他们说出来。

（3）说出景物蕴含的独特乡村魅力，让人心动。

小导游们，来自大城市的游客一定会对城市中罕见的景物更为心动，正如作者提到的那样，"青、红的瓜，碧绿的藤和叶，构成了一道别有风趣的装饰，比那高楼门前蹲着一对石狮子或是竖着两根大旗杆，可爱多了"。如果能把乡下人家的美丽景物和城市中的常见事物比一比，游客一定会对你的景点投出宝贵一票。试着找到你挑选的景物会和城市中哪些景物形成鲜明的对比，再从颜色、形态、气味、触感、心理等角度展开对比，最后有感情地介绍。

3. 代表性景物排行榜我来选。

小导游们按照提示，分组展示你们小组推荐的代表性景物，可以利用有感情地朗读，也可以利用配图介绍、现场表演、导游游客互动的方式。其他同学试着按照下列标准（如表 4-23 所示），为你心中的乡下人家的代表性景物，投出宝贵一票。

表 4-23 "代表性景物排行"评价表

挑战目标	具体标准	自评	互评
景物推荐度	推荐的景物富有美感。	☆☆☆	☆☆☆
	推荐景物的时候能够联系自己的感受，说得更吸引人。	☆☆☆	☆☆☆
	能利用对比等修辞，说出乡村景物有别于城市的独特趣味。	☆☆☆	☆☆☆
导游表现度	介绍时语言流利，声音响亮。	☆☆☆	☆☆☆
	介绍中分条展开，富有条理。	☆☆☆	☆☆☆
	介绍中感情充沛，语气自然。	☆☆☆	☆☆☆

【设计意图】《乡下人家》从文本特点来看，偏重于文学阅读与创意表达任务群的要求，2022版课标文学阅读与创意表达学习任务群的"教学提示"中明确提到要注意听说读写的整合，感受文学作品语言、形象、情感方面的独特魅力和思想内涵。鉴于此，我们设计导览这一任务，以选出备选景物，让学生从语言文字鉴赏出发发现共性美；以带感情的介绍，让学生通过想象体会字里行间的情感；以介绍独特景物，发现乡村风光的独特风情。在以朗读、倾听、想象、演说等方式构建系列化的语言实践活动中提升学生的审美能力和品位。

任务三：挖掘魅力乡村旅游资源

各位志愿者们，通过你们的悉心介绍，乡下人家景区受到了广大游客的一致好评，大家迫切地希望此地能多开设几个富有特色的景点，请你化身景区小策划，分享你的宝贵创意吧！

活动1：为增设的景点起一个名字

1. 请同学们自主展示课前收集的乡下风光画、照片等乡村景物素材，并尝试从路程规划合理、景点富有美感、景物趣味独特的角度，挑选一处风景，作为乡下人家增设景点的备选。

2. 按照之前的学习经验，把景点粘贴到任务一的导览地图中，介绍如何到达，明确其位置。再按照"地点＋特点"的方式，为景点起一个好听简明的名字。

活动2：为推荐景点写一段解说词

1. 召开景点介绍发布会，用分条陈述的方式，从"如何到达""景点美丽之处""景物趣味独特"三个角度，简要阐述其能成为景点的原因。

2. 以发布会的简要介绍为提纲，尝试利用想象丰富景点的画面，结合自己的情感体验说出景物的迷人之处，为景物写一段解说词，并尝试用有感情的朗诵进行介绍。

【设计意图】文学阅读与创意表达任务群在第二学段学习内容提出：要结合自己的生活体验，尝试用文学语言表达热爱自然、珍爱生命的情感，本文作为第二学段的一篇课文，应当呼应这一要求。因此我们通过挖掘富有美感情趣的乡野景点这一任务，引导学生从审美角度展开文学创作。在这一过程中，需要学生提前收集乡野风光，积累审美经验；充分以文本为例子进行模仿，学习用文学的语言来表达情感。我们引导学生用任务一景区地图、景点起名的方式整体感知美的景物，通过任务二中推荐代表性景物排行榜，将对美的景物的整体感受细化为具体的语言，以解说词的方式呈现，在系列活动中，使得学生尝试创意表达，乐于创意表达。

举办一场"童心里的诗会"
——四下第三单元整体教学设计

一、学习内容与学习目标

（一）学习内容

统编教材四下第三单元是现代诗歌单元，编排了冰心的《繁星》、艾青的《绿》、苏联诗人叶赛宁的《白桦》和戴望舒的《在天晴了的时候》。四篇课文主要围绕"童心""母爱""自然"主题，展现现代诗歌语言独特、想象丰富、饱含真情等特点。根据 2022 版课标文学阅读与创意表达学习任务群第二学段第（2）条学习内容"阅读描绘大自然、表现人类美好情感的诗歌、散文等文学作品，结合自己的生活体验，尝试用文学语言表达自己热爱自然、珍爱生命的情感"，现代诗歌的教学不仅要品味诗歌语言，感受诗歌韵味，初步了解诗歌文体特征，还要沉入诗境，体悟诗人情感，唤醒生活体验，表达独特感受。

（二）学习目标

1. 认识"漫""徜"等 20 个生字，读准"啊"的变调，会写"繁""藤"等 23 个字，理解"潇洒""朦胧"等词语的意思。

2. 正确、流利、有感情地朗读诗歌；发现现代诗押韵自由、节奏鲜明，分行合理、句式长短不一等基本特点；背诵《短诗三首》《绿》《在天晴了的时候》；与同学分工合作，举办诗歌朗诵会，声情并茂、充满真情实感地朗诵喜欢的诗。

3. 通过品读感悟、交流评析等方式感受诗歌语言的独特之美，想象诗歌中描绘的画面，体会其中蕴含的对母亲的依恋，对大海的挚爱，对美好世界的热爱与赞美等美好真挚的情感。

4. 能展开想象，采用续写、仿写等方式创作小诗，表达自己对自然与生活的美好情感。多渠道收集、摘抄喜欢的诗歌，并对收集的诗歌进行整理，初步学习整理资料的方法，与同学合作编小诗集。

二、整体思路与整合方式

（一）整体思路

基于单元核心内容进一步研读教材：本单元的人文主题是"诗歌，让我们用美丽的眼睛看世界"，语文要素是"初步了解现代诗的一些特点，体会诗歌表达的情感"。语文园地"交流平台"中有"读起来朗朗上口、悦耳动听，很有节奏感""诗歌表达独特的感受，蕴含丰富的想象""饱含真挚的情感"，从中可以梳理提炼现代诗的"一些特点"——节奏鲜明、语言独特、想象丰富、情感真挚。关注精读课文课后习题的要求："反复朗读，体会诗歌的韵味""朗读诗歌，体会诗歌表达的情感""有感情地朗读课文"。可见，朗读是感受诗歌韵味、领悟诗歌情感的重要方式。此外，《白桦》一课活动提示中提出"试着当个小诗人写写诗，把自己的感受表达出来"，《在天晴了的时候》课前提示中提出"用诗的形式，写写自己看到过的雨过天晴的景象"，"综合性学习"中提出开展"举办诗歌朗诵会"，"用恰当的语气读出诗歌表达的情感"，落实这些提示需要引导学生发挥想象，联系生活经验，尝试用创意写、创意诵的形式表达自己的见闻与感受。

综上，本单元的教学改变逐课教、逐个问题解决的传统线性教学模式，创设"举办一场'童心里的诗会'"的学习情境，设计"诗歌见面会""诗歌推介'趴'""诗歌创编展"三个学习任务，通过七个不断进阶的学习活动，将单元教学一体化、单元知识结构化，帮助学生建构起关于现代诗的知识结构和学法结构，在一系列听、说、读、悟的语言实践活动中，让学生感受美、发现美，获得审美体验，涵养高雅情趣；在创意写、创意诵中，学生表现美、创造美，用充满童趣的语言不拘形式地表达独特的感受、真挚的情感，让诗意润泽纯真美好的童心，最终实现语文核心素养的提升（如表4-24所示）。

表4-24 统编版小学语文教科书四下第三单元整体教学设计思路

学习情境	学习任务	学习活动	学习内容	评价设计	课时安排
举办一场"童心里的诗会"	诗歌见面会	活动1：回忆里的诗篇 活动2：朗读中采撷诗韵	了解语文园地"识字加油站"中的古代名人；古诗、现代诗对比，初步发现现代诗的一些特点。 2.反复朗读本单元的诗歌，读好押韵的字和句子的节奏，读出现代诗的音韵美。	诗歌朗读评价要点：读准字音、读通诗句、停顿合理、节奏感强、读出韵律。	1

续表

学习情境	学习任务	学习活动	学习内容	评价设计	课时安排
	诗歌推介"趴"	活动1：探寻诗歌里的美 活动2：推介美的诗歌	1. 以《繁星（七一）》为例，从语言、画面、情感等方面感受诗歌之美，并学习如何推介。 2. 品读其余的诗歌，发现诗歌中的美，并进行推介；评选"优秀推介官"。	诗歌推介评价要点：发现优美的语言，想象美丽的画面，体会美好的情感，表达通顺连贯。	4
	诗歌创编展	活动1：写一写我心中的诗 活动2：编一编我们的诗集 活动3：办一场诗歌朗诵会	1. 仿照本单元学习的诗歌，尝试创作自己的诗歌。 2. 小组合作编小诗集。 3. 举办班级诗歌朗诵会，用个性化的方式朗诵喜欢的诗歌。	1. 创意写诗评价要点：合理分行、表达独特、情感真挚。 2. 编诗集评价要点：封面图文与内容匹配、目录分类合理、内容丰富，能加入作者或创作背景的介绍，誊写字迹端正，有适切的配图。 3. 创意诵读评价要点：语音准确、有节奏感、语气恰当、体态自然、形式新颖。	3

（二）整合方式

"诗歌见面会"旨在观察比较、反复朗读中发现诗歌分节分行、长短不一、大致押韵、有相同句式等特点，并通过读好押韵字和停顿来展现诗歌的节奏美。

"诗歌推介'趴'"旨在引导学生在朗读中品味诗歌独特的语言，展开想象，在想象中感悟真情。此任务以"通过优美的语言，想象诗歌中所描绘的画面"为主线进行单元内容的统整，挖掘每首诗歌的独特价值，引导学生用不同的方法展开想象，感悟真情，并用"推介"的形式将自己的阅读感受与同学进行交流。

"诗歌创编展"将综合性学习中"试着当个'小诗人'写写诗""合作编诗集""举办诗歌朗诵会"进行整合，在听、说、读、写、诵等一系列言语实践活动中，在真实的语言运用情境中，提升学生对现代诗的感受和欣赏能力，在想象、创作、诵读中发展思维。

三、具体方案与设计意图

诗歌，是文学宝库中的瑰宝，叩击着一代又一代人的心灵。亲爱的同学们，我们班将举办一场"童心里的诗会"，让我们一起发现诗歌的特点，体会诗歌表达的情感，并试着写写小诗，与同学合作编小诗集，举办诗歌朗诵会。相信通过这一系列的活动，你也能成为一位小诗人，让我们赶紧行动起来吧！

【设计意图】本单元创设"举办一场'童心里的诗会'"的学习情境，在真实的活动氛围中师生一起轻叩诗歌的大门，用纯真的童心感受诗歌之美，用诗意的语言表达童心、母爱、自然之美。通过角色扮演、生活体验等多种方式让学生沉浸式学习，在真实情境中享受阅读诗歌的快乐，激发创意写诗的欲望，提升语言运用和审美创造的素养。

任务一：诗歌见面会

诗歌，是最美的语言；诗歌，让我们用美丽的眼睛看世界。瞧，大量的诗歌与大家见面啦！在"诗歌见面会"中，让我们成为"小小朗读者"，给大家读读诗。

活动1：回忆里的诗篇

1. 古代诗词是历史的精华、智慧的源泉，我们已经学过不少古诗了，谁来背诵你喜欢的古诗，并说说古诗有哪些特点？
2. 结合语文园地中的"识字加油站"，读好古代文人的名字，并与同学交流你对他们的了解。
3. 现代诗歌更是语言的艺术。回忆以前学过的现代诗歌，与同学交流。
4. 结合以往的学习经验，将现代诗与古诗的形式进行对比，初步发现现代诗的一些特点：分节分行，诗句长短不一，形式自由等。

活动2：朗读中采撷诗韵

1. 了解诗人，激发读诗期待。课前预习内容如下。

预习单

◎将诗人与作品匹配起来，并在右侧的方框中写写你对诗人的了解或代表作。

《短诗三首》　　艾青

《绿》　　　　　戴望舒

《白桦》　　　　冰心

《在天晴了的时候》叶赛宁

冰心，原名谢婉莹，《繁星》是冰心的第一部诗集，诗集收录了164首小诗，大致包括三方面内容：一是对母爱与童真的歌颂，二是对大自然的崇拜和赞颂，三是对人生的思考和感悟。

艾青，被认为是中国现代诗的代表诗人之一，主要作品有《大堰河——我的保姆》《艾青诗选》。在艾青诗歌中，色彩描写强烈而细腻，构成鲜明生动的画面，给人想象的空间。

叶赛宁，苏联诗人，写了大量热爱祖国、热爱乡土、热爱人民的抒情诗。

戴望舒，被称为现代诗派"诗坛领袖"，创作了许多优秀的诗歌，代表作有《雨巷》。

2. 反复练读，读通诗句。

著名美学家朱光潜曾这样说："诗和音乐一样，生命全在节奏。"自由朗读本单元的诗歌，认清字形、读准字音、读通诗句。

借助学习单（一），相机检查字词学习情况。

学习单（一）

*关注读音　大海啊　母亲啊　交叉　花穗　徜徉　曝晒　晕皱

*关注书写　繁星　漫灭　藤萝　膝上　躲到　交叉　朦胧　涂抹
　　　　　　花穗

*关注韵律　白桦　雪花　潇洒　　如画　朝霞　光华

交流要点：

第一组词："啊"的读音，"大海啊"要读"ia"，"母亲啊"要读"na"。

第二组词："繁"的"每"没有"钩"，"繁""藤""涂"最后一笔"点"的书写，"躲""朦""抹"易错笔画的书写。

第三组词：都押"a"韵，读起来朗朗上口。

3. 读出节奏，感受诗韵。

（1）出示《繁星（一三一）》，反复朗读，感受为什么读起来会朗朗上口。

要点：每句末尾的"光、香、响"韵母相同，都押"ang"韵；关注二、三、四句，都采用了"哪一……没有……"的相同句式，格式整齐，读起来节奏反复、很有韵味，而且三句话都是反问句，语气强烈。

（2）练习朗读《繁星（一三一）》，指导读好句末的押韵和反问的语气，读好停顿，感受节奏美。

（3）反复朗读本单元的其他诗歌，寻找诗歌中的句末押韵和相同结构的句式。

要点：①《繁星（七一）》没有押韵，《繁星（一五九）》同字押韵，《绿》押"i"韵，《白桦》押"a"韵，《在天晴了的时候》押"ou"韵；②《繁星（七一）》采用"……的……"的句式；《繁星（一五九）》采用"……的风雨来了，……躲到……"的句式；《绿》采用"……是绿的""……在一起"的句式；《白桦》采用"……的……"的词组结构。

（4）小结：现代诗歌的押韵是自由的，不像古诗那样对字数和押韵要求严格，而且常采用相同结构的句式，读起来更朗朗上口、悦耳动听。

（5）反复练习朗读这些诗歌，读好停顿和韵律，读出诗歌节奏美。

4. 我是"小小朗读者"。

把你喜欢的诗读给大家听一听，注意读好停顿和韵律，读出诗歌的节奏美。借助"小小朗读者"星级评价表进行评价（如表 4-25 所示）。

表 4-25　"小小朗读者"星级评价表

评价维度	具体要求	自评	他评	师评
语音	读准字音，读通诗句。	☆☆☆	☆☆☆	☆☆☆
节奏	停顿合适，富有节奏，读出韵律。	☆☆☆	☆☆☆	☆☆☆

5. 我能读更多的诗。

我们认识了四位著名的现代诗人，诵读了他们写的诗，初步感受到现代诗的形式美、节律美。让我们进入诗歌的王国，去摘抄更多的诗歌吧！

（1）讨论一下，可以通过什么途径去收集诗歌，摘抄时要注意什么。

要求：通过阅读诗集、报纸、杂志来搜集，也可以利用网络来寻找。摘抄的时候要写清楚作者和出处，字迹工整，注意形式的美感，也可以收集与诗歌创作有关的故事或资料。

（2）把搜集到的诗歌和相关资料抄写在自己的摘抄本上，练习朗读，读给同学、家长听。

【设计意图】学生有学习现代诗的经历，但以往是以单篇的形式出现，这次是以单元整组的形式呈现。教学活动伊始，由学生熟悉的古诗及诗人导入，将语文园地中的"识字加油站"前置教学，激发学生学习现代诗的兴趣。在古诗和现代诗形式异同的比较中,唤醒学生对现代诗形式的认知。现代诗只有通过反复朗读,才能感受其节奏和韵味。在本环节中,从特点最显著的《繁星(一三一)》入手,然后以此为学习经验,由浅入深,让学生在朗读中发现诗歌的一些特点,再通过朗读展现诗歌的节奏美。

任务二:诗歌推介"趴"

为了吸引更多人进入诗歌的王国,我们来办一场"诗歌推介'趴'",学着做一名"诗歌推介官",将读诗时感受到的"美"向大家作介绍。

活动1:探寻诗歌里的美

1. 交流讨论:诗歌美在哪儿呢?让我们以《繁星(七一)》为例,来探寻诗歌里的美。

2. 研读《繁星(七一)》,边读边展开想象,把你探寻到的美与同学进行交流。

(1)美在语言。诗人将心中难忘的记忆用"月明的园中,藤萝的叶下,母亲的膝上"三个简短凝练、结构相同的句式,勾勒出一幅美好的画面,展现出童年与母亲相依的美好场景。

(2)美在画面。抓住三个有张力的短句展开想象:在这样美的场景里,母亲和孩子会做什么、说什么?结合自己的生活经历,想象画面,相互交流,尝试表达。

(3)美在情感。学生结合自己搜集的资料、任务一中对作者冰心和诗集《繁星》的三大主题的了解以及"资料袋一",感悟诗歌表达了作者对童年的怀念,对母爱的赞美,对母亲的爱与思念之情。

资料袋一

冰心和母亲的感情极好,母女俩常常紧紧依偎在一起,悄悄说着甜蜜的知心话。冰心喜欢听母亲讲述关于她自己的故事,母亲喜欢女儿在她身边跑来跑去,与她亲近。她们经常这样亲密地相偎相依,有时微笑,有时互相感动得流泪。冰心就是这样一直沐浴在海洋般深沉的母爱里。这份丰富的感情养料,不仅灌溉了她童年时代的心田,也滋润了她一生的情感。

3. 有感情地朗读诗歌，读好美的语言、读出美的画面，读出对母亲的依恋与对童年的怀念。

活动 2：推介美的诗歌

1. 诗歌美在语言、美在描绘的画面、美在抒发的情感，要推介一首诗歌，就可以从语言、画面、情感三方面展开。以《繁星（七一）》为例，借助学习单（二），或用自己的语言练习推介。

```
                    学习单（二）
    在《_____》这首诗中，我关注到的语言有：
_____。
    这些语言美在_____。
    读了这首诗，我想象到了这样的画面：_____
_____，体会到美好的情感。
```

2. 结合"诗歌推介官"评价表进行评价（如表 4-26 所示）。

表 4-26　"诗歌推介官"评价表

评价维度	优秀	良好	合格	评价等级
语言	能发现诗歌中大量的写得优美的语句。	能发现诗歌中一些写得优美的语句。	不能发现诗歌中写得优美的语句。	
画面	能借助诗歌的语言展开丰富的想象，生动具体地描述想象到的画面。	能初步借助诗歌的语言展开想象，具体地描述想象到的画面。	能初步借助诗歌的语言展开想象，简单地描述想象到的画面。	
情感	能通过品读语言、想象画面，借助资料，体会诗人所表达的情感。	能通过品读语言、想象画面，借助资料，初步体会诗人所表达的情感。	不能通过品读语言、想象画面，借助资料，体会诗人所表达的情感。	

续表

评价维度	优秀	良好	合格	评价等级
表达	推介的语言表达通顺连贯，有条理，过渡自然。	推介的语言表达较通顺，条理较清晰，过渡较自然。	推介的语言表达不够通顺连贯，条理性不强，过渡不自然。	

3. 开展"优秀推介官"评选活动。

从本单元其余的5首诗中选择你最喜欢的一首，借助学习单（二），先探寻诗歌中的美，然后练习向大家进行推介，争当"优秀推介官"。

4. 学生推介，教师组织评价，相机点拨。

（1）《繁星（一三一）》。

语言：①采用"哪一（颗、朵、次）……没有……"这一相同结构的反问句，语气很强烈。②借助类比。用"星"与"光"，"花"与"香"之间不可分割的关系，喻指"我"和"大海"之间密不可分。

画面：结合生活实际，引导学生从看到的、听到的去想象大海之美，感受大海的广阔无垠、博大深沉之美。

情感：结合"资料袋二"，体会诗人对大海的挚爱之情。

资料袋二

冰心的父亲是一位海军军官，从小她就随父亲迁居烟台，住在海边的房子里，海是她童年生活中最亲近的朋友。冰心爱海，也爱写海，恋海的情结，是她不竭的创作源泉。她在《我的童年》一文中深情写道："每次拿起笔来，头一件事忆起的就是海。"又说："当我忧从中来，无可告语的时候，我一想到海，我的心就开阔了起来，宁静了下去。"

（2）《繁星（一五九）》。

语言：采用"……风雨来了，……躲到……"这一相同结构的句式，把自己比作小鸟，把母亲的怀抱比作鸟巢。

画面：联系自己真实的生活经历，想象孩子对母亲怀抱的依恋。

情感：感受母亲的怀抱给予孩子的安慰和力量，让孩子感受到温暖和幸福，体会诗人对母亲的依恋和对母爱的赞美之情。

(3)《绿》。

语言：①运用许多描写"绿"的词语写出了不同的绿。②既有相同结构的整齐句式，如"……是绿的"；又有相同结构的长短句，如"……在一起"。既有循环往复之美，又有变化之美，极富节奏感和想象力。

画面：①联系生活实际想象不同层次的绿，抓住省略号拓展写绿的词语；②想象无色的风、雨、水、阳光都变成绿色的画面，仿照"……是绿的"，想象万事万物是绿色的画面；③把自己想象成一片绿叶或一棵小草等，抓住动词，运用动作演绎的方法，想象飘逸灵动的绿的画面。

情感：结合"资料袋三"，感受诗人对"绿"的情有独钟。"绿"中所蕴含的生机和活力，带给人们无限希望，表达了诗人对生机勃勃的绿的喜爱与赞美，表达了作者对新生活的希望和积极向上的思想感情。

资料袋三

1957年，艾青被错划为"右派"，创作中断了20余年。1979年才得以平反，重新开始写作。那时，正值国家改革开放初期，全国上下团结一心，朝着建设富强的新中国而努力奋斗。1979年2月，艾青率领的全国诗人访问团，在广州等地访问，看到各地机器运作，人人干劲十足，欣然创作了《绿》。

(4)《白桦》。

语言：运用了许多优美的词语以及"……的……"的词组，写出了白桦之美。

画面：联系生活实际、结合插图、借助图片，想象画面，感受白桦的色泽之美、形态之美以及环境之美。

情感：结合"资料袋四"，加深情感体会，进一步感悟诗人对家乡、对大自然的热爱之情。

资料袋四

白桦树是俄罗斯的国树，在俄罗斯非常常见。旷野里，山林里，道路旁，随处可见，大片生长，常常可高达二十米。无论俄罗斯气候多么严寒，它始终周身洁白雅致，树干修直挺拔，姿态优美，根深深地扎入脚下的土地，立于茫茫雪原之上……是这个国家民族精神的象征。

(5)《在天晴了的时候》。

语言：将雨后的动物、植物、景物拟人化，运用了拟人的修辞，让雨后天晴的景象充满了生机，赋予文字一种宁静而充满灵动的美感。

画面：结合生活实际，抓住动词进行演绎，想象雨过天晴的美好画面。

情感：①感受大自然的生机和活力，体会诗人对雨后美景的喜爱之情，和自在悠闲、宁静平和的心情。②戴望舒在写这首诗时是1944年，那时抗日战争即将胜利，可谓即将"雨过天晴"。可以说作者以平静宁和的心在守望着希望与光明。

5. 依据"诗歌推介官"评价表，评选出你心中的"优秀推介官"。

【设计意图】在朗读中感受诗歌语言的独特之美，通过优美的语言想象诗歌所描绘的美丽画面，感悟蕴含其中的美好情感，这是本任务的学习重点。在此任务中，赋予学生"诗歌推介官"的身份，引领学生探寻诗歌中的"美"，然后以"推介"的形式进行言语的训练，在一系列听说读写的语文实践活动中，既将教学内容结构化，同时又丰富审美体验，提高审美情趣。

任务三：诗歌创编展

在诗歌的王国里遨游，我们收获颇丰。让我们一起来做一回"诗歌小达人"，用独特的方式来展示自己心中的诗。

活动1：写一写我心中的诗

1. 明确要求，尝试创作。

写一首诗，表达你的真情实感：

（1）可以在本单元的诗或自己摘抄的诗中选择一首，续写一两段或仿照着写一写；也可以仿照《天晴了的时候》的形式，写写自己看到过的雨后天晴的景象；还可以自己创作一首现代诗。

（2）写完后读一读，再修改一下。

2. 初试身手。

（1）在语文园地中，还有一首冰心的诗——《繁星（六九）》，通过朗读、比较，说说发现。

要点：这首诗与《繁星（七一）》都采用了先总后分的结构，并且句式相似,描写了春天可爱的早晨,流露出轻快的心情和对春天的喜爱之情。

(2)像这样的短诗,我们也能写。联系自己的生活实际,在你的记忆中,有哪些难忘的童年回忆呢?仿照着写一写,然后和大家交流。

(3)学生仿写。

(4)交流展示,结合评价表进行多维评价(如表4-27所示)。

表4-27 诗歌创作星级评价表

星级	★★★	★★	★	评价等级
评价标准	能合理分行。	分行较合理。	分行不合理。	
	读起来朗朗上口、悦耳动听,有节奏感。	读起来比较流畅,节奏感不强。	读起来不够连贯,没有节奏感。	
	语言独特,蕴含丰富的想象。	语言较独特,有一些想象。	语言贫乏,缺乏想象。	
	饱含真挚的情感。	基本有感情。	没有真情实感。	

3. 仿照《天晴了的时候》的形式,写写自己看到过的雨后天晴的景象,并结合评价表进行多维评价。

活动2:编一编我们的诗集

1. 把收集或创作的诗歌,读给组内同学听。要求:

(1)读:有感情地朗读自己收集或创作的诗歌;

(2)听:同伴朗读展示时认真倾听。

2. 小组合作交流展示自己摘抄的诗歌。

交流讨论:如果要小组合作编一本小诗集,如何进行分类?

要点:可以按诗人的国籍分类、按诗歌类型分类、按诗人分类……

3. 组织进一步讨论如何完善诗集。

4. 出示"我们的小诗集"评价表(如表4-28所示),小组合作编诗集。

表 4-28 "我们的小诗集"评价表

评价标准	组评	他评	师评
字迹端正，书写美观。	☆☆☆	☆☆☆	☆☆☆
分类合理，类型丰富，目录完整。	☆☆☆	☆☆☆	☆☆☆
标示清晰，能有选择地补充作者简介、创作背景等。	☆☆☆	☆☆☆	☆☆☆
能为诗歌配上恰当的插图。	☆☆☆	☆☆☆	☆☆☆
封面的画面和用色与诗集的名字相匹配。	☆☆☆	☆☆☆	☆☆☆

5. 小组成果展示，结合评价表相互评价。

活动 3：办一场诗歌朗诵会

1. 发布要求。

举办班级诗歌朗诵会

朗诵篇目：可以是本单元学习的诗歌，可以是摘抄的诗歌，也可以是同学或自己创作的诗歌。

朗诵形式：可以是个人朗诵，也可以是小组合作朗诵，还可以配上合适的音乐、PPT 或视频，辅以自然的表情和手势。

2. 学生准备。

3. 开展活动。设立奖项，结合评价表（如表 4-29 所示）组织评议。

表 4-29 诗歌朗诵评价表

评价维度	具体要求	自评	他评	师评
语音准确	读准字音，读通诗句。	☆☆☆	☆☆☆	☆☆☆
节奏韵律	停顿合适，节奏感强，读出韵律。	☆☆☆	☆☆☆	☆☆☆
情感基调	用恰当的语气读出诗歌表达的情感。	☆☆☆	☆☆☆	☆☆☆
自然大方	表情、眼神、手势等肢体语言自然大方。	☆☆☆	☆☆☆	☆☆☆
形式创新	选择合适的朗诵形式，配乐、画面符合意境。	☆☆☆	☆☆☆	☆☆☆

单元结语：同学们，这场"童心里的诗会"带着我们一起轻叩诗歌的大门，用纯真的童心发现了诗歌之美，用诗意的语言表达了自然之美。让我们

继续遨游诗歌的海洋，用诗意书写最美童年！

【设计意图】文学阅读与创意表达任务群应整合听说读写，鼓励学生在口头交流和书面创作中，运用多种形式呈现作品。"写写我心中的诗"旨在以贴近学情的续写或仿写为任务，尝试用诗歌的形式来抒写童心、抒发情感。"合作编诗集"旨在激发学生阅读、收集现代诗的兴趣，培养诗心，并通过此活动培养学生按需收集资料、分类整理、分工合作的能力。"举办诗歌朗诵会"旨在用创意诵读的形式展示学习成果，以诵读促理解，以理解助诵读。为了更好地进行课堂教学评价，设计了"诗歌创作星级评价表""诗歌朗诵评价表"，将教学目标与评价标准相照应，实现教学评一体化。

第三节　高段"自然风光"主题课例

拍一部"四季"纪录片
——五上《四季之美》单篇教学设计

一、学习内容与学习目标

（一）学习内容

统编教材五上第七单元，围绕"四时景物皆成趣"这一人文主题编排了四篇课文，分别是《古诗词三首》《四季之美》《鸟的天堂》和《月迹》。从文本内容与体裁看，符合文学阅读与创意表达学习任务群的第三学段第（2）条学习内容"阅读表现人与自然的诗歌、散文等优秀文学作品，感受大自然的奇妙，体会人与自然和谐相处的意义；用口头或者书面的方式表达对自然的观察与体验，抒发自己的情感"。《四季之美》选自日本随笔文学开山之作《枕草子》的第一卷第一段，虽然描写的景致不多，却营造出四季的不同之美。语言简洁，画风明快。本案例以《四季之美》为切入口，呈现单篇文本的学习任务设计。

(二)学习目标

1. 正确、流利、有感情地朗读课文。认识"旷"等5个生字，会写"黎"等9个字。

2. 能借助学习单梳理文章的脉络，通过捕捉关键词进行批注、展开想象，体会景物的动态描写。

3. 能联系已有经验，与文本进行多重比较，感受作者独特的视角、独特的选材、独特的情感以及独特的心境，发现自然之美，感受美好事物。

4. 通过海报、文案的设计与评价，提升学生的审美能力和表达能力。

二、整体思路与整合方式

(一)整体思路

本案例紧扣单元人文主题"四时景物皆成趣"，以《四季之美》为载体，整合语文园地中的海报设计内容，创设"拍一部'四季'纪录片"为学习情境。根据拍纪录片的一般流程，设计"剧本组——了解拍摄脚本""导演组——推进拍摄进程""技术组——后期配乐配音""宣发组——作品宣传发布"四个学习任务。提供表格、学习单等学习支架，通过11个不断进阶的学习活动，着力提升学生发现美、感悟美、表达美的能力（如表4-30所示）。

表4-30 统编版小学语文教科书五上《四季之美》单篇教学设计思路

学习情境	学习任务	学习活动	学习内容	评价设计	课时安排
拍一部"四季"纪录片	剧本组——了解拍摄脚本	活动1：走近大师清少纳言 活动2：读好拍摄蓝本 活动3：确定拍摄时间	1. 了解作者。 2. 学习朗读多音字词语、叠词、长句、课文…… 3. 初步把握文章结构。	1. 朗读评价要点：能读通读顺课文，不读错字，不加字漏字，会合理停顿。能读出叠词的韵味。 2. 把握文章结构评价要点：能找准	3

续表

学习情境	学习任务	学习活动	学习内容	评价设计	课时安排
				每个自然段的中心句，根据中心句中表示时间的词，知晓文章的写作顺序。	
	导演组——推进拍摄进程	活动1：选择拍摄时长 活动2：聚焦拍摄重点 活动3：清晰拍摄风格 活动4：加入重要道具	1. 抓住关键词作批注，感受春天的颜色变化之美。 2. 填写表格，确定夏景的拍摄重点。 3. 确定观点，阐述理由。 4. 探讨道具，体会对比的妙处。	1. 做批注评价要点：能圈画出文中的关键词语，在文本空白处用凝练的词语从不同的角度进行批注。 2. 填表格评价要点：能根据表格要求和内容，进行有目的的阅读。在快速浏览文本的过程中，提取关键信息完成表格。 3. 理由阐述评价要点：能按照"观点＋理由"的方式进行阐述；能紧扣文本提炼出相关理由；阐述时有条理，表述清楚。 4. 体会对比评价要点：能梳理出对比的不同角度；能清晰有条理地阐述	

续表

学习情境	学习任务	学习活动	学习内容	评价设计	课时安排
				对比对于刻画作者独特心境的作用。	
技术组——后期配乐配音		活动1：我是小小配乐师 活动2：我是小小配音员	1. 确定音乐风格，阐述理由。 2. 有感情地朗读课文，用合适的语音语调处理文中的动态描写与静态描写。 3. 互相交流评价。	1. 配乐评价要点：能根据作品特点，选择合适的音乐风格。 2. 配音评价要点：配音通顺、流畅；朗读基调与文本基调吻合；能读出动态描写与静态描写的区别。	
宣发组——作品宣传发布		活动1：设计宣传海报 活动2：设计宣传文案	1. 在海报设计中，会配上图画，设计打动人的宣传语。 2. 在文案设计中，能独立或合作完成文案设计学习单。	1. 海报制作评价要点：宣传语能紧扣主题，指向明确；语言简洁，表述清晰；具有宣传性、鼓动性。图画清晰，图画内容与纪录片内容匹配，图画风格与纪录片风格一致；图画选景视角独特有创意。 2. 文案设计评价要点：内容契合文本，语言简洁凝练，富有诗意与画面感，引人遐想。	

（二）整合方式

"剧本组——了解拍摄脚本"旨在引领学生对文本进行整体感知。在"走近大师清少纳言"的学习活动中了解作者；在"读好拍摄蓝本"的学习活动中正音顺文；在"确定拍摄时间"的学习活动中把握文章结构，初步知道文章总分的构段方式以及时间写作顺序。

"导演组——推进拍摄进程"旨在引导学生对文本精品细读。本学习任务设计四个学习活动，每个学习活动指向一个自然段的品读。在"选择拍摄时长"的学习活动中引领学生发现春天的色变之美；在"聚焦拍摄重点"的学习活动中，引领学生去发现作者不着重写月夜而是着重写黑夜和雨夜的匠心独运；在"清晰拍摄风格"的学习活动中引领学生精准把握作者的独特感受；在"加入重要道具"的学习活动中去体会对比的妙处。

"技术组——后期配乐配音"旨在引导学生有感情地诵读课文。本课的课后习题要求学生"反复朗读课文""背诵课文"。"我是小小配乐师"的学习活动着重引领学生准确把握文章的情感基调。"我是小小配音员"的学习活动着重引导学生有感情地朗读课文。通过情境化的诵读，促进学生内化积累。

"宣发组——作品宣传发布"旨在引导学生进行创意表达。"设计宣传海报"的学习活动改变了语文园地中"庆祝元旦"的原有情景，融入本课的整体情境中对纪录片进行一个海报设计。"设计宣传文案"的学习活动运用学习单和评价表，既帮助学生整体回顾课文，又帮助学生提升表达品质。

三、具体方案与设计意图

同学们，学校正在开展"跨越时空的对话：复活大师经典"的活动。我们班准备以《四季之美》为蓝本，拍摄一部"四季"纪录片，用纪录片来复活大师经典，进行参赛。让我们一起行动吧！

【设计意图】有效的学习情境能够促进学生进行沉浸式的学习。立足于单元的人文主题，紧扣本课的学习内容，创设"拍一部'四季'纪录片"的学习情境，让学生有事做，在做事中成人。

任务一：剧本组——了解拍摄脚本

活动1：走近大师清少纳言

作者简介：清少纳言，日本平安时期著名的女作家，歌人，曾任一条天皇皇后藤原定子的女官。清是姓，宗族中曾有人出任"少纳言"一职，因此，以"少纳言"为其名，代表作《枕草子》。她与紫式部、和泉式部并称平安时期三大才女。

活动2：读好拍摄蓝本

1. 自由朗读课文，读准字音，读通句子。重点指导"红晕""着实"等含多音字词语的读音。

2. 指导读好叠词：一点儿一点儿、微微、红紫红紫、漆黑漆黑、翩翩飞舞、蒙蒙细雨、急急匆匆、熊熊的炭火。

3. 指导读好课文中的长句。

活动3：确定拍摄时间

1. 现在，我要确定每个场景的具体拍摄时间。浏览课文，完成学习单（一）。

```
                     学习单（一）
    拍摄场景：春天   拍摄时间：_____
    拍摄场景：夏天   拍摄时间：_____
    拍摄场景：秋天   拍摄时间：_____
    拍摄场景：冬天   拍摄时间：_____
```

2. 辨析黎明和早晨的意思。

理解"黎"的含义并指导书写。古时候黎是这么写的： ，左边是指结满籽的禾穗，右边是一把刀表示收割，本意是指收割土黑色的黍米。后来引申为黑色。黎表示黑，明表示亮，黎明就是指从黑暗到明亮这个时间点，那是破晓时分，拂晓时分。

3. 拍摄时间，你们是如何确定的？

相机出示每段的中心句。追问：读着这些句子，你有什么发现？

交流要点：句式相同，时间顺序。

4. 如果让你写每个季节的美，你会写什么？

交流后小结：我们在写的时候都选择具体的景物。而作者换了一个角度，写的是时间段。这是作者独特的视角呀！

【设计意图】文学阅读与创意表达学习任务群属于发展型任务群，并不意味着在落实该任务群时可以摒弃基础型任务群。因此，在这一环节，以"类"的意识，整合梳理基础的语文知识，如多音字、叠词等，有效落实了"语言文字积累与梳理"这一基础型任务群的要求。

任务二：导演组——推进拍摄进程

同学们，现在我们开始拍摄了。

活动1：选择拍摄时长

1. 拍摄春天的场景，你会拍摄哪些景物呢？

预设：天空、彩云。

2. 对于这一场景，你会选择如何拍摄呢？完成学习单（二）。

学习单（二）

拍摄时长：□定点短时间拍摄　　□定点长时间拍摄

我的理由是：＿＿＿＿＿＿＿＿＿＿＿＿＿＿＿＿＿＿＿＿＿

＿＿＿＿＿＿＿＿＿＿＿＿＿＿＿＿＿＿＿＿＿＿＿＿＿＿＿＿

小结：是呀，春天黎明的天空有一种变化之美，需要长时间的拍摄，才能拍出这种变化。

3. 请同学们再读文本，你从哪里读到了这种变化？抓住关键词作好批注。

交流分享：

从表示颜色的词可以看出变化：鱼肚色、红晕、红紫红紫，颜色从白到红到紫，颜色逐渐变深。

从表示程度的词可以看出变化：一点儿一点儿、微微，这些词看出变化的缓慢过程。

从表示动作的词可以看出变化："泛"给人感觉颜色从内慢慢地透出来。"染"给人有种慢慢扩散的感觉。"飘"让人感觉云很悠闲，很飘逸。

活动2：聚焦拍摄重点

1. 现在我们来拍摄夏天的场景。这段文字写了几个不同的夜晚？又写了什么独特的景物？它的运动状态是怎样的？请完成下列的表格（如表4-31所示）。

表4-31　不同夜晚的对比

不同的夜晚	独特的景物	运动的状态
月夜	/	/
黑夜	无数的萤火虫	翩翩飞舞
雨夜	一只两只萤火虫	闪着朦胧的微光

2. 这三个夜晚，你会重点拍摄哪个夜晚呢？理由是什么？

3. 为什么不重点拍月夜呢？月夜不美吗？拓展描写月亮的诗歌。（小时不识月，呼作白玉盘。明月松间照，清泉石上流。海上生明月，天涯共此时。）

小结：明亮的月夜古人已经写了很多了，所以作者要着重写一些暗夜和雨夜，这是作者独特的选材。

活动3：清晰拍摄风格

1. 我们来拍摄秋天的场景，你会拍什么景物呢？

交流：乌鸦、大雁、风声、虫鸣、夕阳。

2. 这些景物也在古诗词里出现过。出示：

枯藤老树昏鸦。

夕阳西下，断肠人在天涯。

鸿雁不堪愁里听，云山况是客中过。

萧萧梧叶送寒声，江上秋风动客情。

读诗句，交流：这些诗句里，诗人往往在抒发怎样的感受呢？（孤独、寂寥、忧愁）那么，我们要选择一种压抑的风格，较暗的色调来拍摄秋天的场景吗？

3. 清少纳言写了夕阳，乌鸦，大雁，秋风，她的情感却是动人的，心旷神怡。这是作者独特的感受呀！再读读这段话，你能从字里行间发现清少纳言感动的原因吗？

抓住"急急匆匆""成群结队""比翼而飞"展开想象。

小结：我们要选择明快的画风、温暖的色调来拍摄秋天的场景，才与作者的感受相吻合。

活动4：加入重要道具

1. 我们来拍摄冬天的场景。冬天场景在拍摄时，要加入一个重要的道具，你会加入什么？说说理由。

要点：熊熊的炭火，温暖的火盆。着重引导学生发现该道具与冬日的冷暖对比，动静对比，颜色对比。体会对比的好处。

2. 温暖的火盆与寒冷的冬晨竟如此和谐。难怪作者的心境会如此闲逸。你还从哪里读到这份闲逸？

要点：抓住"捧着""穿过"体会作者心情。你有过这样的经历吗？当时是怎样的感受？

小结：小小的火盆带给了作者一份温暖、一份闲逸。难怪火炭成了白灰，作者会觉得扫兴。

【设计意图】2022版课标在文学阅读与创意表达任务群的教学提示第（2）条指出：感受文学作品语言、形象、情感等方面的独特魅力和思想内涵，提升审美能力和审美品位。在本学习环节中，以"纪录片"的拍摄过程来推进课堂教学，将对文字的品读、感悟融入其中。

任务三：技术组——后期配乐配音

纪录片的初稿拍摄完成了，现在我们要进行后期制作了！

活动 1：我是小小配乐师

1. 给这部纪录片配上音乐，你会选择什么风格的音乐呢？

```
                学习单（三）
    我选择的音乐风格是：_____
    我的理由是：_____
    _____
```

2. 同桌交流，全班交流。

小结：轻快柔和的音乐可以让人在美景中好好欣赏，又与作者的心情相契合，这是不错的选择。

活动 2：我是小小配音员

伴随轻快柔和的音乐，我们给纪录片配上课文朗读吧！评价标准如表4-32 所示。

表 4-32　"我是小小配音员"评价表

学生姓名	★★★	★★	★	自评	同学评
	配音通顺、流畅；朗读基调与文本基调吻合；能读出动态描写与静态描写的区别。	配音基本通顺、流畅；朗读基调与文本基调基本吻合。	配音速度慢，字音有错误。		

【设计意图】对于散文的教学应该"读"占鳌头。通过这种情境化的朗读，让学生内化语言、积累语言，为后续的创意表达打下伏笔。

任务四：宣发组——作品宣传发布

我们的"四季"纪录片制作完成了，现在我们要来好好地宣传发布了！

活动 1：设计宣传海报

你们可以邀请小伙伴一起设计一张海报。要有打动人的宣传语，配上好看的图画，看看哪个小组制作的海报吸引人。评价标准如表 4-33 所示。

表 4-33 "海报设计"评价表

学生姓名	评价维度	★★★	★★	★	自评	同学评
	宣传语	紧扣主题，指向明确；语言简洁，表述清晰；具有宣传性、鼓动性。	紧扣主题，指向明确；语言不够简洁，表述较为清晰；有一定的鼓动性。	不能紧扣主题；语言啰唆，表述不清。		
	图画	图画清晰，图画内容与纪录片内容匹配，图画风格与纪录片风格一致。图画选景视角独特有创意。	图画清楚，图画内容与纪录片内容较匹配，图画风格与纪录片风格较一致。	图画模糊，图画内容与纪录片内容不够匹配，图画风格与纪录片风格不一致。		

活动 2：设计宣传文案

让我们为纪录片的首映礼在朋友圈打 call 吧！自主或者小组合作完成学习单（四），评价标准如表 4-34 所示。

学习单（四）

春天最美是黎明，

_____，

_____；

夏天最美是夜晚，

_____，

_____；

秋天最美是黄昏，

点点归鸦是天空中动人的注脚_____，

风声虫鸣又是大地上美妙的音符_____；

冬天最美是早晨，

_____，

_____。

季节轮回，光阴流转，

四季之美，尽在《四季》，

_____月_____日，重磅来袭，敬请期待。

表 4-34 "文案设计"评价表

学生姓名	★★★	★★	★	自评	同学评
	内容契合文本，语言简洁凝练，富有诗意与画面感，引人遐想。	内容较为契合文本，语言不够简洁凝练，有画面感，能引人遐想。	内容不契合文本，语句啰唆，没有画面感，不能引人遐想。		

【设计意图】文学阅读与创意表达任务群要"鼓励学生……运用多种多样的形式呈现作品，发挥自己的创造性""引导学生成为……有创意的表达者"。本环节中，让学生在海报设计和文案设计中创意表达，彰显个性。

触摸自然，开启"打卡"之旅
——六上《草原》《丁香结》组合教学设计

一、学习内容与学习目标

（一）学习内容

统编教材六上第一单元以"触摸大自然"为主题，编排了《草原》《丁香结》《古诗词三首》《花之歌》四篇课文。从文体看，本单元有散文、诗歌、散文诗等体裁，符合文学阅读与创意表达学习任务群第三学段第（2）条学习内容的要求。从语文要素看，本单元的语文要素是"阅读时能从所读的内容想开去""习作时发挥想象，把重点部分写得详细一些"，该语文要素强调"想开去""发挥想象"，与文学阅读与创意表达学习任务群定义中关键的行为动词"联想想象"相契合。因此，本单元是落实文学阅读与创意表达学习任务群的重要载体。

本案例组合前两篇课文，进行文学阅读与创意表达学习任务群的设计。这两篇课文均是精读课文，且体裁相同，都属于散文。两位作者在描述景色时均融入了丰富的想象和联想，抒发了自己独特的感受和人生思考。

（二）学习目标

1. 正确、流利、有感情地朗读课文。读准"勒""蒙""薄"等6个多音字，会写"毯""缀"等20个字。通过联想，理解"渲染""翠色欲流""朦胧""潇洒"等词语的含义。能运用学习单梳理文章脉络。

2. 通过字词品析，想象画面，揣摩优美的语句，感受草原的美好风光与风土人情，体会蒙汉人民的深厚情谊。

3. 通过比较品读，联系生活经验，理解课文中含义深刻的句子，感悟丁香结的象征意义以及作者由丁香结生发的人生感慨。

4. 通过创作诗句、写排比句撰写朋友圈文案，依托评价表进行自评互评,提升学生的表达能力与品鉴能力。

二、整体思路与整合方式

(一) 整体思路

《草原》描绘了内蒙古大草原美丽的自然风光和浓郁的风俗民情。《丁香结》描写了北京城内外丁香的美丽姿态,记述了由"丁香结"生发的联想。课文语言优美,想象丰富,对激发学生阅读兴趣,提升学生的思维品质,实现自主精神成长都具有重要意义。

本案例以"触摸自然"为学习主题,创设"开启'打卡'之旅"的学习情境,设计"特种兵打卡""沉浸式打卡""朋友圈打卡"三个学习任务,细化为七个学习活动。让学生走出书斋,到大自然中触摸祖国的大好河山,感受大自然的独特魅力,养成"从阅读的内容想开去"的阅读习惯,体会文学阅读与创意表达的无穷乐趣。

七个学习活动中,前五个活动主要指向文学阅读,在读通课文的基础上,指导学生品词悟句,展开想象,读出散文的味道。后两个学习活动主要指向创意表达。根据评分标准,展开想象创作,发挥学生创造美的能力,展示多样的学习成果,引导学生成为有创意的表达者(如表 4-35 所示)。

表 4-35 统编版小学语文教科书六上第一单元
《草原》《丁香结》组合教学设计思路

学习情境	学习任务	学习活动	学习内容	评价设计	课时安排
触摸自然开启"打卡"之旅	特种兵打卡	活动1:快速梳理行程 活动2:快速打卡景物 活动3:快速摘录感受	1. 梳理文章的脉络。 2. 运用想象理解词语含义,进行词语的归类整理。 3. 摘抄作者感受,进行写字指导。	1. 梳理文脉评价要点:能借助学习单梳理文脉,用小标题概括画面。 2. 学习字词评价要点:能借助表格找准景物与特征,	1

续表

学习情境	学习任务	学习活动	学习内容	评价设计	课时安排
				进行归类积累；能通过"读词语想画面"准确理解词意；能抓住关键笔画，正确书写。 3. 摘抄感受评价要点：不漏字，不添字，无错字。笔画自然流畅，字迹工整。字体大小匀称，间距行距合适。卷面整洁，无涂改痕迹，书写速度较快。	
沉浸式打卡		活动1：跟随老舍慢慢看 活动2：跟随宗璞慢慢思	1.《草原》 词句辨析，体会草原景美；抓关键词想象品读，体会蒙汉情深；想象补白，训练奇特想象，学会表达。 2.《丁香结》 理解宗璞的人生感悟，比较辨析与古人的区别，结合自己的经验，说说自己更认可哪种感悟。	1. 词句辨析评价要点：能根据词意辨析词语的细微差别；能结合文本语境清晰而准确地阐述作者用词的意图。 2. 想象补白评价要点：能根据要求，围绕文本情境展开想象。想象合情合理，描述生动，富有创意。 3. 人生感悟理解	2

续表

学习情境	学习任务	学习活动	学习内容	评价设计	课时安排
				评价要点：能从"人生的常态"和"积极的心态"两个维度进行阐述，语言准确完整，意思清晰明了。	
朋友圈打卡		活动1：诗句创作来打卡 活动2：巧用排比来打卡	1. 创作有韵律的诗歌。 2. 体会排比的好处，尝试写排比句。	1. 诗歌创作评价要点：能够结合课文内容进行创作，注重押韵和对仗。 2. 排比句创作评价要点：内容紧扣主题，能从不同维度展开写，语词优美。	1

（二）整合方式

"特种兵打卡"的学习任务，通过快速梳理行程、快速打卡景物等学习活动引导学生整体感知。让学生在梳理文章脉络的过程中落实基础性学习任务——字词的理解、梳理与积累。

"沉浸式打卡"的学习任务，通过比较品读，拓展阅读，想象补白等活动，品味优美语言，体会作者丰富的想象与独特感受。让学生在散文阅读中感受独具魅力的文学语言，在开拓视野、发展思维的同时，感受大自然的美丽与神奇，获得个性化的审美体验，促进学生核心素养的形成。

"朋友圈打卡"的学习任务，旨在激发学生表达的欲望，给学生提供展示的平台，引导学生发挥创造力主动创作，积极表达。各项活动的评价标准的设计，是为了引导学生更准确地评价自己和同学，达到教学评的一致性。

三、具体方案与设计意图

同学们，你们一定非常喜欢旅行吧。你看草原多辽阔，花儿迷人眼，山河多壮丽……（同时出示相关图片）欣赏了这些美景，不禁让人想背起行囊，去触摸山川湖海的心跳。孩子们，让我们一起触摸自然，开启打卡之旅吧！

【设计意图】课堂开始，教师创设"触摸大自然"这样的学习情境，这属于"虚拟的真实情境"。这种"虚拟的真实"是一种文学体验的情境，它将学生带入想象的世界，去体验大自然的美，激发热爱大自然，热爱祖国的情感。

任务一：特种兵打卡

同学们，我们首先进行的是特种兵打卡。特种兵打卡讲究的是一个"快"字，现在我们开始快速行动吧！

活动1：快速梳理行程

1. 快速阅读《草原》，想一想：作者访问哪里？在访问的过程中，看到了哪三幅画面？完成学习单（一）。

```
┌─────────────────────────────────────────────────┐
│                  学习单（一）                    │
│  ┌──────────┐    ┌──────────┐    ┌──────────┐   │
│  │          │    │          │    │          │   │
│  │          │    │          │    │          │   │
│  │          │    │          │    │          │   │
│  └──────────┘    └──────────┘    └──────────┘   │
│  ─────────────────────────────────────────────  │
│                                  ┌──────────┐   │
│                                  │          │   │
│    初入草原         访问途中     │          │   │
│                                  └──────────┘   │
└─────────────────────────────────────────────────┘
```

(1) 交流并拓展陈巴尔虎旗的资料。

巴尔虎是蒙古族的一个部落。由于巴尔虎蒙古人迁至呼伦贝尔的时间不同，故称先来为陈巴尔虎，后来者为新巴尔虎。旗是内蒙古自治区独有的行政单位，属于县级行政区，行政地位与县相同。陈巴尔虎旗是内蒙古自治区呼伦贝尔市辖旗，位于内蒙古自治区东北部、呼伦贝尔市西北部。

强调多音字"蒙"的读音。关注音变，区分"蒙古""蒙汉"的读音。相机拓展本课其他多音字：勾勒、一行。

(2) 三幅画面交流重点：草原美景图、喜迎远客图、主客联欢图。

(3) 想一想，课文是按什么顺序写的。

2. 快速浏览《丁香结》，想一想：作者写了哪三个地方的丁香？完成学习单（二）。

```
                    学习单（二）

    地点 1：_____
    地点 2：_____        景物：丁香      丁香
    地点 3：_____                       图片
```

(1) 交流重点：城里街旁的丁香、城外校园的丁香、斗室屋外的丁香。

(2) 指导朗读相关自然段。重点指导读准含有多音字的词语：参差、单薄、模糊。

(3) 出示丁香的图片。理解"花苞""花蕾"。

活动 2：快速打卡景物

美丽的景致怎么也看不够，让我们快快把美景记下来吧。选用文章的词语，完成下列表格（如表 4-36 所示）。

表 4-36 景物快速打卡表

课文	景物	特征
《草原》		
《丁香结》	丁香	

1. 聚焦《草原》，展开交流。

（1）表格要点交流。

景物：天空、小丘、骏马、大牛、小鸟、河……

特征：明朗、一碧千里、绿色渲染、翠色欲流、迂回、明如玻璃、静立不动、群马疾驰……

（2）运用"读词语，想画面"的方法理解"渲染""翠色欲流""迂回"等词语意思。拓展描绘草原的成语或词组。

（3）用上文中的词或者拓展的词，说说草原美景。

2. 聚焦《丁香结》，展开交流。

（1）表格要点交流。特征：半树银妆、星星般的小花、缀满枝头、白的潇洒、紫的朦胧、淡淡的幽雅的甜香、香气直透毫端、莹白、十字小白花……

（2）读着这个词语，你仿佛看到什么画面？相机理解"缀满""朦胧""潇洒"等词语意思。重点指导"缀""幽"的书写。（"缀"重点关注"又"的变形，"幽"重点指导笔顺。）

（3）将这些词语归类。想一想：作者从哪几个方面写了丁香花？（形状、颜色、气味）尝试用上这些词描绘丁香花。

活动3：快速摘录感受

在触摸自然的过程中，作者产生了什么感受呢？找出相关语句，摘录下来，完成学习单（三）。

```
┌─────────────────────────────────────────────────┐
│                  学习单（三）                    │
│  老舍的感受1：_____  │
│  _____  │
│  老舍的感受2：_____  │
│  _____  │
│  宗璞的感受1：_____  │
│  _____  │
└─────────────────────────────────────────────────┘
```

1. 交流要点：老舍的感受集中在第一自然段和最后一个自然段。宗璞的感受集中在最后一个自然段。

2. 对学生摘抄情况进行评价，评价标准如表 4-37 所示。

表 4-37 "摘抄情况"评价表

学生姓名	★★★	★★	★	自评	同学评
	不漏字，不添字，无错字。笔画自然流畅，字迹工整。字体大小匀称，间距行距合适。卷面整洁，无涂改痕迹，书写速度较快。	不漏字，不添字，无错字。笔画较为流畅，字迹较为工整。字体大小基本匀称，间距行距基本合适。卷面基本整洁，无明显涂改痕迹，书写速度一般。	有漏字、添字、错字现象。笔画不流畅，字迹不工整。卷面不整洁，有涂改痕迹，书写速度慢。		

3. 作者为什么会有这样的感受呢？下面我们一起进入下一个任务——沉浸式打卡，发现其中的奥秘吧！

【设计意图】这个学习任务的设计立足于旅游"打卡"的情境，既调动了学生的积极性，激发学生的求知欲，又很好地落实了基础性的学习任务。

任务二：沉浸式打卡

同学们，沉浸式打卡需要我们慢慢看、慢慢思，就让我们跟随作者在文中慢慢走吧！

活动1：跟随老舍慢慢看

1. 草原美景慢慢看。

（1）回顾老舍的第一处感受：这种境界，既使人惊叹，又叫人舒服……好像回味着草原的无限乐趣。为什么老舍会有这样的感受呢？引导学生品读第一自然段。

（2）词句辨析：

空气是那么清鲜——为什么不用"新鲜"？

天空是那么明朗——为什么不用"晴朗"？

在天底下，一碧千里，而并不茫茫——有人说"天苍苍，野茫茫"，为什么作者却说"并不茫茫"呢？

翠色欲流——为什么不说绿色欲流？"欲流"与后文的"轻轻流入云际"是否矛盾？

（3）总结写法：有着这样美妙的风景，才有作者这独特的感受。这便是作者"景物＋感受"的写法，这也是借景抒情。

（4）迁移运用：同学们，当你置身于草原美景之中，你会想些什么？又会做些什么呢？尝试写一写你的感受。如果配上景物描写就更好了！

2. 民族风情慢慢看。

（1）回顾老舍的第二处感受：蒙汉情深何忍别，天涯碧草话斜阳！为什么老舍会有这样的感受呢？引导学生聚焦"喜迎远客图"和"主客联欢图"。

（2）"喜迎远客图"抓住反复出现的动词"飞""欢呼""握""说"等词体会主人见到客人时的喜悦之情。

（3）"主客联欢图"抓住反复出现的动词"敬酒""唱歌""跳舞"等词体会主人的热情好客。

（4）天下无不散的宴席。此刻，我们要和蒙古兄弟分别了。我们和蒙古兄弟会如何分别呢？完成学习单（四）。

学习单（四）

夕阳渐渐西沉，谁也不肯走。＿＿＿＿＿＿＿＿＿
＿＿＿＿＿＿＿＿＿＿＿＿＿＿＿＿＿＿＿＿＿＿＿＿
＿＿＿＿＿＿＿＿＿＿＿＿＿＿＿＿＿＿＿＿＿＿＿＿

活动 2：跟随宗璞慢慢思

1. 回顾宗璞的感受：每个人一辈子都有许多不顺心的事，一件完了一件又来。所以丁香结年年都有。结，是解不完的；人生中的问题也是解不完的，不然，岂不太平淡无味了吗？

2. 理解其中含义。

预设 1：生活中总有各种各样的烦恼、忧愁，这是一种常态。如果生活中没有任何困难，反而缺乏起伏，就太平淡无味了。

预设 2：人生中充满了坎坷，布满了荆棘，这是不可避免的，我们应该正视它，坦然面对它，并以积极的态度战胜它。

预设 3：生活中会遇到不顺心的事，会遇到很多困难，我们要以平常心来面对它，用科学的方法战胜它，我们就能享受到战胜困难后的快乐，如果没有了困难，人生就会平淡乏味。

3. 同样是丁香花，宗璞的感受和古人的感受有什么不一样？完成表格。

表 4-38　古人描写丁香的作品与感受

景物	古人描写丁香的作品	古人的感受
丁香		

依据表格展开交流：

（1）为什么古人会把丁香与愁怨联系起来呢？拓展课后链接中的诗句。

（2）宗璞为什么会有着与众不同的感受呢？拓展宗璞自身的经历（经受病痛的折磨）。

（3）你更喜欢谁的感受？为什么？结合自己的经验说一说。

小结：古诗中寄寓了丁香结愁怨、忧思的情感，而作者反其道而行之，赋予了丁香结积极豁达的情怀。

【设计意图】面对大千世界的人、事、物、景，学生要学会抒发自己的内心感受，表达自己对事物的看法。这个学习任务的设计从作者的感悟出发，在词语品读、想象补白、迁移运用中，让学生理解作者有此感受的缘由，也让学生透过客观事物表象，运用想象和联想，去感受与之有联系的情和理。

任务三：朋友圈打卡

同学们，我们触摸自然的旅程快要结束了，让我们梳理一下我们的收获，在朋友圈打卡吧！

活动1：诗句创作来打卡

1. 找一找文中的诗。同学们，这两篇文章中都有诗，有的是作者自己创作的，有的是作者引用他人诗作，我们一起来找一找。
2. 读一读文中的诗。把找到的诗句读一读。
3. 写一写自己的诗。出示老舍的《扎兰屯》：

> 诗情未尽在苏杭，幽绝扎兰天一方。
> 深浅翠屏山四面，回环碧水柳千行。
> 牛羊点点悠然去，凤蝶双双自在忙。
> 处处泉林看不厌，绿城徐入绿村庄。

诵读此诗后试着模仿《扎兰屯》把《草原》第一段改写成一首小诗。评价标准如表4-39所示。

表4-39 "诗句创作"评价表

学生姓名	★★★	★★	★	自评	同学评
	能够结合课文内容进行创作，注重押韵和对仗。对平仄不作要求。	能够结合课文内容进行创作，诗句内容完整，基本能注重押韵和对仗。	基本能够结合课文内容进行创作，诗句没有押韵，没有对仗。		

活动2：巧用排比来打卡

1. 出示"语文园地一"中词句段运用的例子。读一读，说说句子的特点。体会排比的好处。

2. 出示相关旅游景点含有排比句的宣传语。

莫干山景区：山中若眠，枕的是月；夜中若渴，饮的是露；心中若闷，听的是竹林涛声。

3. 尝试为宗璞笔下的丁香写上一段排比句。评价标准如表4-40所示。

表4-40 "排比句创作"评价表

学生姓名	★★★	★★	★	自评	同学评
	内容紧扣主题，能从不同维度展开写，语词优美。	内容基本能紧扣主题，基本能从不同维度展开写，语词基本优美。	内容基本能紧扣主题，不能从不同维度展开写，语词不够优美。		

【设计意图】这个学习任务的设计整合学习内容——语文园地中词句段的运用，整合"打卡"情境，让学生在朋友圈的打卡任务中进行创意表达。评价表的使用，又让学生明确文案的标准，既可以评价自己，也可以评价同学，实现了语言的迁移运用。

第五章 "人与社会"主题课例

第一节 低段"童心天真"主题课例

我和动物交朋友
——一下《动物儿歌》单篇教学设计

一、学习内容与学习目标

（一）学习内容

统编教材一下第五单元编排了四篇以韵文、儿歌为主的识字课文，分别是《动物儿歌》《古对今》《操场上》《人之初》，它们图文并茂，易读易懂易记，贴近学生生活。从单元编排来看，此单元应该归属于语言文字积累与梳理学习任务群。从文学阅读与创意表达学习任务群第一学段第（3）条的学习内容"学习儿歌、童话，阅读图画书，体会童真童趣，感受多姿多彩的生活"来看，儿歌也可以落脚于文学阅读与创意表达学习任务群。此单元中的《动物儿歌》以简洁生动的语言，向孩子们介绍了六种小动物的生活习性，展现了大自然美好快乐的画面。本课例尝试把《动物儿歌》放到文学阅读与创意表达学习任务群中进行教学，一方面注重识字写字等基本教学目标的达成；另一方面创设情境，让学生在动物王国里穿梭，感受动物世界的多姿多彩，学习并仿说儿歌独特的语言，达成低段儿歌阅读与仿说表达的学习目标。

（二）学习目标

1. 继续了解形声字的构字规律；运用规律认识"蜻""蜓"等 12 个生字，读准多音字"藏""结""间"，会写"间""迷"等 7 个生字，理解"造宫殿"等词语的意思。

2. 正确、流利、有感情地朗读儿歌。通过图文对照、动作表演、展开想象等方法品读儿歌，了解动物有趣的生活习性，感受儿歌的韵律美和画面美。

3. 能发现儿歌句式特点，仿照课文句式续编儿歌，以图文结合的方式介绍动物的活动特点，表达对动物的喜爱之情。

二、整体思路与整合方式

（一）整体思路

文学阅读与创意表达学习任务群第一学段重在引导学生初步体验文学阅读的乐趣，让学生通过朗读和想象等活动，从文学作品的语言中直接感知、大体感受事件、人物或作品的情境、节奏和韵味，模仿文学阅读中积累的句式进行口头表达练习，将思维活动直接转化为语言表达。

本案例以"我和动物交朋友"为学习情境，带着学生畅游动物园，在"和小动物打招呼""发现小动物的秘密""创编小动物儿歌"三个学习任务中进行积极的语言实践活动，学生朗读富有童趣的语言，学习用口头或图文结合的方式创编儿歌，在朗读和创编中达成学习目标（如表 5-1 所示）。

表 5-1　统编版小学语文教科书一下识字 5《动物儿歌》教学设计思路

学习情境	学习任务	学习活动	学习内容	评价设计	课时安排
我和动物交朋友	和小动物打招呼	活动 1：认读小动物名字 活动 2：发	1. 通过带拼音认读和去拼音认读，认识文中出现的六种小动物名称。	1. 朗读评价要点：词语朗读正确、流利。 2. 学习形声字评	2

续表

学习情境	学习任务	学习活动	学习内容	评价设计	课时安排
		现名字里的秘密 活动3：根据秘密猜猜其他小动物的名字	2. 观看"虫"字旁的演变过程，认识"虫"字旁，发现形声字的特点。 3. 根据形声字构字规律猜一猜不认识的生字读音。	价要点：准确说出形声字的"声旁表音，形旁表义"构字规律；能利用规律准确认读生词"蚊子""蝈蝈"。	
	发现小动物的秘密	活动1：读一读儿歌 活动2：找一找"密码"	1. 通过自读、齐读、赛读等多种方式朗读课文。 2. 通过交流找到小动物活动地点和活动方式，发现课文表达密码，发挥联想，想象小动物活动的场景，积累课文语言。相机学习生字"网"和"迷"。	1. 朗读评价要点：儿歌朗读正确、流利、有节奏。 2. 了解文本特点评价要点：能够准确说出小动物的活动地点和活动方式；能发现课文采用了"谁在哪里干什么"的表达句式；能紧扣儿歌内容，用自己的话介绍动物的活动方式，语言清晰、响亮、流畅。	
	创编小动物儿歌	活动1：大显身手，创编儿歌 活动2：展示作品，评价儿歌	1. 仿照课文表达方式，描写其他小动物。 2. 根据评价单要求评一评自己和同伴的作品。	1. 创编评价要点：能运用课文的句式，内容正确。 2. "学会评价"评价要点：能够根据评价要点评自己、	

续表

学习情境	学习任务	学习活动	学习内容	评价设计	课时安排
		活动3：给文配图，花式创编，参加展览	3. 给自己创编的儿歌配上图画，或者仿照课外儿歌的句式进行口头创编，并积极参加作品展览会。	评同伴，大方自信地发言。	

（二）整合方式

本课教学创设"我和动物交朋友"的有趣情境，学生先识字读文，再诵读儿歌，积累文中富有特点的语言，然后模仿课文句式进行创意表达训练，激发学生对动物的喜爱之情和主动探索大自然的兴趣。

"和小动物打招呼"旨在采用多种方式朗读儿歌、识记生字，巩固形声字构字规律。本课例虽然放在文学阅读与创意表达学习任务群中设计学习活动，但本单元是学生第二次接触集中识字单元，因此设计了"认读小动物名字""发现名字里的秘密""根据秘密猜猜其他小动物的名字"三个学习活动，把生字识记、词语积累和儿歌朗读进行有机融合，以达成语言文字积累与梳理的基础性教学目标。

"发现小动物的秘密"旨在通过拼读儿歌，整体感知课文内容，读通读顺儿歌，运用多种形式的朗读，了解文本特点，感受并发现课文句子的表达密码——"人物＋地点＋活动"，欣赏凝练而富有趣味的儿歌语言，展开丰富的想象，用自己的话说说小动物活动的画面，感受动物生活的多姿多彩。

"创编小动物儿歌"旨在借助文本范式，发挥想象力，仿照课文续编儿歌，表达对动物的喜爱，提高表达的丰富性和创造性，并大胆与他人分享自己编写的小动物儿歌。

三、具体方案与设计意图

亲爱的小朋友们，你们愿意和小动物做朋友吗？今天老师带着大家进入动物王国，到了那里，大家可要主动去找一找你喜欢的小动物，认识他们、了解他们，和他们交上朋友！同学们闭上眼睛，我们乘坐飞船，出发！动物王国到啦！赶紧睁开眼睛，主动去寻找好朋友吧！

【设计意图】通过"动物王国"这个沉浸式学习场景营造轻松愉快的学习氛围，激发学生的学习兴趣，产生"要与动物交朋友"的期待。

任务一：和小动物打招呼

活动1：认读小动物名字

1. 瞧，动物王国里的小动物们都在欢迎我们呢，你认识它们吗？

学生说出小动物的名称，教师出示带拼音的词卡，相机正音。（蜻蜓——读准后鼻音；蚂蚁——两个第三声的词语，尾音不拖拉；蚯蚓——读准前鼻音以及第三声的尾音不拖拉；蜘蛛——翘舌音）

2. 这么多的小动物都来到了课堂中，大家快跟它们打打招呼吧！（齐读词串）

qīng tíng   hú dié   qiū yǐn   mǎ yǐ   kē dǒu   zhī zhū
蜻蜓   蝴蝶   蚯蚓   蚂蚁   蝌蚪   蜘蛛

3. 小动物们抖了抖身子，头上的拼音帽子不见啦！小朋友们，你们还认识它们吗？（去掉拼音，开两组火车检查朗读）

活动2：发现名字里的秘密

1. 这些小动物们说：小朋友们，你们真是太聪明了，一下子都记住了我们的名字。现在，我们站成一队，你发现了什么？（这些小动物的名字都是虫子旁）

2. 小动物夸奖你们都有一双像孙悟空一样的火眼金睛，一下子就找到了它们的共同点——都有一个"虫"字旁。古时候的人是怎么写"虫"字的呢？

请看！

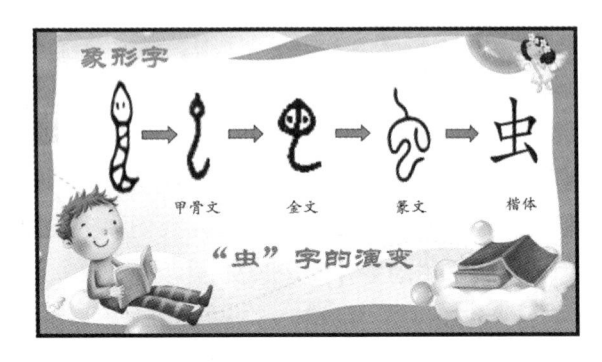

图 5-1 "虫"字的演变

甲骨文中,"虫"字就像一条细长的虫,慢慢演变成为我们现在所书写的"虫"。

拓展：古人会把很多动物都称之为虫。蛇称之为长虫,大老虎称为大虫,对人类有害的统称为害虫,对人类有益的都称为益虫。虫还可以用来形容人,特别懒的就叫他——懒虫,很爱看书的人就称他为——书虫。

3. 这些字除了都是虫字旁,还有什么共同特点吗？

要点：这些字都是形声字。"虫"字就是它们的形旁,表示它们的意思,右半边的部分是声旁,表示它们的读音。

活动3：根据秘密猜猜其他小动物的名字

师：动物王国还有些小伙伴也想跟大家见面呢,让我们来猜猜它们是谁。

(出示词语：蚊子、蜈蚣、蝈蝈) 学生根据形声字的构字规律猜一猜。

【设计意图】识字写字是一切语文学习的基础。本学习任务主要指向本课的基础性教学目标：正确流利地朗读字词,发现汉字的构字组词特点,感受汉字的文化内涵,奠定语文基础。本任务从认读六个小动物名称出发,归类识字,激发学生与小动物交朋友的热情,教给学生识字积累的方法,为形声字学习打下基础。

任务二：发现小动物的秘密

活动 1：读一读儿歌

1. 初读儿歌，读正确、流利。

师：大家认识了动物王国的蜻蜓、蝴蝶、蚯蚓、蚂蚁、蝌蚪、蜘蛛，你们最想和谁交朋友呢？别着急，这些小动物钻进了一首儿歌中，小动物们说：小朋友，你们要是能够把儿歌读正确、读流利，我们就和你交朋友！赶紧自己去读读儿歌吧！

指名学生读课文。

2. 再读儿歌，读出节奏和韵律。

师：小朋友，我们一起一边拍手一边朗读儿歌。

师：喜欢一边拍手一边读儿歌吗？为什么？

引导学生发现朗读儿歌要读出节奏和韵律。

全体学生边拍手边齐读儿歌。男女生比赛读一读。

相机评价：声音响亮，字音不拖拉；节奏感强，读出儿歌的韵律。

活动 2：找一找"密码"

1. 交流小动物活动地点。

（1）小朋友已经把儿歌读得又正确又流利，小动物都在等着你们去找它们玩呢！请大家再来读读儿歌，这些小动物都在哪儿呢？在书上用"（　　）"标出"半空""花间""土里""地上""池中""房前"。

（2）小动物们在不同的地方迎接大家，它们待的地方就有表示方位的字："间""里""上""中""前"。学习生字"间"。

2. 交流小动物活动方式。

（1）小动物在这些地方干什么？在书上用"＿＿＿"画出来。学生画出"展翅飞""捉迷藏""造宫殿""运食粮""游得欢""结网忙"。

（2）教学"展翅飞""游得欢""结网忙"。

①小蜻蜓是怎么飞的？（出示图片）能学学它的样子吗？像它这样把翅膀

张开，就叫"展翅"。读一读词语"蜻蜓展翅"，再读一读课文第一行"蜻蜓半空展翅飞"。

②小朋友们看，你看到了什么？（出示图片）课文中用哪一句话来描写的？（蝌蚪池中游得欢）

拓展运用：在前面课文中，小公鸡找到许多虫子，吃得很——欢，小朋友玩游戏会玩得很——欢，那你还会说：_____得欢。

③大家见过蜘蛛结网吗？（出示图5-2）学生结合"网"字的演变学习"网"字并组词。

图 5-2 "网"字的演变

(3) 学习"捉迷藏""造宫殿""运食粮"。

①蝴蝶在花间干什么呢？（出示图5-3）教学"迷"字。

图 5-3 "迷"字的演变

记忆字形：可以用加一加的方法，"米"代表字音，"走之"代表意思，它是形声字。

指导书写：让我们把"迷"送入田字格中，走之的字有句口诀"走之走之，先装货物再赶路"，"迷"字中装的货物是米，先写米：点低撇高，竖在竖中线。走之是比较难写的，一笔点，稍高；二笔横折折撇，写得瘦长些；三笔平捺，在横折折撇的前面起笔，先微微往上，然后往下避让，最后顿一顿，拖捺脚。

②小朋友，你们想不想和蝴蝶一样，去花丛中捉迷藏？请几个小朋友上台演一演。

师：（拉住一位学生）小蝴蝶小蝴蝶，我想问问你，你飞来飞去这是在干吗啊？

生：我在花丛中飞来飞去是在采食花蜜，传播花粉呢！

师：那蚯蚓和蚂蚁又在忙什么呢？（预设：蚯蚓在泥土里造宫殿。要下雨了，小蚂蚁在搬运粮食）

师：小蚯蚓真是个小小建筑师，小蚂蚁真是勤劳能干，看看课文里是怎么夸它的，谁来读读课文句子？

师：这句话中有两个动词，找一找呢！

师：观察一下这两个字有什么共同特点？（出示：造、运）

生：都有部首"走之"，都是形声字，造是告加走之底，运是云加走之底。

3. 交流儿歌表达密码。

(1) 今天我们来到了动物王国寻找动物朋友，大家都交上好朋友了吗？真是太开心了，现在让我们起立，板凳塞进课桌，一边表演一边朗读吧！

(2) 看了你们的表演，老师也想加入你们了，让我们加点难度，我来问，你们答。出示学习支架（一）。

蜻蜓（哪里）展翅飞？蝴蝶（哪里）捉迷藏？蚯蚓（哪里）造宫殿？蚂蚁（哪里）运食粮？蝌蚪（哪里）游得欢？蜘蛛（哪里）结网忙？

现在老师换个问法，你们能不能回答？出示学习支架（二）。

蜻蜓半空（干什么）？蝴蝶花间（干什么）？蚯蚓土里（干什么）？蚂蚁地上（干什么）？蝌蚪池中（干什么）？蜘蛛房前（干什么）？

有没有发现这首儿歌有什么秘密？

学习支架（一）	学习支架（二）
蜻蜓（　　　）展翅飞，	蜻蜓半空（　　　　　），
蝴蝶（　　　）捉迷藏。	蝴蝶花间（　　　　　）。
蚯蚓（　　　）造宫殿，	蚯蚓土里（　　　　　），
蚂蚁（　　　）运食粮。	蚂蚁地上（　　　　　）。
蝌蚪（　　　）游得欢，	蝌蚪池中（　　　　　），
蜘蛛（　　　）结网忙。	蜘蛛房前（　　　　　）。

学生交流：这首儿歌是按照"谁在什么地方干什么"的句式写的。

【设计意图】学习过程中，充分利用插图和学生的生活经验，采用字理识字、熟字识字、语境识字等多种识字方法，发展学生的识字能力。本课儿歌朗朗上口，每一行都是由"谁""在哪里""干什么"三个部分组成，这是学生学习语言表达的最好范例。课堂上，学生采用多形式朗读，读出了儿歌的节奏和韵律，欣赏儿歌经典的语言。学生再采用图文对照、做做动作、展开想象等方法，理解儿歌，感受儿歌语言和小动物形象的独特魅力，为任务三的创编打下基础。

任务三：创编小动物儿歌

活动1：大显身手，创编儿歌

1. 在动物王国里，可不止这些小动物有有趣的生活方式。小朋友们，你们还知道哪些动物？它们又有哪些特别的生活习性呢？相机出示小兔拔萝卜、蜜蜂采蜜、鸭子学游泳等图片。

2. 瞧，老师又带来了几首动物儿歌，我们来读一读吧。说一说，你发现了这些儿歌的什么秘密。

小鸽子飞呀飞，唱起歌来咕咕咕；小鸭子摇呀摇，唱起歌来嘎嘎嘎；小青蛙跳呀跳，唱起歌来呱呱呱；小花猫走呀走，唱起歌来喵喵喵。

小小鸡，尖尖嘴，地上捉虫叽叽叽；小鸭子，扁扁嘴，水里游泳嘎嘎嘎。

3. 仿照书上或者拓展的儿歌句式创编儿歌。

活动2：展示作品，评价儿歌

小朋友先把自己写的儿歌读好，再读给同桌听，让你的同桌根据评价表评一评，看看你的作品能得几颗星（如表5-2所示）。

表5-2　创编儿歌评价表

评价标准	互评（涂星）
采用了儿歌里的句式。	☆☆☆
句子通顺，读起来朗朗上口。	☆☆☆
想象丰富，写了五句话以上。	☆☆☆

活动3：给文配图，花式创编，参加展览

动物王国的小动物们听到了你们创作的儿歌，都十分高兴，还不停地感谢你们呢。它们说，小朋友要是能够给自己配配图，那就更好了。小朋友们，能不能满足小动物们的心愿？那课后就给自己创作的儿歌配上图画，等小朋友们的作品都完成之后，我们就要举行"我和动物交朋友"作品展览会，大家想不想参加？赶紧行动吧！

【设计意图】叶圣陶先生曾说："阅读是吸收，写作是倾吐。倾吐能否合乎法度，显然与吸收有密切的联系。"可见阅读与表达之间有着密不可分的关系。学生学习课文独特的表达密码，感受多姿多彩的动物世界，为本任务的展开做了铺垫。学生仿照句式说说小动物丰富的活动，展现了自己的学习成果；将创编的儿歌用图画来呈现，展现了语言与图画的多种意蕴；在学习课文表达形式的基础上鼓励学生结合课外读过的儿歌，花式创编动物儿歌，在创作中拓展思维，提高语言运用能力，真切地感受祖国语言文字的魅力——同一个场景、同一个画面，可以用不同的语言去表达；积极参加作品展览会，使学生有获得成功的机会和体验，这是对学生积极参与学习活动最好的肯定和表扬。

玩转沙滩，探寻童话的快乐天地
——二下《沙滩上的童话》教学设计

一、学习内容与学习目标

（一）学习内容

统编教材二下第四单元从儿童视角出发，编排了一首儿童诗《彩色的梦》，三篇童话故事《枫树上的喜鹊》《沙滩上的童话》《我是一只小虫子》，课文都以第一人称来叙述描写，都充满了丰富的想象，凸显了热爱生活、热爱自然的童心。单元内容契合文学阅读与创意表达学习任务群第一学段第（3）条学习内容"学习儿歌、童话，阅读图画书，体会童真童趣，感受多姿多彩的生活，初步体验文学阅读的乐趣"。《沙滩上的童话》立足孩子在沙滩上修筑城堡的情境，依托想象编织童话故事，表现了孩子们纯真的童心和快乐的生活。课文插图以大海、沙滩为背景，呈现了孩子们在沙滩上垒筑城堡、编织童话的情景，富有生活气息，营造了一种快乐的氛围。本课例以《沙滩上的童话》为载体，呈现第一学段文学阅读与创意表达学习任务群的单篇教学设计。

（二）学习目标

1. 认识"堡""插"等16个生字，读准多音字"量"，会写"周""围"等9个字；在具体语境中理解"凶狠""商量""反驳"等词语的意思。

2. 正确、流利、有感情地朗读课文，抓住提示语和关键词读好人物对话，感受儿童在沙滩上玩耍的快乐。

3. 根据提供的"开头"和"词语"展开想象创编故事，提升口语表达能力和想象能力。

二、整体思路与整合方式

(一) 整体思路

"立足童话的情境，运用学到的词语，把想象的内容写下来"是单元学习重点。本单元内容立足孩童纯真善良的童心，蕴含着对自然、对生活的无限热爱和赞美之情。教学时要立足童话情境，依托想象的翅膀，在想象的世界里映射儿童世界的美好与奇妙。

《沙滩上的童话》课后要求学生展开想象，运用学过的词语根据故事的开头编故事。基于低段学生爱玩、好玩的身心发展特征，本课例以"探寻童话的快乐天地"为学习主题，创设"玩转沙滩"的学习情境，通过"沙滩上垒城堡""沙滩上攻城堡""沙滩上编童话"三个学习任务，在说趣事、玩项目、造城堡、会商量和趣表达中学语文（如表5-3所示）。

表5-3 统编版小学语文教科书二下第10课《沙滩上的童话》
教学设计思路

学习情境	学习任务	学习活动	学习内容	评价设计	课时安排
玩转沙滩，探寻童话的快乐天地	沙滩上垒城堡	活动1：沙滩趣事我来说 活动2：玩转沙滩我来选 活动3：沙滩城堡我来造	1. 说一说自己在沙滩上的游玩经历，明白海边的沙滩是孩子们的快乐天地。 2. 初读课文，选一选自己会在沙滩上玩哪些项目。 3. 用上关联词语，说清楚垒城堡的过程。	说垒城堡的过程评价要点：语言通顺流畅；声音响亮、自信大方；用上准确的连接词说清楚。	1

续表

学习情境	学习任务	学习活动	学习内容	评价设计	课时安排
	沙滩上攻城堡	活动1：伙伴商量攻城堡 活动2：我们商量攻城堡 活动3：小勇士攻打城堡	1. 理清童话故事的起因、经过和结果，明确对立的人物和离奇的情节，在语境中理解"凶狠""商量""反驳""补充"等词语的意思。 2. 抓住关键词、提示语，关注语气，读好人物对话。 3. 理解伙伴商量的过程，商量攻城办法。	读好对话评价要点：语言通顺流畅；声音响亮、自信大方；用上读好对话三大法宝——抓住关键词、关注提示语、注意读出人物对话的语气。	
	沙滩上编童话	活动1：沙滩上一起捡贝壳 活动2：贝壳串珠编童话	1. 巩固积累的词语，学以致用，学习表达。 2. 用上给出的词语，根据开头编故事。	编童话故事评价要点：用词准确、语句通顺、声音响亮、自信大方；故事完整、情节精彩，体现人物的美好品质。	1

（二）整合方式

本课例综合运用分角色读、师生合作读、表演读等多种朗读方法，体会童话故事里对立的人物、离奇的情节和丰富的想象；通过抓住关键词、关注提示语、合理想象等方法提升学生的表达能力，感受童话语言的独特魅力，体会童真童趣。

"沙滩上垒城堡"旨在激发学生积极主动表达的兴趣和欲望,结合自身经历帮助学生理解"沙滩是孩子们的快乐天地",能用上关联词语说清楚垒城堡的过程,让学生进行有序表达,为下文做好铺垫。

"沙滩上攻城堡"的学习任务通过"伙伴商量攻城堡""我们商量攻城堡"和"小勇士攻打城堡"三个学习活动,从文本走向生活,在具体语境中理解词意,理清童话故事的起因、经过和结果,明确童话里对立的人物和离奇的情节;抓住关键词、关注语气和提示语读好对话,通过读一读、说一说、演一演等方式理解攻城堡的过程,感受儿童的天真与快乐。

"沙滩上编童话"旨在引导学生主动分享,用上已学的词语,多种方式创编故事,表达自己个性化的体验和想象。

三、具体方案与设计意图

沙滩是孩子们的快乐天地,有贝壳、有海星,还有许多游乐项目,你喜欢在沙滩上玩耍吗?今天,就让我们一起走进《沙滩上的童话》,跟随作者的足迹来到沙滩上垒城堡、攻城堡、编童话吧!让我们一起玩转沙滩,探寻童话的快乐天地!

【设计意图】开启玩转沙滩,探寻童话快乐天地的旅程,能激发学生的参与兴趣,促进学生进行沉浸式学习。

任务一:沙滩上垒城堡

小朋友们,让我们一起坐上飞机,来到大海边,哇!映入我们眼帘的是一片金灿灿的沙滩。

活动1:沙滩趣事我来说

1. 聊聊沙滩上的趣事。

预设:挖沙子、捡贝壳、捉螃蟹等等。

2. 说说趣事中的快乐。

交流中感受在沙滩上玩耍的乐趣。从你们的表情和语言中老师感受到了在沙滩上玩耍对于你们来说是一件快乐的事情，难怪我们的课文里这样说，指名学生读——海边的沙滩是孩子们的快乐天地。

3. 揭示课题、走进沙滩。

今天我们要学习的课文就发生在这片快乐的天地里，让我们一起去看看吧！

活动2：玩转沙滩我来选

在这片沙滩上有哪些有趣的项目呢？我们一起走进课文，看一看吧！

1. 初读文本，画出沙滩游玩"项目"。

自由地朗读课文，读准字音、读通句子，做到不添字漏字，难读的地方多读几遍；画一画，小朋友们在沙滩上做了些什么呢？

2. 交流反馈，说说沙滩游玩"项目"。

学生发言，相机理解"编织"的本义是指把细长的东西互相交错或勾连而组织起来，本文指构思童话故事。

教师小结：沙滩上有造城堡、攻城堡、编童话三个项目，我们一起去玩一玩吧！

【设计意图】课堂伊始，聚焦中心句"海边的沙滩是孩子们的快乐天地"进入玩转沙滩的学习情境，让学生结合自身经历聊一聊沙滩上的趣事，通过融情想象，切入到文中孩子们在沙滩上的游玩项目，让学生乐在其中。

活动3：沙滩城堡我来造

小伙伴们是怎样垒城堡的？让我们到沙滩上去看一看。

1. 指名读第2自然段，其他学生一边听一边圈出他们是怎么造城堡的。

交流：垒起城堡——筑起围墙——插上干树枝，相机指导读好三个短语。

归类识字"垒"和"堡"。请小朋友们观察这两个字，你有什么发现？预设：都是土字旁，"堡"是形声字，抓住形声字的特点能更好地记住它。出示"垒"古文字，"垒"上半部分就是堆上去的土，用土堆起来的"城堡"也叫——堡垒。

2. 和沙滩上的小伙伴一起来造城堡。用上"先""然后""最后"这样的连接词说清楚造城堡的过程。

要点：先垒起城堡，然后在城堡的周围筑起围墙，最后在围墙外插上干树枝。

3. 加上连接词造城堡的过程说得更清楚了，现在请一名小朋友在黑板上来造城堡（相机板贴），其他小朋友伸出你们的双手，我们一起来造城堡吧！

4. 教师评价：在表达的过程中注意语言通顺流畅，声音响亮、自信大方，用上准确的连接词说清楚过程。

【设计意图】借助形声字、古文字感知生字的字形和字义，在激发学生兴趣的同时，进行扎实有效的生字教学。通过圈一圈、画一画、说一说的方式，让学生能运用连接词将造城堡的过程说清楚。

任务二：沙滩上攻城堡

沙滩上的城堡造好了，故事开始了。瞧，你觉得谁会住在这城堡里呢？正当大家沉浸在这想象之中时，童话故事开始了——

活动1：伙伴商量攻城堡

1. 开火车读句子，相机指导朗读。

（1）不知道谁说了一句：这城堡里住着一个凶狠的魔王。

猜测凶狠的魔王长什么样（关注了魔王的外貌、声音、神态表情、动作……），理解面目狰狞、凶神恶煞的样子就是凶狠。

小结：抓住"凶狠"这一关键词，我们仿佛看到了魔王的样子。

（2）凶狠的魔王来了，有人接着补充：他抢去了美丽的公主！

公主多么美丽，谁都喜欢，你再来读；美丽的公主被抢去了，你急不急呀？再试试。引导读出着急的语气。

（3）第三个小伙伴说：你们快听，公主在城堡里哭呢！

指导读出担心的语气。

小结：刚才我们两位小朋友都关注了人物说话时的语气。原来不仅"抓住关键词"可以帮助我们读好对话，"关注语气"也可以帮助我们读好对话呢。再次指名读。

2. 我们知道，此时的公主被困在城堡里。如果你是其中的一位小伙伴，你还可能说什么？（出示下列填空形式）

(1) 又有人补充了一句：＿＿＿＿＿＿＿＿＿＿＿＿。

(2) 第五个小伙伴继续补充：＿＿＿＿＿＿＿＿＿＿＿＿。

指名学生想象回答。

小结：小朋友们都有自己的想法，像这样，一个人没说完，另一个人接着说就叫——补充。

3. 就这样，我们编织着童话。转眼间——（引读）我们亲手建造的城堡成了一座魔窟，我们也成了攻打魔窟的勇士。

(1) 创设情境：小勇士，你会用什么办法"攻打魔窟"？

指导：骑着马　拿着武器　组成小队　放火　悄悄地

(2) 刚刚你们你一言，我一语，一起讨论想办法攻打魔窟就是——商量。正音："量"在这里读成轻声，在"量体温""量尺寸"中读第二声。量还有一个读音，在"重量""数量"等词语中读第四声。

4. 小朋友们，听，沙滩上的小伙伴们正在一起商量怎样攻下那座城堡。一个小伙伴说：我驾驶飞机去轰炸。这个办法可行吗？

(1) 引出反驳的话——那时候还没有飞机呢！

(2) 当别人提出意见，你不同意，还提出自己的理由就叫——反驳。

谁也来反驳反驳？

小结：原来"借助提示语"也能帮助我们读好对话。

5. 这时候"我"想到什么办法？挖地道，从地下装上火药，把城堡炸平。

活动2：我们商量攻城堡

1. （出示两组对话）为了救出公主，小伙伴们绞尽脑汁商量办法，我们再来一起回顾他们想办法的过程，请四人小组合作读好这两段对话，注意用上我们读好对话的三大法宝。

(1) 指名学生朗读，进行自评和同伴互评，评价标准如表5-4所示，比一比谁读得最好哦！

表 5-4 "读好对话"评价表

评价内容	自评	他评
语言通顺流畅。	★	★
声音响亮、自信大方。	★	★
抓住关键词、关注提示语，读出人物对话语气。	★	★

（2）我们一起来商量怎样救出公主，一起读。

2. 现在我们就在现场，在沙滩上你们会想出什么办法去攻打城堡呢？请四人小组一起来商量，关注补充、反驳等。

【设计意图】读好人物对话是本课的一个核心任务。通过指导朗读让学生明白抓住关键词和提示语，能帮助我们读好人物的对话，在朗读中理解商量，并能学以致用，四人小组学会商量。

活动3：小勇士攻打城堡

1. 小朋友们刚刚商量的办法真不错！在文中"我"的办法得到了大家的赞赏。于是我们趴在沙滩上，从四面八方挖着地道。我们一起挖呀挖呀，我们终于挖到了城堡下面，然后合力用手往上一抬，只听轰的一声，就把城堡给轰塌了。（学生一边读一边表演）

学生互动表演提示：（1）全体起立，把桌子当作沙滩，用双手来挖一挖。（2）"合力用手往上一抬"，同桌两人手拉手，一齐往上抬。（3）鼓励创造性发挥。

2. 大家一起合作努力，终于攻下城堡，救出公主。

出示：大家欢呼着胜利，欢呼着炸死了魔王，欢呼着救出了公主。

文中连用了三个欢呼，真是太开心了。小朋友们，现在你也是救出公主的勇士，你会欢呼什么？

海边的沙滩上荡漾着我们的欢笑声。所以说——海边的沙滩是我们的快乐天地。

3. 救出来的公主在哪儿？出示第17自然段，读好"我"的话。公主被救出来了。"我"情不自禁地叫——请学生读"我"的话，关注两个"！"和

289

两个反复,读出兴奋、激动的心情。

【设计意图】通过演一演、说一说再现现场情境,让学生体验救出公主后的欢快与兴奋之情。

任务三:沙滩上编童话

小朋友们,我们跟着沙滩上的小伙伴一起垒城堡、商量办法、攻打城堡、救出公主,有趣极了!沙滩上的贝壳也很有意思,我们一起去看看贝壳里都藏着哪些宝贝吧!

活动1:沙滩上一起捡贝壳

瞧,沙滩上留下了一串串快乐的小脚丫,它们的背后都藏着什么呢?我们跟随小脚丫一起来捡贝壳吧!

1. 每一个贝壳里,都藏着一颗编写童话故事的"小珍珠"词语呢!你捡到的珍珠是——

2. 开火车读好词语。

3. 用上这些词语去编织属于我们自己的童话故事吧!

活动2:贝壳串珠编童话

1. 书中的童话故事到这儿就结束了,这一趟玩转沙滩之旅,你有哪些收获呢?(如:读好对话的方法,关注故事起因、经过、结果等)

2. 小朋友们收获满满,让我们继续编织属于自己的童话。接下来,让我们四人小组合作进行故事创编吧!创编要求:用上我们刚刚捡到的贝壳,一起来编织美妙的童话故事吧!四人小组合作,一人说一两句,合编一个故事。

(1)选择一个开头:"在一片沙漠里,有……""从前,有一座大山……"

(2)用上这些词语:

城堡 堡垒 凶狠 凶恶 攻打 进攻

火药 炸药 赞赏 赞美 合力 合作

(3)四人小组一起商量,编织美丽的童话。

3. 汇报交流,学生点评。评价标准如表5-5所示。

表 5-5　"编童话故事"评价表

内容	星级评价标准 （做到一项得一颗星）
语句通顺、声音响亮、自信大方。	★
选择了提供的一种开头。	★
故事有起因、经过、结果。	★
用词准确，选用了提供的词语。	★
故事精彩，体现人物的美好品质。	★

4. 今天我们玩转沙滩，探寻童话的快乐天地，一起垒城堡、攻城堡、编童话。我们忘记了时间，忘记了自己是谁，我们把自己当成童话故事中的人物，多么快乐啊！

【设计意图】本环节重在引导学生在文本学习的基础之上，进行言语实践与创意表达，通过整体感知、联想想象，感受语言的魅力。抓住本课童话故事的编写特点，根据课后习题的要求进行精彩的个性化创编。

漫游童话王国
——二下第七单元整体教学设计

一、学习内容与学习目标

（一）学习内容

统编教材二下第七单元，围绕"根据提示讲故事"这一语文核心要素编排了四篇生动有趣的童话故事，分别是《大象的耳朵》《蜘蛛开店》《青蛙卖泥塘》和《小毛虫》。这一内容符合文学阅读与创意表达学习任务群的第一学段第（3）条学习内容"学习儿歌、童话，阅读图画书，体会童真童趣，感受多姿多彩的生活，初步体验文学阅读的乐趣"。四篇童话故事均以动物为主角，语言生动易懂、诙谐幽默，故事运用反复的情节结构，配以对应式的插图，想象丰富、形象鲜明、妙趣横生，对激发儿童阅读兴趣、体会童真童趣和培养想象力具有重要意义，是落实文学阅读与创意表达任务群的重要载体。

(二) 学习目标

1. 认读"遇""慢"等55个生字，读准"似""扇"等4个多音字，会写"商""搬"等33个字，理解"耷拉""编织""吆喝"等词语的意思。

2. 正确、流利、有感情地朗读课文；想象人物说话时的动作、神态和内心活动，体会人物说话时的语气，读好人物对话，感受童话里的人物形象。

3. 能借助"示意图""关键语句"等理清故事的情节；通过圈画、表格、交流等方法感受童话故事中相似的情节变化，认识童话故事"反复"的结构特征。

4. 根据童话情节的特点，展开合理想象，在流畅有序的基础上能加上动作、表情生动地讲好故事，并创编童话故事，提升表达能力，初步获得阅读童话作品的乐趣。

二、整体思路与整合方式

(一) 整体思路

著名的心理学家皮亚杰的认知发展理论中指出前运算阶段的儿童（2—7岁）认为外界的一切事物都是有生命的，即所谓的"泛灵论"。所以，童话故事里的一切动植物的命运都会牵动孩子的心绪，他们会为之喜，为之忧。童话中的梦幻世界是低年级儿童向往的，童话中一个个鲜活、可爱的动物形象深深地吸引着他们。他们在童话中找到符合自己身份的角色，在童话中经历人间的种种考验并最终取得胜利。童话世界中的真善美，也能给予孩子温暖人心的力量，能满足他们美好的愿望，实现自身的成长和自我的价值。

本单元紧扣学习主题"童话故事"创设"漫游童话王国"为学习情境，设计了"童话故事我来读""童话故事我来讲""童话故事我来编""我的童话大分享"四个学习任务。通过十个不断进阶的学习活动，引导学生自主学习、主动探究，从而落实这四个关系紧密的学习任务。

在文学阅读与创意表达学习任务群中，文学阅读是本，创意表达是果。十个学习活动中，前四个活动"走进童话动画厂""童话故事我来读""我为故事趣配音""绘制思维导图"主要指向文学阅读，在读通课文的基础上，指导学生关注标点，体会人物的内心活动，读出故事的味道。在朗读品味中，感受童话语言独特的魅力，体会阅读童话的乐趣。本单元的语文要素是"根据提示讲故事"。课文的课后习题中安排了"根据示意图讲一讲故事""续编故事"等语言实践活动，促进学生从积累到运用的有效迁移。后六个学习活动"精彩片段我来讲""童话故事PK赛""我们一起来探秘""我们一起来创意"等主要指向单元语文要素。根据评分标准，展开想象创意讲故事；挖掘童话故事的"语言密码"，依据童话作品的特点来创编故事；最后进行童话"大分享"，发挥学生创造力，展示多样的学习成果，引导学生成为有创意的表达者（如表5-6所示）。

表5-6 统编版小学语文教科书二下第七单元整体教学设计思路

学习情境	学习任务	学习活动	学习内容	评价设计	课时安排
漫游童话王国	童话故事我来读	活动1：走进童话动画厂 活动2：童话故事我来读 活动3：我为故事趣配音	1. 看图片，了解本单元四篇童话题目及故事主人公。 2. 学习朗读词语、短语、长句、课文，学习生字词。 3. 有感情朗读故事，用合适的语音语调为故事中的人物配音。	1. 朗读评价要点：能读通课文，不读错字，不添字、不漏字。体会人物内心，读好人物对话，读出不同的语气。 2. 配音评价要点：配音流畅，语音语调符合人物特点。	2

293

续表

学习情境	学习任务	学习活动	学习内容	评价设计	课时安排
童话故事我来讲		活动1：绘制思维导图 活动2：精彩片段我来讲 活动3：童话故事PK赛	1. 画思维导图，概括故事主要情节。 2. 指导讲述"卖口罩"的情节。 3. 总结方法，练习感兴趣片段。 4. 讲故事比赛，根据表格评价。	1. 思维导图评价要点：直观清晰，简洁明了，文字与图表结合，能概括故事的主要情节。 2. 讲述情节评价要点：声音响亮，表情自然，重点情节讲述有顺序，有趣味。 3. 讲述故事评价要点：内容完整，情节生动（讲述时能加上表情、动作等，有创意）。	2
	童话故事我来编	活动1：我们一起来探秘 活动2：我们一起来创意	1. 以《蜘蛛开店》为例，探究童话故事的秘密。 2. 创意续编故事。 3. 互相交流评价。	续编故事评价要点：能迁移原文句式，按照原文情节结构反复的规律创编，想象合理，符合角色特点。	2

续表

学习情境	学习任务	学习活动	学习内容	评价设计	课时安排
我的童话大分享		活动1：我的童话小剧场 活动2：我的旅程小收获	1. 选择自己喜欢的方式展示学习作品，进行分享。 2. 分享单元学习收获。 3. 颁发奖状。	1. 童话表演评价要点：能改编剧本；表演时语言流畅，语音语调、表情和身体动作等均符合角色的性格特征；服装道具符合人物性格特点。 2. 童话小书评价要点：能为创编的故事配插图、设计封面。	2

（二）整合方式

"童话故事我来读"旨在引导学生读好童话故事，在朗读中感受童话语言的独特魅力，体会童真童趣。本学习任务侧重于朗读方法的指导。在设计中，引导学生综合运用分角色读、师生合作读、表演读等多种方法学习课文，在多种形式的朗读中习得语言经验，培养良好的语感，获得初步的审美体验。最后又以动画片配音的形式，让学生充分展示自己的学习成果，将所学能力在实践运用中获得提升。

"童话故事我来讲"旨在引导学生从"读进去"到"讲出来"，进行语言的转化，讲好故事。本任务的学习内容侧重于挖掘讲好童话故事的密码，有创意地讲好故事。在任务实施中，运用思维导图、鱼骨图等多种学习工具，帮助学生搭建表达的支架，促进学生从积累到运用的有效迁移。

"童话故事我来编"旨在引导学生运用童话"反复"的规律，展开想象编故事。本学习任务侧重于故事的创编，让学生经历从读到写、由学到用的学习历程。在创意编故事中，由扶到放，在研讨中形成评价要点，帮助学生完成任务。

"我的童话大分享"旨在引导学生主动分享，发挥创造力，运用多样的形式呈现学习成果。一个单元学习结束，必须要呈现带有学生独特个性的成果。本学习任务让学生整合各种资源，自主选择适合自己的方式进行创造性学习，分享学习作品，各项学习活动均设计了评价标准，能引导学生更准确地评价自己和同学，达到教学评一致性。

三、具体方案与设计意图

小朋友们，你们一定非常喜欢听童话故事吧。童话王国的国王邀请我们去游玩呢！让我们一起乘坐童话列车赶快出发吧！本次旅程共有四站，旅程中会遇到很多刺激好玩但又很有挑战的事情，你有信心吗？在第一站童话动画厂中，因为负责配音的叔叔请假了，需要我们要帮动画片配音；在第二站童话演播厅中，童话王国居民们想邀请大家进行故事 PK 赛；第三站童话梦工厂中，我们要奇思妙想续编故事；最后一站童话小剧场中，我们还要分享自己的收获，国王还会给大家颁发各种奖状呢。瞧，国王已经向我们走来，大家准备好了吗？让我们一起出发吧！

【设计意图】课堂开始，教师创设"国王邀请同学去童话王国游玩"的学习情境，这属于"虚拟的真实情境"。这种"虚拟的真实"属于文学体验的情境，它将学生带入童话的世界，进行沉浸式体验。

任务一：童话故事我来读

活动 1：走进童话动画厂

看，动画厂正在播放这几部童话故事呢？你能根据图片猜出故事的名字吗？（出示课文插图）

活动 2：童话故事我来读

工厂的配音员叔叔今天有事请假了，这些动画片都没有声音了，想请小朋友帮忙来配音，你愿意吗？要配音，首先得把故事读好。

1. 读准词语、读好短语，内容见学习单（一）。

> **学习单（一）**
>
> * 读准生词
>   遇到　耷拉　商量　星期　卖口罩　搬家　草籽　播撒　纺织　编织
> * 读准多音字
>   似的　扇子　吆喝　尽管
>   好似　扇风　喝水　尽心竭力
> * 读好短语
>   慢慢地散步　　　　自言自语地说　　　　笨拙地爬
>   灵巧地挣脱　　　　一整天的工夫　　　　绿茵茵的小草
>   笨手笨脚的毛虫　　与世隔绝的茧屋　　　栽了树
>   种了花　　　　　　修了路　　　　　　　费了九牛二虎之力

相机理解"耷拉""编织""吆喝"等词语的意思，识记重点生字并指导书写。

2. 关注标点、读好语气，内容见学习单（二）。

> **学习单（二）**
>
> * 读好问句
> 小兔子说："咦，大象啊，你的耳朵怎么耷拉下来了？"
> * 读好感叹句
> "卖泥塘喽，卖泥塘！"青蛙站在牌子边大声吆喝起来。
> * 读好长句
> 一条小毛虫趴在一片叶子上，用新奇的目光打量着周围的一切：大大小小的昆虫又是唱，又是跳，跑的跑，飞的飞……到处生机勃勃。

3. 体会内心、读出味道。
童话故事中的动物会开口说话，要读好这些话，必须要体会人物的内心活动，这样才能读出味道。

（1）出示例句：大象也不安起来，他自言自语地说："他们都么说，是不是我的耳朵真的有毛病啦？我得让我耳朵竖起来。"

这时候，大象的心情是怎样的，他会想什么呢？

指导朗读：抓人物说话时的表情、动作，体会人物的内心，读出味道。

（2）运用方法，体会蜘蛛、青蛙、小毛虫的内心世界，练习读好《蜘蛛开店》《青蛙卖泥塘》《小毛虫》。

活动3：我为故事趣配音

选择一个故事，当一回配音员吧，一起来挑战一下哦！评价标准如表5-7所示。

表5-7 "我为故事趣配音"评价表

学生姓名	★★★	★★	★	自评	同学评
	配音通顺、流畅；能体会人物内心，读出味道；角色配音符合人物特点。	配音读通顺、流畅；语气没有变化。	配音速度慢，字音有错误。		

【设计意图】文学阅读与创意表达任务群属于发展型学习任务群，在落实发展型学习任务群的时候，还承载着"语言文字积累与梳理"这一基础型学习任务群的要求。此任务让学生在语文实践活动中积累语言材料、语言经验，形成良好的语感。语言的理解、积累运用、语感的形成等都以朗读为基础。因此，通过读准词语、读好短语、关注标点、体会内心等方法，指导学生提升朗读的能力，创设的"走进童话动画厂""我为故事趣配音"的情境，符合低年级学生的年龄特点，学生从"要我读"变为"我要读"，也为下个学习任务的实施奠定基础。

任务二：童话故事我来讲

游玩了动画厂，我们来到童话演播厅了。看，这儿在进行讲故事比赛呢，让我们一起来加入吧！

活动1：绘制思维导图

1. 以《大象的耳朵》为例，理清故事主要内容。

主人公：大象。

其余人物：小兔子、小羊、小鹿、小马、小松鼠。

故事刚开始发生了什么问题：耳朵为什么耷拉？

故事接下来发生了什么事：大象怀疑自己耳朵有毛病，想办法让耳朵竖起来。

故事的结局：耳朵又耷拉下来。

2. 设计《大象的耳朵》思维导图。

耷拉下来 ⟶ 议论纷纷 ⟶ 用竹竿撑起来 ⟶ 又耷拉下来

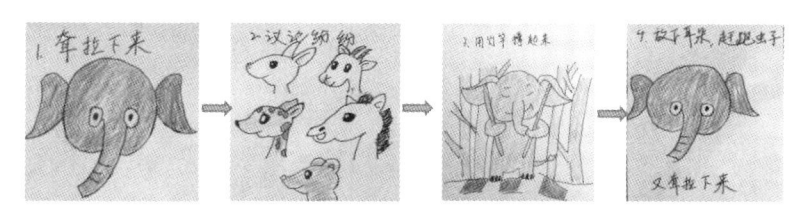

3. 根据思维导图讲清故事大意。
4. 学习《蜘蛛开店》《青蛙卖泥塘》《小毛虫》，画思维导图。
5. 小组合作交流思维导图，理清童话故事的情节。

【设计意图】通过绘制思维导图，来理清课文的情节。学生在绘制思维导图的过程中，必须要整体感知课文，将文中散乱的知识点进行归纳、整理、联结，在此过程中，学生的思维能力也提升了。

活动2：精彩片段我来讲

1. 练习讲述"卖口罩"的情节。

讨论，如何将故事情节讲精彩。

要点1：有顺序。卖什么—写招牌—顾客来了—结果。

要点2：有趣味。指导抓住"一整天""好难织"等关键词展开想象。

2. 自己选择感兴趣的片段进行练习。

【设计意图】根据示意图和借助关键信息等讲好故事是本单元的一个重要

的任务。这个环节中，以"卖口罩"为例，借助不同的符号标注、圈画相关语言，理清故事的顺序，发现讲好这个故事的"语言密码"，为学生讲好故事搭建支架。

活动3：童话故事PK赛

1. 抓住空白处，展开丰富的想象，创意讲故事。

交流：哪些地方可以加上自己的想象，找一找，说一说。

2. 童话故事PK赛，同学进行星级评价（如表5-8所示）。

表5-8 "童话故事PK赛"星级评价表

学生姓名	故事名字	评价内容	★★★	★★	★	星数
		情节	有顺序，故事完整。	故事大致意思能讲清，个别病句。	故事情节不清晰。	
		语言	语言流畅、生动，能加上表情、动作等。	语言通顺，比较平淡。	疙疙瘩瘩、停顿多。	
		创意	用自己的话讲，想象至少有2处。	用自己的话讲，想象1处。	没有自己的想象，完全照搬。	
总星数						

【设计意图】学生在讲故事的过程中，积累了语言，展开了丰富的想象，实现了语言的迁移运用。评价表的使用，又让学生明确了讲好故事的标准，既可以评价自己，也可以评价同学。

任务三：童话故事我来编

现在我们来到第三站啦，这儿就是童话梦工厂，在这里，你可以当一回小作家，来编写属于自己的童话故事。要编写属于自己的童话，首先要找到童话的秘密哦！

活动1：我们一起来探秘

1. 以《蜘蛛开店》为例，探究童话故事的秘密。

（1）比较句子：

就卖口罩吧，因为口罩织起来很简单。

还是卖围巾吧，因为围巾织起来很简单。

还是卖袜子吧，因为袜子织起来很简单。

"口罩编织店，每位顾客只需付一元钱。"

"围巾编织店，每位顾客只需付一元钱。"

"袜子编织店，每位顾客只需付一元钱。"

小结：童话故事语言有"反复"。

（2）出示三个故事（如表5-9所示），发现结构上的特点。

表5-9 故事结构比较表

蜘蛛开店			
卖什么	写招牌	顾客来了	结果
卖口罩	口罩编织店，每位顾客只需付一元钱。	河马	一整天
卖围巾	围巾编织店，每位顾客只需付一元钱。	长颈鹿	一个星期
卖袜子	袜子编织店，每位顾客只需付一元钱。	蜈蚣	跑回网上

小结：童话故事结构也"反复"。

2. 自主读《大象的耳朵》《青蛙卖泥塘》和《小毛虫》，寻找"反复"的内容。

3. 同桌交流，全班交流，体会"反复"的奇妙。

【设计意图】文学阅读与表达的任务群要引导学生了解文学作品的基本特点，欣赏和评价语言文字作品。童话的语言生动有趣，结构"反复"，通过我们一起来探秘的活动，引导学生发现童话作品的特点，感受童话独特的魅力，激发学生阅读童话的兴趣。

活动2：我们一起来创意

1. 展开想象，模仿课文编故事。

> **学习单（三）**
>
> 续编故事《蜘蛛开店》。接下来会来什么顾客？发生什么事情？青蛙卖泥塘还会遇到谁呢？他们又会怎么说呢？青蛙又是怎么做的？模仿课文编一编。

2. 学生创作并交流。
3. 根据表格（如表 5-10 所示）评一评。

表 5-10　"编故事"评价表

内容	评分标准（在相应处打"√"）	
	是	否
找到反复的秘密了吗？		
反复的情节合理吗？		
语言符合原文的特点（句式）吗？		

【设计意图】童话中语言和情节的反复，符合二年级学生的心理特点和阅读习惯，也利于模仿。学生尊重童话的特点，在此基础上进行创编，想象力、语言表达能力、思维能力都得到发展。

任务四：我的童话大分享

小朋友，我们的童话王国旅程马上就要结束了，现在我们来到最后一站，童话小剧场！在这里，你可以尽情地展示你今天的学习收获哦！

活动 1：我的童话小剧场

你们可以把自己到各个地方学到的本领进行展示汇报，可以自己独立完成，也可以小组合作完成。大家可以任选一个进行展示分享。

1. 我是小小配音员。

可以邀请小伙伴一起，选择一个童话，为故事趣配音，用你打动人心的朗读让童话人物活起来。（"小小配音员"评价内容见任务一中"我为故事趣配音"评价表）

2. 我是故事小能手。

选择自己感兴趣的一个童话故事，为大家讲述，比一比，谁是讲故事小能手。（"故事小能手"评价内容见任务二中"童话故事 PK 赛星级"评分表）

3. 我的童话在上演。

选择喜欢的优秀的童话故事，以剧本的形式进行创作改编，分角色表演童话剧，在美妙的童话中，体验纯真的感情，感受着童年生活的烂漫。评价标准如下表 5-11 所示。

表 5-11 "表演小明星"评价表

学生姓名	★★★	★★	★	自评
	表演时声音响亮；能照顾到观众，表情、声音、声调和身体动作等均符合角色的性格特征；服装道具符合人物性格特点。	表演声音响亮；表情、声音、声调等均符合角色的性格特征；无道具、服装等。	表演声音轻、剧本台词不熟练。	

4. 我的故事我的书。

将创编的故事制作成一本书进行分享。请大人把学生发挥奇思妙想、口头创编的故事记录成文字，学生为创编的童话故事配上有趣的插图，进行书的装帧与设计。可以独立完成，也可以与好朋友合作哦！评价标准如表 5-12 所示。

表 5-12 "故事创作大王"评价表

学生姓名	★★★	★★	★	自评	同学评
	故事内容有趣生动，想象的情节合理，能让读者根据第一次内容猜出后面的情节；能为书配上好看的插图；对书进行封面等设计、装帧。	故事内容完整，想象的情节合理，能让读者根据第一次内容猜出后面的情节；封面装帧、插图设计等不够美观。	故事内容凌乱，封面装帧、插图设计等不够美观。		

活动 2：我的旅程小收获

时间过得真快，我们的童话列车要到站了，我们的学习旅程也即将结束了，请你来说说自己的旅程收获吧！

国王颁发各种奖状："小小配音员""故事小能手""表演小明星""故事创作大王"等。

【设计意图】"语文课程致力于学生语文素养的形成与发展。""我的童话大分享"这一任务引导学生在语文实践活动中，将自己所学知识灵活运用，从而提升能力，促进素养的形成。"我的童话在上演""我的故事我的书"等将学生的学习成果可视化，使学生积极主动地投入语文学习中去，呈现精彩的学习成果。同时，在分享中，学生可以自主选择最适合自己的方式创造性地学习展示，真正做到把学习的自主权还给学生。

第二节　中段"童年生活"主题课例

致敬多彩童年
——三下《童年的水墨画》《肥皂泡》组合教学设计

一、学习内容与学习目标

（一）学习内容

统编教材三下第六单元围绕"多彩童年"这一学习主题，编排了《童年的水墨画》《剃头大师》《肥皂泡》和《我不能失信》四篇课文。单元内容符合文学阅读与创意表达学习任务群第二学段第（3）条学习内容"阅读富有想象力和表现力的儿童文学作品，欣赏富有童趣的语言与形象，感受纯真美好的童心，学习用口头或者图文结合的方式创编儿童诗和有趣的故事，发展想象力"。本课例是《童年的水墨画》《肥皂泡》两篇课文的组合教学设计，前者是一组儿童诗，后者是散文，它们虽然体裁不同，但都通过生动、优美的语言，丰富的想象，从不同角度呈现童年生活的纯真和美好，是落实文学阅读与创意表达学习任务群的重要载体。

（二）学习目标

1. 正确、流利、有感情地朗读课文。认识 15 个生字，读准 1 个多音字"和"，会写 23 个字，理解"浮光""轻清透明""玲珑娇软"等词语的意思。

2. 能运用联系上下文、结合生活经验等多种方式理解难懂的句子；通过品读关键语句、画面想象等体会童年嬉戏玩耍的快乐，感受童年生活的纯真与美好。

3. 能抓住动词和表示先后顺序的词语，展开想象讲述玩童年游戏的过程；能仿照课文创编儿童诗，用多样的形式分享自己的童年生活。

二、整体思路与整合方式

（一）整体思路

单元语文要素"运用多种方法理解难懂的句子"在《童年的水墨画》和《肥皂泡》的课后习题中都有安排。三年级学生对理解词语并不陌生，二年级下册语文园地六学习了联系上下文解词的方法，三年级上册第二单元学习了看图、查字典、换词语等方法。运用之前所学的方法，能更好地帮助学生从理解词语进阶到理解句子。

本课例围绕单元主题带领学生走进"致敬多彩童年"栏目招聘会的学习情境，设计"读童年生活""绘童年生活""享童年生活"三个关联紧密的学习任务，通过九个不断推进的学习活动，引导学生感知有趣的事、有趣的景；抓住难以理解的句子，引导学生联系上下文想象画面，品味富有童趣的语言；在感受诗情画意的同时，发现诗歌和散文富有想象的特点，提升学生的言语表达能力；激发学生阅读同类文学作品的兴趣，学习创编儿童诗，用多种形式分享童年生活，表达对童年生活的喜爱，促进学生的精神成长（如表 5-13 所示）。

表 5-13　统编版小学语文教科书三下《童年的水墨画》《肥皂泡》
组合教学设计思路

学习情境	学习任务	学习活动	学习内容	评价设计	课时安排
"致敬多彩童年"栏目招聘会	读童年生活	活动1：找趣味词句 活动2：解趣味词句 活动3：诵趣味童年	1. 找出文中有新鲜感的词语和句子，并能读好。 2. 通过多种方式理解、品味词句，想象画面，体会情感。 3. 小组或个人朗读课文，体会作者的情感。	1. 理解词句评价要点：能自主选择联系上下文、结合生活经验等理解方式；意思理解准确；能抓住关键词句想象画面、体会情感。 2. 诗歌朗读展示评价要点：读音准确，语言流畅，读出节奏；表情丰富，语气语调有变化，读出诗歌的意蕴美。 3. 散文朗读展示评价要点：读好四字短语和长句子；朗读基调与文本吻合，读出吹泡泡时的欢快，看泡泡、想泡泡时的画面美，让人有身临其境之感。	2

续表

学习情境	学习任务	学习活动	学习内容	评价设计	课时安排
绘童年生活		活动1：聊一聊，童年趣事多 活动2：说一说，童年游戏乐 活动3：绘一绘，童年水墨画	1. 交流我的童年趣事。 2. 模仿《肥皂泡》，玩一玩童年游戏，并有重点地介绍一种游戏的玩法和过程。 3. 模仿《童年的水墨画》创作"我的童年水墨画"。	1. 讲述吹肥皂泡过程评价要点：语言通顺流畅，讲述有条理、较生动。 2. 介绍游戏玩法评价要点：①有条理地说清玩法和过程，连接词运用准确；②运用动词、形容词把过程说具体；③加上想象，让游戏画面更精彩。 3. 创编诗歌评价要点：①诗歌通顺，读上去朗朗上口；②能运用拟人、比喻等有新鲜感的词句；③想象丰富有趣，表达出童年的快乐。	2
	享童年生活	活动1：栏目招聘会 活动2：童年生活诵读会 活动3：童年生活分享会	1. 模拟现场招聘会，结合作品内容进行练习，为展示做好准备。 2. 以播音员身份展示作品，表达对童年生活的喜爱。	1. 童年生活诵读会评价要点：见任务一中的诗歌、散文诵读评价内容。 2. 童年生活分享会评价要点：见任务二中的介绍游戏玩法、创编诗歌评价内容。	1

（二）整合方式

本课例创设"致敬多彩童年"栏目招聘会的学习情境，让学生先阅读作家的童年诗文，体会诗歌与散文的语言特点，感受童年生活的纯真与美好，再介绍自己的童年游戏，书写自己的童年诗歌，最后以播音员的身份分享童年作品。

"读童年生活"旨在调动多种感官阅读课文，通过联系上下文、结合画面等方式理解难懂的关键句，感受诗歌与散文的语言特点，在多种形式的诵读展示中，体会作者情感，感受童年嬉戏玩耍的快乐。此任务中三个学习活动"找趣味词句—解趣味词句—诵趣味童年"循序渐进，螺旋上升，在实践中提升理解文本的能力。

"绘童年生活"侧重语言积累和表达，忆童年趣事激发表达欲望，再品味文本语言特色，学习用自己的语言分享童年游戏，创作童年诗歌，描绘自己的"童年水墨画"。三个活动层层递进，在具体语言实践中促进学生从语言积累到运用的有效迁移。

"享童年生活"旨在引导学生以多种形式表达对童年生活的喜爱，丰富的实践活动让学生有选择，让展示更多元。学生利用前两个任务的评价表对现场展示的活动进行自我评价或他人评价，从而达到教学评的一致性。

三、具体方案与设计意图

学校的红领巾广播，准备开播"致敬多彩童年"新栏目，编辑邀请你帮助设计这个栏目的播出具体内容，并且招聘各板块内容的播音员。

【设计意图】结合学生的校园生活，创设帮助广播站编辑设计栏目板块内容的学习情境，以任务驱动开启学生阅读"童年生活"主题的诗歌、散文之旅。

任务一：读童年生活

要想为"致敬多彩童年"栏目设计内容，就要走进童年生活。首先让我们读一读作家描写童年生活的诗文吧!

活动1:找趣味词句

1. 初读"诗歌中的童年",学习趣味词句。

自由读《童年的水墨画》,读正确、读通顺。思考三首小诗分别描绘了怎样的画面?

(1) 全班交流,重点指导读好下列词语:

第一组:水墨画　染绿　碎了　浪花

第二组:扑腾　蘑菇　水葫芦　清清爽爽

第三组:扇动　拨动　你拨我溅

要点:读准字音,读好轻声"腾""菇""芦",平舌音"碎",翘舌音、后鼻音"爽",多音字"扇";指导写好生字"墨""染""爽""碎";做动作理解第三组词语。

(2) 多种形式读诗歌,读通读顺,读出节奏。重点指导朗读下列句子:

垂柳把溪水当作梳妆的镜子,山溪像绿玉带一样平静。

忽然扑腾一声人影碎了,草地上蹦跳着鱼儿和笑声。

是哪个"水葫芦"一下钻入水中,出现时只见一阵水花两排银牙。

小结:有人喜欢带有颜色的词语,有人喜欢拟声词,也有人喜欢拟人句和比喻句,这些充满新鲜感的词句读起来有趣,而且有画面感。

(3) 概括画面,相机板书:溪边垂钓图　江上戏水图　林中采蘑菇图

2. 初读"散文中的童年",学习趣味词句。

自由读散文,读准字音,读通句子,边读边圈画出有新鲜感的词句,思考课文围绕肥皂泡写了哪些内容。

(1) 读好词语:

廊子　山巅　颤巍巍　软悠悠　和弄和弄　轻清透明

剩余　婴儿　脆薄　玲珑娇软　轻清脆丽　光影零乱

重点指导多音字"和"的读音,试着用组词的方法区分"和"的读音,如和弄、和平、应和。读好四字词语"轻清透明""玲珑娇软""轻清脆丽""光影零乱"。指导写好生字"廊""剩""碗""悠"。

(2) 选择喜欢的段落，同桌互读。重点指导读好长句子的停顿。

这肥皂泡，吹起来美丽，五色的浮光，在那轻清透明的球面上乱转。

或者轻悠悠地飘过大海，飞越山巅，又低低地落下，落到一个熟睡中的婴儿的头发上……

(3) 梳理课文内容：下雨天，我总是满怀期待地——做肥皂水，接着兴致勃勃地——吹肥皂泡，然后屏息凝神地——赏肥皂泡，最后还如痴如醉地——想肥皂泡。

活动 2：解趣味词句

1. 理解诗歌中的趣味词句。

(1) 以《溪边垂钓图》为例，学方法。

①品诗句、想画面。

默读《溪边》，要求：用"～"画出你喜欢的句子，用"＿＿＿"画出你不理解的句子。小组内交流不理解的诗句，尝试合作理解；选择喜欢的诗句说一说脑海中出现的画面。

全班交流难理解的诗句，分享想象的画面。

相机出示：垂柳把溪水当作梳妆的镜子，山溪像绿玉带一样平静。

生：读了这句话，我看到了一幅幽静的画面。这句话把垂柳写成一位爱美的姑娘，把溪水比作镜子，把山溪比作绿玉带，生活中的镜子、玉带表面都是平整光滑透明的，这样比喻突出了溪水平静、清澈的特点。

师：你结合生活经验读懂了诗句。你还看到了什么？

生：这是一幅美丽的画面，读到"山溪像绿玉带一样"，我仿佛看到清澈透明的溪水，在苍翠掩映的山谷间缓缓地流淌。

师：想象画面也可以帮助我们理解难懂的句子。

相机出示：人影给溪水染绿了，钓竿上立着一只红蜻蜓。

生：这是一幅五彩的画面，蜻蜓是红色的，溪水是绿色的，人影也被溪水染成了绿色。"染"字的本义是把东西放在颜料里使它着色。诗歌里前一句说"山溪像绿玉带一样平静"，说明溪水清澈碧绿，像颜料一样把孩子倒映在水里的影子着上了绿色。

生：溪水染绿的不仅仅是人影，还有垂柳、红蜻蜓。溪水绿得鲜艳，绿得充满活力，仿佛一位画家拿着颜料，把倒映在水面的景物都染成了绿色。

师：你们真会读书，不仅联系上下文理解了句子的意思，而且展开了丰富的想象。

相机出示：忽然扑腾一声人影碎了，草地上蹦跳着鱼儿和笑声。

生：这一幅热闹的画面。我仿佛看到孩子钓到了鱼，鱼儿上钩时拼命甩动尾巴，水面漾起了一道道波纹，绿色的人影看不见了，只听见孩子的笑声和鱼儿蹦跳的"扑腾"声。

小结理解难懂句子的方法，补充介绍还可以通过借助图片或查阅资料等方法，如图 5-4 所示。

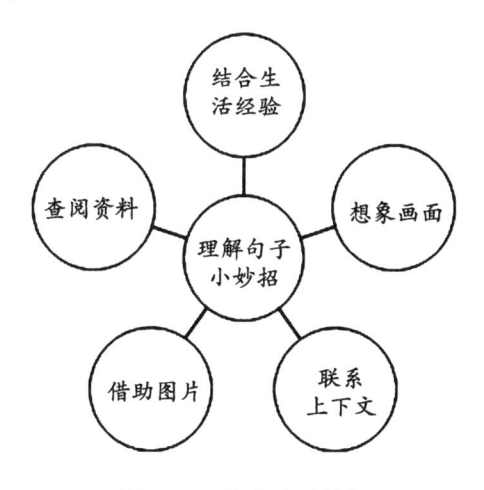

图 5-4　理解句意小妙招

②读诗句、悟情感。

诗中有画面，有红有绿，时而安静，时而热闹，诗中还有情，想一想作者想要表达什么情感呢？（孩子钓到鱼的开心，作者对童年乡村生活的喜爱）带着这份情感再来读一读课文。

③回顾学习过程，相机提炼学习步骤："运用不同方法理解诗句，品读诗句""抓住关键词句想象画面""朗读中体会诗中蕴藏的情感"。

（2）运用"品诗句—想画面—悟情感"的方法学习《江上戏水图》《林中采蘑菇图》。

全班交流，关注重点诗句。

相机出示：是哪个"水葫芦"一下钻入水中，出水时只见一阵水花两排银牙。

要点：师出示水葫芦图片及资料，学生认识水葫芦。诗句中的"水葫芦"加了引号，表示不是真正的水葫芦，是指在水中嬉戏将头露出来的像水葫芦一样的孩子。朗读全诗，体会儿童戏水的开心和快乐。

相机出示：是谁一声欢叫把雨珠抖落，只见松林里一个个斗笠像蘑菇一样。

要点：出示蘑菇和戴斗笠孩子的图片，引导发现蘑菇和斗笠的相似处，诗中用小蘑菇比喻斗笠，又把戴斗笠的孩子比作蘑菇，充满了情趣。朗读全诗，体会儿童的可爱与快乐。

（3）童年是欢乐的，就如同一幅幅富有韵味的水墨画，我们随着音乐一起把三首诗连起来读一读，再一次感受诗中儿童的欢乐。

2. 理解散文中的趣味词句。

运用"品诗句—想画面—悟情感"的方法阅读《肥皂泡》第4—5自然段。

（1）提示：边读边画出你认为难懂的句子，小组交流聚焦难懂的语句。

全班交流。从词入手理解重点句子的意思并想象画面。

相机出示：这肥皂泡，吹起来很美丽，五色的浮光，在那轻清透明的球面上乱转。

要点：结合插图理解"五色的浮光"就是浮在泡泡表面上的光呈现出丰富灵动的色彩。运用拆解法，理解"轻清透明"就是"轻＋清＋透明"，指重量很轻，可以飘在空中，清澈又透明。

相机出示：若是扇得好，一个大球会分裂成两三个玲珑娇软的小球，四散分飞。有时吹得太大了，扇得太急了，这脆弱的球，会扯成长圆的形式，颤巍巍的，光影零乱。

要点：运用拆解法，理解"玲珑娇软"，"玲珑"是指物体精巧细致，"娇软"指柔美、轻柔，联系上下文可以知道肥皂泡的精巧轻柔。联系生活，理解"颤巍巍"，呈现音频视频，如老人的手、害怕的声音，帮助理解词义。播放视频，让学生直观感受颤巍巍的大泡泡光影零乱的样子，并交流感受。

（2）抓住肥皂泡的色泽、形状、动态变化的美，想象画面。

（3）作者为什么能把吹肥皂泡时的画面写到那么具体，那么美？（因为作者喜爱和向往童年生活，所以在作者眼中童年生活那么美好）

【设计意图】紧扣单元语文要素开展小组合作学习，交流不懂的词句，分享个人阅读体会。以《溪边》引路，理解难懂句子的方法，相机提炼"品语言、赏画面、悟情感"的学习方法，并将学到的方法巧妙地迁移运用到《肥皂泡》的学习中。

活动 3：诵趣味童年

1. 如果你是广播站播音员，该怎样去读这些作品呢？根据学生的回答制订评价标准（如表 5-14 所示）。

表 5-14　诵读评价表

诵读内容	★★★	★★	★	自评	小组互评
诗歌中的童年	读音准确，语言流畅，能读出诗歌的节奏美；表情丰富，语气语调有变化，感情充沛，能读出儿童钓鱼、戏水、采菇时的快乐。	读音准确，语句朗读比较流畅；语气语调比较合适，感情比较丰富。	有错字或添字漏字，朗读不够流畅；语气语调平淡，缺少情感。		
散文中的童年	读音准确、语言流畅，读好四字短语和长句子，读出散文的语言美；朗读基调与文本基调相符合，读出吹肥皂泡时的欢快；情感丰富，能展开想象，读出肥皂泡色泽、形状、变化的美，让人有身临其境之感。	读音准确，语句较流畅，能读出长句的停顿；朗读基调与文本基调基本相符合，感情比较丰富。	有错字或添字漏字，语句不够通顺；不能读出吹泡泡的快乐和泡泡的美丽。		

2. 选择喜欢的一首诗或一个段落，自主练习。

3. 根据选择的诗歌自行组队，可以个人展示，也可以小组展示。小组内互相展示朗读，对照评价表进行评价。

【设计意图】诵读展示，是在理解课文内容的基础上，抓住关键词句想象画面，体会童年生活的快乐与美好，并通过朗读表达对语言的理解，与作者产生情感的共鸣。

任务二：绘童年生活

同学们，童年生活丰富多彩，你想和喜欢的作家一样分享自己的童年生活吗？让我们也来试一试吧！

活动1：聊一聊，童年趣事多

1. 你的童年一定也发生过很多难忘的趣事，你能和我们分享一下吗？学生自由交流，简要分享童年趣事。

2. 玩一玩，感受游戏乐趣。

听了大家的交流，发现你们最难忘的是童年的一个个有趣的游戏，有的游戏爸爸妈妈小时候也玩过呢。选择你感兴趣的游戏，和爸爸妈妈一起玩一玩。如果需要制作玩具，如毽子、沙包等，可以和父母一起做一做。

活动2：说一说，童年游戏乐

1. 冰心奶奶是怎样把制作肥皂泡的游戏过程写清楚的？

（1）连接词让游戏过程更清晰。

学习《肥皂泡》第3自然段。要求：边读边圈画出描写制作和吹肥皂泡动作的词语，想一想：作者用了哪些词语把这些动作连接起来？

交流要点：表示动作的词语——放、加上、和弄和弄、蘸上、吹起、一提、扇送。作者用上了"然后""再"两个表示先后顺序的词语，把吹肥皂泡的步骤说清楚了。

（2）修饰词让游戏过程更生动。

拿出小碗、肥皂水和吸管，请几名学生根据动作的描述进行演示，其他同学认真观察。

请吹肥皂泡的同学说说体会，要点：慢慢地吹、轻轻地一提、轻轻地扇送。再读句子，从修饰词中体会动作的轻柔。

（3）想象让游戏画面更神奇。

①冰心奶奶除了描写看到的肥皂泡的色泽、形状、动态之美，还想象这些轻清脆丽的小球在空中飘游，它们会飘到哪些美丽的地方？读一读，用笔圈出来。

相机出示文中句子，交流要点：肥皂泡由实到虚飘过"天""海""明月""天河""山巅""婴儿的头发"这些地方。此时的肥皂泡在作者眼中，不仅仅是肥皂泡，仿佛成了自由的精灵，可以任意飞上天，飘过海，越过山，作者内心快乐、自由，充满无限的想象，才能描绘出这样神奇的场景。

②如果你的肥皂泡飘向空中，会飞到哪些美丽的地方呢？展开丰富的想象，模仿课文构段方式和句式说一说。

预设：轻轻地飘到池塘，落在大大的荷叶上。风一吹把它们吹进了学校操场，和小朋友一起做游戏……

加上这些奇妙的想象，作者笔下的游戏画面读起来就更有趣味了。

2. 做"童年游戏分享人"，介绍自己喜欢玩的游戏。

（1）学生根据评价内容（如表 5-15 所示），自主练习讲述童年的游戏。

（2）指名学生分享，师生对照"童年游戏分享人"的评价表进行评议、反馈。学生根据反馈再练习。

表 5-15　"童年游戏分享人"评价表

评价内容	在相应处打"√"	
	是	否
有条理地说清楚游戏的玩法和过程，注意用上表示先后顺序的连接词。		
运用动词、修饰词把过程说具体，说生动。		
加上想象，让游戏画面更精彩。		

活动 3：绘一绘，童年水墨画

1. 童年的生活丰富多彩，除了分享有趣的童年游戏外，你能像作者张继楼一样，用诗歌来描绘自己的童年生活吗？我们也来作一幅自己的童年水墨画吧！

2. 张继楼的《童年的水墨画》中还有其他三首——《街头》《花前》《树下》，我们一起来读一读。这三首诗歌又向我们展示了怎样的景、怎样的事呢？给每首诗拟个小标题，写在小诗的旁边。

交流分享要点：内容都是写童年的快乐生活，每一首诗都有丰富的想象；文中运用了比喻、拟人等富有新鲜感的词句。

3. 学生对照"创编童诗"评价表（如表 5-16 所示），创作小诗，相互交流评价。

表 5-16　"创编童诗"评价表

学生姓名	★★★	★★	★	自评	小组互评
	诗句通顺，读上去朗朗上口；能运用拟人、比喻等有新鲜感的词句；想象丰富有趣，表达出童年的快乐。	诗句通顺，能运用拟人、比喻等有新鲜感的词句；有想象，能表达出童年生活的快乐。	语句通顺，有新鲜感的词句，能围绕自己的童年生活来写。		

【设计意图】无论是口语表达还是书面表达，都需要情境的创设和范例的学习。先回忆自己的童年趣事，再发现作者的表达密码，然后迁移运用表达密码分享童年生活，以此打通阅读与表达的壁垒，让阅读与表达相互滋养。

任务三：享童年生活

学校红领巾广播站"致敬多彩童年"现在要招聘广播员，你准备好了吗？

活动 1：栏目招聘会

"致敬多彩童年"栏目的内容已经确定了，有"童年生活诵读会"和"童年生活分享会"两个栏目。你想选择哪一项内容参与招聘？选择你喜欢的方式进行展示吧！

活动2：童年生活诵读会

第一场：诗歌里的童年

可以选择书上的诗歌，也可以选择课外的诗歌。

第二场：散文里的童年

可以选择书上的散文，也可以选择课外的散文。

活动3：童年生活分享会

第一场：分享童年游戏

第二场：分享自己创作的小诗——"我的童年水墨画"

邀请广播站播音员担任评委（评分标准见任务一任务二中的评价表），其他同学为最喜爱的播音员投票。推选学校广播站"致敬多彩童年"栏目中"童年生活诵读会"和"童年生活分享会"的播音员。

【设计意图】由"致敬多彩童年"栏目招聘会这一真实情境贯穿始终，通过"童年生活诵读会"和"童年生活分享会"两个栏目，促进学生多样化地展示自己的学习成果，表达对童年生活的喜爱。

一样的童年，不一样的精彩
——四上第六单元整体教学设计

一、学习内容与学习目标

（一）学习内容

统编教材四上第六单元以"童年生活"为人文主题，以"学习用批注的方法阅读"和"通过人物的动作、语言、神态描写，体会人物的心情变化"为语文要素，编排了《牛和鹅》《一只窝囊的大老虎》《陀螺》三篇精读课文。

文章语言生动形象，富有童真童趣，符合文学阅读与创意表达学习任务群第二学段第（3）条学习内容"阅读富有想象力和表现力的儿童文学作品，欣赏富有童趣的语言与形象，感受纯真美好的童心……"。"童年"给人的印象是快乐的，无忧无虑的，而本单元的学习内容不仅包含童年的欢乐，还记录了作者在童年生活中遇到的一些挫折和烦恼，旨在教会学生正确面对困难，感受童年生活的多姿多彩。本单元的口语交际是"安慰"，选择合适的方式进行安慰，与前面的挫折主题是相关联的。

(二) 学习目标

1. 正确、流利、有感情地朗读课文；认识"襟""掐"等28个生字，读准"吁""露"等7个多音字，会写"摔""捶"等43个字，理解"溃败""重整旗鼓"等词语的意思。

2. 阅读儿童成长故事，学习从内容、写法等不同角度对不理解或体会比较深刻的地方作批注；通过完善思维导图和心情曲线图谱等学习活动，体会人物心情，理解人物的感受。

3. 根据真实的生活情境安慰他人，借助合适的语调、手势等恰当地表达自己的情感，让对方感受到自己的真诚和温暖。

4. 联系生活体验，学习运用课文中"通过人物的动作、语言、神态，来体现人物心情"的写作方式，写自己的童年故事。

二、整体思路与整合方式

(一) 整体思路

围绕文学阅读与创意表达学习任务群，本课例将本单元的三篇课文，以及口语交际、习作整合为一组学习资源，围绕单元学习主题"童年生活"，带领学生走进"一样的童年，不一样的精彩"校报征稿情境中。四年级学生对于"写一件事""写清楚"并不陌生，但是通过具体的动作、语言、神态的描写体现当时的心情，反映自己的真实感受，还是有难度的。因此，设计"阅读童年故事，学习运用批注""安慰受挫童心，恰当表达情感""忆述童年经历,表达真实感受"三个学习任务,引导学生在语文实践活动中经历"阅读理解—转化联结—迁移表达—创造评价"的文学阅读与创意表达的过程(如表5-17所示)。

表5-17　统编版小学语文教科书四上第六单元整体教学设计思路

学习情境	学习任务	学习活动	学习内容	评价设计	课时安排
一样的童年,不一样的精彩	阅读童年故事,学习运用批注	活动1:阅读《牛和鹅》,学习作批注 活动2:借助"批注单",练习作批注 活动3:聚焦描写,完善心情图谱 活动4:梳理故事,感受成长样态	1. 梳理《牛和鹅》文中给出的批注,了解批注的角度,并尝试运用批注进行阅读。 2. 借助课前预习批注单、课堂探究批注单、课后自主阅读批注单,对《一只窝囊的大老虎》《陀螺》进行批注式阅读。 3. 梳理三篇课文中主人公心理变化图谱,感受成长样态。	批注评价要点:①养成阅读作批注的习惯——做到边读边想边批注;②能从不同角度作批注;③作批注的位置合理,书写端正、整洁。	6
	安慰受挫童心,恰当表达情感	活动1:勾连文本,尝试安慰作者 活动2:角色体验,探究安慰方法 活动3:开通热线,创意表达安慰	1. 尝试安慰《牛和鹅》的主人公,探究安慰的方式。 2. 运用师生共同总结的方式,安慰身边的人。	安慰评价要点:①理由有针对性;②方式恰当:语言+动作+神态等;③表达清晰,语气语调得体。	2

续表

学习情境	学习任务	学习活动	学习内容	评价设计	课时安排
	忆述童年经历，表达真实感受	活动1：绘制"心路图"，进行习作构思 活动2：贯穿"颜色条"，完成习作撰写 活动3：变身"审稿人"，共议评价标准	1. "我的童年故事"习作构思。 2. 运用语言、动作、神态等细节描写来刻画人物的方法，记叙童年故事。 3. 根据评价表，自评互评习作。	习作评价要点：①主题新颖，选材恰当；②情节合理，力求制造悬念；③能运用"通过人物的动作、语言、神态，体现人物心情"的写作方式来写，表达真实感受。	2

（二）整合方式

文学阅读与创意表达学习任务群的设计与实施离不开真实的情境。本单元创设"一样的童年，不一样的精彩"校报征集情境，先让学生阅读作家的童年故事，了解作品的基本特点，感受文学语言的独特魅力，然后再抒写自己的童年故事。

"阅读童年故事，学习运用批注"旨在让学生在"如何作批注"中理解编者意图，提高阅读的感受。根据本单元的特点，此任务中设计"阅读《牛和鹅》，学习作批注""借助'批注单'，练习作批注""聚焦描写，完善心情图谱""梳理故事，感受成长样态"这样四个学习活动，逐步落实批注的方法，并加以灵活运用。后两个活动在梳理心情图谱的同时，找寻作家童年的色彩，为抒写自己的童年故事埋下伏笔。

"安慰受挫童心，恰当表达情感"的第一个活动旨在将"安慰"与课文《一只窝囊的大老虎》进行勾连，尝试安慰作者，以此来唤醒学生已有的安慰经验。第二个活动，创设了三个真实的情境，让学生进行角色体验，探究安慰方法：一是选择合适的方式进行安慰，二是借助语调、手势等恰当地表达自己的感情，让语言实践与表达融为一体。第三个活动"开通热线，创意表达安慰"，让课堂与生活勾连，并借助星级评价表，对学生的口语表达进行适时评价。

"忆述童年经历，表达真实感受"的学习任务中多次运用评价单，让学生对标构思，对标习作，对标评价。本学习任务设计三个学习活动，分别为：绘制"心路图"，进行习作构思；贯穿"颜色条"，完成习作撰写；变身"审稿人"，共议评价标准。这三个活动都是前面活动的延续，最终将课文中习得的方法迁移运用到习作上，让言语学习在活动中体现，在真实任务中推动。

三、具体方案与设计意图

校报《咏娃》发起"一样的童年，不一样的精彩"主题征稿活动。
我们的童年里——
有小草的绿色，坚韧而努力；
有大海的蓝色，优雅而宽广；
有云朵的白色，真挚而温馨，
有太阳的红色，温暖而明媚；
我们的童年里，还会有……
如果日子有色彩，童年属于金色的旋律、绿色的诗行，属于色彩斑斓的梦想。同学们，你的童年是什么颜色呢？拿起笔来，写下你的童年故事吧，定格那段难忘的美好时光！

同学们，期待你们的精彩分享，也期待你们的故事能刊登发表，吸引读者。

【设计意图】基于学情，创设真实的学习情境，让学生先阅读作家的童年故事，了解作品的基本特点，感受文学语言的独特魅力，然后再抒写自己的童年故事。

任务一：阅读童年故事，学习运用批注

"童年啊！是梦中的真，是真中的梦，是回忆时含泪的微笑。"每个孩子

都会长大，每个大人都曾年幼，而童年则是他们生命长河中最美的浪花，是心中永不熄灭的灯塔。让我们一起走进三位儿童作家的童年故事吧！

活动1：阅读《牛和鹅》，学习作批注

1. 展示预习成果，初识批注方法。

（1）借助预习单，学习生字新词。

①字词小达人：我关注的生字是_____，提醒大家注意它的_____（结构或关键笔画）；我关注的词语有（读音或者意思）_____。

（学生汇报，教师根据学情重点指导易错和难写的字，并进行评价）

②句子我先行：标出你认为难读的句子，多读几遍。

（通过学生自主汇报，互相提醒，解决难读的句子）

③作者零距离：将搜集的作者任大霖的资料，写到作家旁边空白处。

（2）借助示意图（如图5-5所示），理清文章脉络。

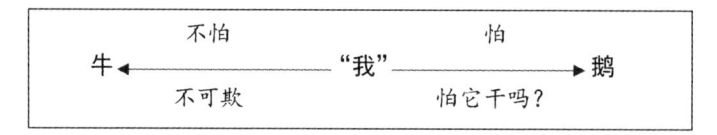

图5-5 《牛和鹅》文章脉络

像这样在课文中运用符号标画生字新词，在课文旁写上问题或感受，在课文下标出作者资料，就叫批注，以前学过的预测、提问等也是批注。

【设计意图】批注与本册书第二单元的"提出问题"，三年级的"预测"都有联系。上课伊始，展示学生预习情况，勾连学生已知，唤醒学生用批注方法阅读的经历，让学生觉得"作批注"并不陌生。

2. 整理样例，了解批注角度。

（1）梳理文中给出的批注。

段落1：事情真的是这样吗？

段落6：逃跑—被鹅咬住—呼救，那种惊慌失措写得很真实。

段落8：鹅之前多神气，现在多狼狈啊。

段落9："挂着眼泪笑"，事情的变化对"我"来说太突然了。

段落13：看来鹅并不可怕！只要不怕它，鹅就不敢欺负人了。

（2）结合五处批注，讨论批注有哪些角度？（疑问、写法、感受、语言、启发等）

3. 重点品读，尝试运用批注。

（1）不同的人读同样一篇文章会有不同的想法和感受，获得不同的认识和体验。你在读这篇文章时产生了哪些想法呢？默读课文，尝试从"疑问、写法、感受、语言、启发"等不同角度进行批注。

（2）学生交流批注的内容，交流时可以按照这样的句式来汇报：

我圈画批注的词句是——

我批注的角度是——

我批注的内容是——

（3）从"疑问"的角度批注课文时，有同学提出了"'我'为什么改变了对牛和鹅的看法和态度？""为什么直到现在，'我'还记着金奎叔的话？"这两个问题。现在请大家带着这两个问题，再次进行批注阅读，然后进行全班交流。

问题一："金奎叔一把握住了鹅的长脖子……向远处游去。"金奎叔赶走鹅的行为让我们感到其实鹅并没有那么凶猛可怕。

金奎叔说："鹅有什么可怕的！看把你吓成这样。""让它这样看好了……"通过金奎叔的语言可以看出鹅并不可怕，"我"也因此转变了对鹅的态度。

问题二：正是因为金奎叔的话，让"我"改变了对牛和鹅的态度，同时，让我明白了一个道理：不能欺负比自己弱小的，不能仗势欺人，对于我们来说也是如此。

4. 升华主题，归纳批注方法。

老师在读这段话的时候也作了批注。你们知道我是从哪个角度批注的吗？（见表5-18）

表 5-18　批注示例

课文	批注
金奎叔说："让它这样看好了……下次可别怕它们。"	金奎叔的话给"我"传递了一个质朴的做人道理：不要被事物的外表所迷惑，要透过现象看本质。生活中，制服一个事物，就得抓住它的要害。打蛇就要打它的七寸，牵牛就要牵牛的鼻子。

是的，老师由文中的人或事物联想到自己生活中的经历，这叫"联想"，联想的内容也是可以用来批注的。看来，批注的方法有很多，常用方法有：

提问式批注：事情真的是这样吗？

赏析式批注：逃跑—被鹅咬住—呼救，那种惊慌失措写得很真实。

概括式批注：鹅之前多神气，现在多狼狈啊。

感悟式批注："挂着泪笑"，事情的变化对"我"来说太突然了。

启发式批注：看来鹅并不可怕。只要不怕它，鹅就不敢欺负人了。

【设计意图】本单元是"批注"的策略单元，在课文内容编排上呈现递进的趋势，是一个从探索发现到掌握运用的学习过程。策略单元的教学不能脱离人文主题，批注阅读需要将这两者结合起来，让学生在"如何作批注"中理解编者意图，感悟文本主旨。本设计以《牛和鹅》为批注样例，让学生读后，仿照课文中的样例尝试从不同的角度和方向作批注，并针对学生提出的有价值问题进行探究，逐步学会批注的方法。

活动 2：借助"批注单"，练习作批注

作批注，我们不仅要学习书本教给我们的方法，还可以借助批注单的帮忙。批注单有课前预习批注单、课堂探究批注单、课后自主阅读批注单等等。

请用课前预习批注单（如表 5-19 所示），阅读《陀螺》《一只窝囊的大老虎》，并交流。

表 5-19　课前预习批注单

预习步骤	符号批注	文字批注
初读课文	①标注自然段序号； ②用"○"圈出本次的生字新词。	查工具书，给生字组词，理解词语的意思。
再读课文	用"＿＿"画出有新鲜感的句子。	写下你的阅读感受。
读后存疑	用"?"在有疑问的地方标注。	写下你的读后疑问。

请用下列课堂探究批注单，阅读《一只窝囊的大老虎》，并交流。

《一只窝囊的大老虎》批注单

①课文的题目是"一只窝囊的大老虎"，谁这样认为？请用"＿＿"画出描写小朋友的句子，用"～～"画出描写老师的句子。

②默读描写"我"表演时的语段，想想哪个词最能表现"我"表演的效果。

③你认为"我"的演出窝囊吗？简单写写你的想法。

④读了课文，你还有哪些疑问，写到课文的旁边。

一边阅读一边作批注是非常好的阅读方法。课外阅读时，我们也可以用批注的方法进行阅读，这样会有更多的收获。请用下列自主阅读批注单（如表 5-20 所示），阅读任大霖的《小芦鸡》。

表 5-20　自主阅读批注单

批注的角度	批注的内容
写得好的地方	
有疑问的地方	
有启发的地方	
……	

同学们，批注结束后，请对照"自评卡"进行自评，做到一项，就在对应的括号里画一颗★哦。

自评卡
①我做到了边读边想边批注。 （　　）
②我能从不同角度作批注。 （　　）
③我作批注的位置合理，书写端正、整洁。 （　　）

【设计意图】知识从输入到输出是一个完整的架构过程。此活动采用"半扶半放"的方法，让学生借助阅读批注单给文章作批注，并进行交流，使学生收获"用批注的方法阅读"的方法和习惯。另外，批注阅读可以贯穿课前预习、课堂教学、课后延伸各个环节。课后延伸安排阅读任大霖的《小芦鸡》，任大霖在表现人物的心情时，特别注意通过描写人物的动作来表现人物的心情，此设计不仅是对学生批注能力进行训练，也是对通过描写体会人物心情这一要素进行强化。

活动3：聚焦描写，完善心情图谱

不管是文中给出的范例，还是你们自己作的批注，都不约而同地关注了文中人物的心情。是的，这就是故事最吸引我们的地方，也是写好童年故事的窍门。

我们一起来看看，这三篇文章里，"我"的心情都发生了怎样的变化，作者又是如何通过人物的动作、语言、神态来体会人物的心情。

1. 再读课文，根据要求，完成下面的阅读任务。

（1）阅读《牛和鹅》，勾画词句，体会"我"见到鹅和被鹅袭击时的心情。

（2）阅读《一只窝囊的大老虎》，借助表格（见表5-21），抓住关键语句体会"我"在不同阶段的心情变化以及原因。

表 5-21　心情变化及原因

"我"的心情	原因
期待表演	想在台上露脸，获得大家的掌声。
充满自信	
紧张	
狼狈	

（3）阅读《陀螺》，借助课后练习题给出的句子，体会文中"我"的心情变化。

2. 请根据刚才的梳理，完成主人公"我"的心理变化图谱。

图 5-6　《牛和鹅》心理变化图谱

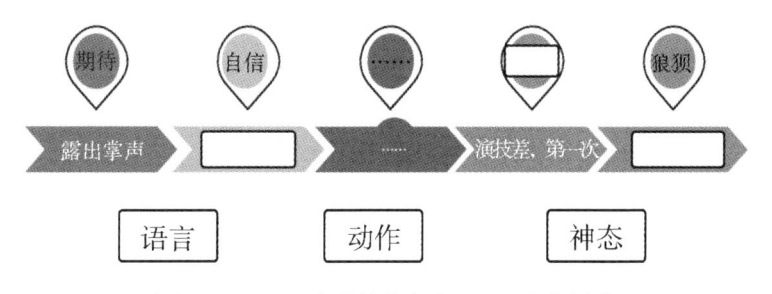

图 5-7　《一只窝囊的大老虎》心理变化图谱

327

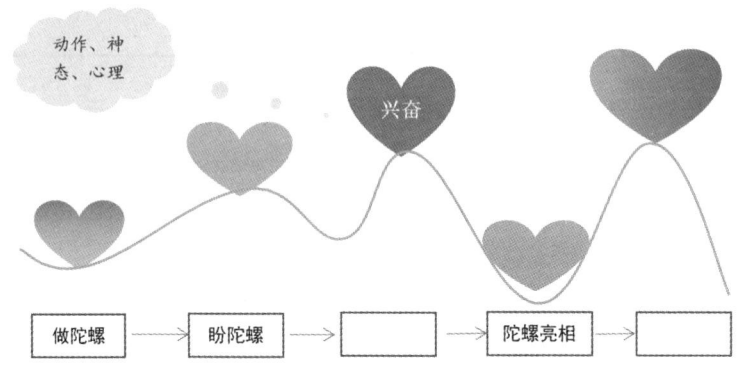

图 5-8 《陀螺》心理变化图谱

【设计意图】本活动围绕"通过人物的动作、语言、神态体会人物的心情"这一语文要素,在"童年生活"这一人文主题的观照下,让学生独立与文本进行对话,体会三篇作品中"我"的心情变化历程。落实这一板块时,主要是抓住关键句、关键词,结合课文中神态、动作、语言等细节描写,通过完善表格、思维导图、心情曲线图等多种挑战性的学习活动,了解文学作品表达的基本特点,为"表达自己独特的体验与思考"做铺垫。

活动 4:梳理故事,感受成长样态

童年的往事,总会在岁月的流年里绽放五彩的花瓣。读了本单元的三篇课文,我们感受到三位作家不一样的童年,他们都给你留下了怎样的印象?结合自己的阅读批注,你觉得他们的童年是什么颜色的?简要说说你的理由。

表 5-22 课文梳理与鉴赏

篇名	人物印象	色彩	理由
《牛和鹅》			
《一只窝囊的大老虎》			
《陀螺》			

【设计意图】本课阅读接近尾声,通过"阅读与鉴赏"活动,引导学生重

读课文、重读自己的批注,一是为了回归课文整体,进行"二度批注",以加深对文章的理解,获得新的收获;二是为了回归任务情境,找寻作家童年的色彩,为抒写自己的童年故事埋下伏笔。

任务二:安慰受挫童心,恰当表达情感

活动 1:勾连文本,尝试安慰作者

童年的故事里有蔚蓝的天空,有洁白的云朵,也有灰色的雾霾。童年当然也会遇到一些不顺心的事,就连我们尊敬的叶至善爷爷小时候也不能幸免,当他觉得自己演出砸锅后,心情糟糕透顶,你打算怎样开导他?

预设 1:你别再自责了,老师不是说过吗,扮演老虎不一定要豁虎跳的,模仿老虎的叫声一样很威武。

点拨:你指出了他表演中的成功之处,客观评价了他的演出结果,一定会让他心情好起来。

预设 2:我挺佩服你的。在大家哄堂大笑后,你还认真坚持演出,顺利地完成了演出任务。你真的很棒!

点拨:你肯定了他的演出态度,找到了他表演中值得肯定的地方,真好!

预设 3:你别再伤心了,不是每一场演出都能十全十美的,我们重在参与。相信以后再有这样的机会,你一定会做得更好。

点拨:你看到了他的优点并加以鼓励,这样的开导方式很不错哦。

同学们不同形式的开导,就叫"安慰",在我们伤心难过时,安慰就是一剂医治心灵的良方。

【设计意图】"语文课程致力于全体学生核心素养的形成与发展",而素养的形成则要通过语言实践进行积累、建构、运用。安慰是生活中常见的语言表达形式,此环节将"安慰"与课文《一只窝囊的大老虎》进行勾连,顺势引导学生进行安慰,唤醒已有的经验。

活动 2:角色体验,探究安慰方法

1. 作家的童年有烦恼,我们身边的小朋友也有难过的时候,请同学们把书打开到口语交际"安慰",快来看看这三位小朋友的心情如何,我们一起来了解一下他们难过的原因。

2. 你就是他们的好伙伴，看到他们如此难过，你会怎样去安慰他们呢？

生：我会去抱抱他，轻轻拍拍他的肩膀；还会设身处地地站在他们的角度，说一些安慰的话。

生：我会用友善的眼神关切他们，说一些幽默的话逗他们开心；还可以想办法与他们一起解决问题。

3. 你们的安慰方式都很独特，那就两人一组，一人扮演安慰者，一人扮演被安慰者，选取一种情境开始表达吧。

预设：

安慰者：（拍拍小峰的肩膀）小峰，你别自责，也别难过了。

小峰：都怪我！如果不是我摔倒了，以我们班的水平肯定能取得很好的名次。

安慰者：我们知道，你着急摔倒是因为你想跑快点儿。你知道吗？你在赛场上不顾一切向前冲的样子，让我们好感动！

小峰：再感动，我也没有为班级争得名次啊。

安慰者：名次只是比赛结果，你这种努力拼搏的精神，可比名次更宝贵啊！

小峰：真的吗？

安慰者：（竖起大拇指）是的，你真的很棒！

小峰：听你这么一说，我心情好多了。谢谢你！

语言有魅力，安慰有力量。生活中，一声问候，一个微笑，一种眼神，一次拥抱都能影响一个人，改变一个人。

【设计意图】安慰的重点，一是"选择合适的方式进行安慰"，强调安慰方式要随情境而变，尽快安慰好对方；二是"借助语调、手势等恰当地表达自己的感情"，强调用语调、手势辅助表达情感，以达到更好的安慰效果。本活动以任务驱动的方式引导学生进行表达，让学生在实践中梳理、建构安慰的方式方法，让语言实践与表达融为一体。

活动3：开通热线，创意表达安慰

在我们周围，很多小朋友都有不开心的时候，瞧！老师打开了"星语箱",收集了很多小朋友的"星语心话",老师打算成立"心灵安慰"热线,在同学中招募成员,请同学们四人一组,在组内进行模拟,对照星级评价表(如表5-23所示),选出本组的"知心朋友",然后回复我们的"星语心话"。

表5-23 "知心朋友"星级评价表

组别	了解分析对方不开心的原因	设身处地地想想对方的心情	借助语调、手势等方式进行安慰	语气诚恳、表达清晰	获星情况(做到一项得一颗★)
小组1					
小组2					
小组3					
……					

有时候,一句真诚的话语能融化内心的一座冰山。在生活中,如果我们身边的人遇到不顺心的事,我们就是他们的"知心朋友",可以去安慰他们,关爱他们,让他们的心情尽快好起来,这样,你也能感受到"赠人玫瑰,手留余香"的美好。

【设计意图】义务教育语文课程实施强调从学生语文生活实际出发,创设丰富多样的学习情境,设计富有挑战性的学习任务,激发学生的好奇心、想象力、求知欲,促进学生自主合作,探究学习。此环节为学生创设了口语表达的大情境,让课堂走向生活,既锻炼了学生口语表达能力,又培养了他们关心他人的品质。同时借助星级评价表,对学生的表达进行适时评价。

任务三:忆述童年经历,表达真实感受

童年,流下的不管是汗水还是泪水,都是成长的滋养!你一定有过文中人物类似的经历吧!可能是参加跳远比赛,破了学校纪录;可能是上台演讲忘了词,未能得奖;也可能是同桌弄坏了你心爱的水笔……

活动1：绘制"心路图"，进行习作构思

我们已经学习了这么多童年故事，尤其是这些故事中作者通过人物的动作、语言、神态来表达心情的写法，相信对你完成自己的童年故事一定有很大启发，那就让我们开始构思自己的习作吧。

请先确定自己要写的事情，这件事可能是趣事、乐事、伤心事、感人事……然后想清楚事情的起因、经过和结果，再想想故事发生时，你的心情是怎样的。你准备用什么方法来表达当时的心情，也写在旁边。

表 5-24 "我的童年故事"构思单

主题	题目	事情
		起因：
		经过：
		结果：
我的"心路图"		

活动2：贯穿"颜色条"，完成习作撰写

对照绘制的心路图，你觉得你的童年是什么颜色的呢？请确定你的童年颜色，记叙你的童年故事。注意运用动作、语言、神态等细节描写来刻画人物哦。写好以后根据评价表（如表5-25所示），自评自己的习作。

表 5-25 "我的童年故事"习作评价表

评价项目		获星情况（做到一项得一颗★）
1. 自拟了习作题目。		
2. 把事情写清楚。	写清楚事情起因、经过、结果。	
	写出"我"的真实感受。	
3. 用修改符号修改自己的习作。		

【设计意图】本环节借助"两单"——构思单和评价单，实现读写迁移。先通过构思单，为学生搭建选材支架，确定写作内容，解决"写什么"的问题，再引导学生明确通过人物的动作、语言、神态可以表现人物心情，解决"怎么写"的问题，然后通过评价表，实施自我评价，解决写得"怎么样"的问题。最终将课文中习得的方法迁移运用到习作上，让言语学习在活动中体现，在真实任务中推动。

活动 3：变身"审稿人"，共议评价标准

同学们，恭喜你们已经完成自己的童年故事！如果你就是学校《咏娃》报社的审稿人，你们认为怎样的故事才能入选呢？师生共同商定评价标准（如表 5-26 所示）。

表 5-26 "审稿人"评价表

评价内容	评价标准	星星（涂星）
选材	主题新颖，能围绕主题选择恰当的材料。	☆☆☆
构思	情节设计合理，力求制造悬念。	☆☆☆
表达	能用恰当的写作方法，表达真实感受。	☆☆☆

童年的梦，七彩的梦；童年的歌，欢乐的歌；童年的脚印一串串，童年的故事一摞摞。预祝你们的童年故事能够顺利入选，期待你们的作品能给大家留下深刻的印象！

【设计意图】2022 版课标明确指出：教师应树立"教—学—评"一体化的意识，科学选择评价方式，合理使用评价工具。本环节通过身份转换、小组合作共筹智慧，形成评价量表。这样设计一方面发挥学生的主体性，另一方面是学生讨论出来的标准内化于心，外化于行，解决习作中存在的问题，并修改自己的习作，切实做到教、学、评相互整合，融为一体。

第三节　高段"爱与责任""成长的脚印"主题课例

镜头里的"舐犊之情"
——五上第六单元整体教学设计

一、学习内容与学习目标

（一）学习内容

统编教材五上第六单元，围绕"舐犊之情"编排了《慈母情深》《父爱之舟》《"精彩极了"和"糟糕透了"》三篇课文以及口语交际《父母之爱》和习作《我想对你说》。其中《慈母情深》是赞颂母爱的小说，《父爱之舟》是回忆父爱的散文，《"精彩极了"和"糟糕透了"》是反映父母之爱促进巴迪成长的自传体小说。口语交际《父母之爱》与本单元主题紧密联系，旨在让学生对父母爱的方式发表看法。习作《我想对你说》与生活紧密相连，意在让学生以写信的方式向父母倾诉自己的想法，表达真情实感。本单元的语文要素是"体会作者描写的场景、细节中蕴含的感情""用恰当的语言表达自己的看法和感受"。由此可见，本单元不管是文本内容还是语文要素都符合文学阅读与创意表达任务群第三学段第（4）条学习内容："阅读反映少年成长的故事、小说、传记等，交流自己获得的启示；学习运用细节描写等文学表现手法，描述自己成长中的故事。"

（二）学习目标

1. 正确、流利、有感情地朗读课文，认识"魄""茧"等32个生字，读准多音字"龟",会写"辞""抑"等 28 个字,理解"毛票""粜稻"等有年代感的词语。

2. 抓住描写人物动作、神态等关键词句品读文中的场景和细节,体会场景和细节中蕴含的舐犊之情,感受父母之爱。

3. 运用细节描写和场景描写描述生活中的舐犊之情,用恰当的语言表达自己对父母的爱。

二、整体思路与整合方式

(一) 整体思路

本单元选编的课文,对故事中的场景、人物言行举止的细节都有具体的描述,深深的舐犊情、切切的报恩心跃然纸上。依据单元主题创设拍摄一部"舐犊之情"的专题片,选择拍摄镜头的学习情境,设计"梳理舐犊的场景""选择舐犊的镜头""捕捉舐犊的瞬间"三个学习任务。通过八个不断进阶的学习活动,引导学生感受文本语言和父母形象的独特魅力,获得关于父母之爱的情感体验和审美体验,并通过文学语言进行有创意的个性化表达(如表 5-27 所示)。

表 5-27　统编版小学语文教科书五上第六单元整体教学设计思路

学习情境	学习任务	学习活动	学习内容	评价设计	课时安排
镜头里的"舐犊之情"	梳理舐犊的场景	活动1:找一找爱的踪迹 活动2:理一理爱的场景	1. 初读三篇课文,学习生字词。 2. 理清文章脉络,梳理相关场景并概括课文主要内容。	1. 学习生字词评价要点:读准易错字的音,正确书写词语,准确理解有年代感的词语。 2. 梳理场景评价要点:场景梳理正确,概括场景内容准确、语言简洁。	3

续表

学习情境	学习任务	学习活动	学习内容	评价设计	课时安排
选择舐犊的镜头		活动1：赏影视作品，认识镜头拍摄类型 活动2：品爱的细节，拍一组爱的镜头 活动3：选一个动人的镜头，制一张爱的明信片	1. 了解不同类型镜头拍摄的方法和作用。 2. 品读《慈母情深》，选择打动人心的场景、细节，并用合适的镜头拍摄，体会文中的"舐犊之情"。 3. 用学到的方法自学《父爱之舟》《"精彩极了"和"糟糕透了"》。 4. 设计"爱的明信片"，记录动人的场景、细节，铭记"舐犊之情"。	1. 拍一组爱的镜头评价要点：能根据文本内容选择适切的镜头类型。能结合文中的场景、细节进行圈画批注，阐述选择相关镜头的理由。 2. 设计"爱的明信片"评价要点：场景选择贴切，场景描绘生动，抒发舐犊情、感恩心。	4
捕捉舐犊的瞬间		活动1：聊聊父母之爱的不同方式 活动2：说说自己的反哺之意 活动3：写写自己的反哺之心	1. 观巴迪父母之爱，讨论"慈爱"与"严爱"，表达自己的观点。 2. 回忆并交流父母爱的方式。 3. 用上所学的场景、细节描写方法，用文字记录自己的反哺行动。	1. 讨论父母之爱评价要点：能结合文本内容和自己的生活经验，有理有据地阐述自己对于"慈爱"与"严爱"的看法；能辩证地看待两种不同形式的爱。 2. 习作评价要点：有典型的场景、细节描写，内容具体，感情真实。	3

（二）整合方式

创设镜头里的"舐犊之情"的学习情境，引导学生将"爱与责任"紧密相连，既懂得铭记父母之爱，也要担起儿女的责任。既能在阅读中体会作者描写的场景、细节中蕴含的感情，获得关于不同的父母之爱的审美体验；也能通过有创意的表达，提高学生发现爱、感受爱、表达爱的能力。

"梳理舐犊的场景"是每篇课文学习的基础要求，学生在学习字词、顺句通文后，梳理课文中爱的主要场景，整体感知课文内容。

"选择舐犊的镜头"旨在聚焦文中爱的场景、细节，品味其中的情感，并通过回忆父母之爱，制作爱的明信片等活动，有创意地落实单元语文核心要素"掌握场景和细节描写的相关知识并形成相关能力"。

"捕捉舐犊的瞬间"旨在转化文学阅读中场景、细节的描写方法，通过习作记录自己的行动，表达对父母的感恩之心。

三、具体方案与设计意图

爱，从感恩开始；感恩，让世界充满了爱。在元旦来临之际，我们班级将举行镜头里的"舐犊之情"的活动，要求选择动人的场景、细节来表达世界上最伟大的"爱"，以此来送给我们的父母。

【设计意图】新课标在"教学建议"中明确指出："创设真实而富有意义的学习情境，凸显语文学习的实践性"，"学习情境源于生活中语言文字运用的真实需求，服务于解决现实生活的真实问题"。本方案设计，结合元旦庆祝活动，创设拍摄镜头里的"舐犊之情"的学习情境，旨在尊重学生阅读体验的基础上，充分调动他们的学习积极性。

任务一：梳理舐犊的场景

要想拍摄镜头里的"舐犊之情"，先得梳理拍摄的内容，那什么样的场景、细节才是动人的呢？我们先来读读这单元的三篇课文，相信会给你们带来启发。

活动1：找一找爱的踪迹

1. 舐犊情深，流淌在血液里的爱和温暖。老牛用舌头舔小牛，亲吻小牛，以表达老牛对小牛的爱。父母之爱子女，会如何表现呢？走进本单元的三篇课文，找寻文中的父母之爱。

2. 用喜欢的方式自由朗读课文《慈母情深》《父爱之舟》《"精彩极了"和"糟糕透了"》，完成学习单（一）。

> **学习单（一）**
>
> 读一读：准确、通顺地读课文，认读课后生字。
> 写一写：从文中找出同类的词语或短语，并抄写下来。
> 低矮压抑　　　潮湿颓败　　＿＿＿＿＿　＿＿＿＿＿
> 卖茧子买枇杷　糊万花筒　　＿＿＿＿＿　＿＿＿＿＿
> 查一查：收音机、棉胶鞋帮、缝纫机、万花筒、乌篷船的图片和样子；"一元五角钱"在20世纪60年代，能买到什么？

交流要点：

（1）根据学生汇报，相机正音，强调"颓""僻""誊"的读音；强调"噪""脊""酸""蚕""毕"等易写错字的字形。

（2）写一写同类词语，第一组找到《慈母情深》中与母亲工作环境有关的词语，第二组找到《父爱之舟》中与父爱相关场景的词语或短语。

（3）通过查阅资料，结合图片理解"摇橹""乌篷船""棉胶鞋帮""缝纫机"等词语的意思；联系生活实际理解"冤枉钱""失魂落魄""腼腆""誊写"等词语的意思。

3. 浏览三篇课文，找一找"爱的踪迹"，简述三篇课文中的"舐犊之情"体现在谁的身上。

要点：《慈母情深》中母亲工作辛苦，收入微薄，仍愿意给孩子钱买书；《父爱之舟》中一件件事情都体现父亲对孩子如山的爱；《"精彩极了"和"糟糕透了"》中母亲的表扬、父亲的批评都是对巴迪的爱。

活动2：理一理爱的场景

1. 初读课文，我们就感受到了《慈母情深》中的母爱似水，《父爱之舟》中的父爱如山，《"精彩极了"和"糟糕透了"》中父亲的"严厉"和母亲的"慈爱"，这些爱的画面，在我们的脑海里定格为很多爱的场景，请同学们再次浏览课文，看看三篇课文里都有哪些难忘的场景。

2. 梳理爱的场景，完成学习单（二）。

学习单（二）

《慈母情深》

初到厂房——（　　　　　）——向母亲要钱——（　　　　　）

《父爱之舟》

时间	场景
每年卖茧子时	
住旅店时	
两年一度的庙会时	
读初小时	
考取鹅山高小时	
报考无锡师范时	
送我师范入学时	

《"精彩极了"和"糟糕透了"》

人物	语言	场景
母亲	"精彩极了"	
父亲	"糟糕透了"	

---

3. 学生展示学习单，全班交流爱的场景。

(1)《慈母情深》：初到厂房—寻找母亲—向母亲要钱—母亲给钱。

(2)《父爱之舟》：卖茧子买枇杷、第一次住旅店、逛庙会、雨雪天背我上学、为我凑学费铺床、熬夜摇橹送我报考师范、为我缝补棉被。

（3）《"精彩极了"和"糟糕透了"》：母亲赞扬"我"的诗、父亲批评"我"的诗。

4. 借助爱的场景，说一说课文主要内容。

【设计意图】此任务建立在学生通读课文的基础上，整体感知课文所描写的"父母之爱"，并梳理出"爱"的关键场景。学生在扎实的朗读实践中，找到爱的踪迹。

任务二：选择舐犊的镜头

活动1：赏影视作品，认识镜头拍摄类型

1. 观看影视片段，了解摄影师拍摄影视作品的镜头类型。
2. 结合片段交流镜头类型及其作用。

特写镜头——细微地表现人物的表情、动作，描绘人物的内心活动；

近景镜头——近距离拍摄人物，清晰地表现人物身姿、手势、表情等，丰富人物形象；

慢镜头——时间流逝的速度比实际速度慢，能观察到人物更多细节，看清在正常情况下看不清的一些动作、神态等细节；

快镜头——能展示时间的流逝或人物的匆忙，产生人、物动作的速度比实际快的效果；

广角镜头——视角开阔，画面纵深感强烈，能在局促的空间拍摄宽大的景物。

活动2：品爱的细节，拍一组爱的镜头

1. 文中"舐犊之情"打动人心，默读《慈母情深》，思考：如果我们拍摄"舐犊之情"的镜头，你会选择哪种镜头类型来拍摄那些动人的场景、细节？

2. 完成学习单（三），同桌之间互相讨论。

学习单（三）

打动我的场景、细节是：_____

_____

我选用的拍摄镜头类型是：_____

_____

选择这一镜头类型的原因：_____

_____

3. 学生汇报交流，预设如下。

（1）爱藏在母亲工作的环境里——广角镜头。

①打动我的场景是母亲的工作环境。（相机出示《慈母情深》第7自然段）

要点：数字"七八十"反复出现五次，突出机器多，厂房内噪声很大；人很多，但厂房空间狭小；灯泡多，母亲工作的厂房闷热。适时播放音频，感受母亲工作的环境噪声大。联系我们平时舒适的、安静的生活、学习的环境，体会母亲工作环境的恶劣。

②选择广角镜头拍摄的原因。

要点：母亲工作的环境阴暗、嘈杂、闷热，使用广角镜头可以俯瞰母亲工作的恶劣环境，让观众身临其境感受到母亲的辛劳和挣钱的不易。

指导朗读这段环境描写，体会环境对人物形象的烘托作用。

（2）爱藏在母亲转身的动作中——慢镜头。

①打动我的细节是母亲转身的动作。（相机出示《慈母情深》第19自然段）

"我的母亲"反复出现，将这一部分改一改，对比着读一读。

A. 背直起来了，我的母亲。转过身来了，我的母亲。褐色的口罩上方，一双眼神疲惫的眼睛吃惊地望着我，我的母亲的眼睛……

B. 我的母亲，背直起来了。我的母亲，转过身来了。我的母亲，褐色的口罩上方，一双眼神疲惫的眼睛吃惊地望着我……

要点：在"我"心中，母亲的背是挺拔的，母亲的脸是光洁红润的，母亲的眼睛是清澈有神的，此时，一切不复存在，我的母亲！怎么会变得如此憔悴、如此瘦弱、如此疲惫……"我的母亲"反复出现，且放在每一句的后边，强调了母亲工作的劳累，表现了"我"的震惊、心疼，内心也觉得很惭愧。

②选择慢镜头拍摄的原因。

要点：慢镜头可以更清晰地表现母亲转身时的细节。直起身，转过头，仅仅一瞬间的动作，通过语言的反复，就仿佛电影中的慢镜头，拉近、放大，让母亲的转身形象定格，充分表达了"我"的震惊和对母亲的深情。

(3) 爱藏在一卷皱皱的毛票中——特写镜头。

①打动我的场景是母亲塞钱给我。（相机出示《慈母情深》第29自然段）

要点：这"一卷毛票"被揉得皱皱的，可见这是母亲攒了很久的钱，来之不易，母亲的手指是龟裂的，可以想象母亲工作艰辛。

相机出示背景资料：当时刚刚结束国内战争，人民基本吃不饱，一年中只有过节才能吃上白面，树皮、野菜、昆虫……所有能吃的都是人们的口粮。父亲去支持大西北建设，三年才能回来一次，母亲一个人要养育五个孩子。一元五角钱在当时够一家人几天的生活费，能买到十斤大米，或者一百斤白菜。就是这样的家庭条件，母亲仍毫不犹豫支持"我"买书读书，这是母亲无私的爱。

②选择特写镜头拍摄的原因。

要点：特写镜头放大了母亲龟裂的手，关注了那一卷攒了很久、揉得皱皱的毛票，也更能突出母亲的手的粗糙，表现母亲生活艰辛、挣钱不易，也能反映"我"内心的愧疚与不忍。

(4) 爱藏在母亲忙碌的身影中——快镜头。

①打动我的细节是母亲忙碌的身影。（相机出示《慈母情深》第32自然段）

要点："立刻"反复出现，强调母亲一刻不停地忙碌，关键词"坐""弯曲""俯""手脚并用"等感受母亲工作的紧张和忙碌。

②选择快镜头拍摄的原因。

快镜头更易于展示时间的流逝，人物的忙碌。此处可以表现母亲为了孩子、为了家庭，工作辛苦而又忙碌，也反映出"我"的心酸。

4. 再次朗读《慈母情深》，将这些爱的镜头定格脑海。

5. 用刚才学到的方法学习《父爱之舟》《"精彩极了"和"糟糕透了"》，品味动人的细节，选择拍摄"舐犊之情"的镜头，同桌互相交流。

（1）《父爱之舟》。

①"卖茧子买枇杷""第一次住旅店""雨雪天背我上学""熬夜摇橹送我报考师范"可以选择近景镜头；"逛庙会"可以选择广角镜头切换到近景镜头；"为我凑学费铺床""为我缝补棉被"可以选择特写镜头。

②聚焦重点场景，全班交流。

示例1：选择广角镜头切换到近景镜头拍摄"逛庙会"，原因是：广角镜头视角开阔，可以表现庙会的热闹；切换到近景镜头拍摄父子俩吃凉粽子和父亲给"我"买热豆腐脑吃，体现父亲虽俭省到极点，却仍舍得为我花钱。

示例2：选择特写镜头拍摄"为我缝补棉被"，原因是：特写镜头细微表现父亲缝补棉被的神态、动作、背影，突出父亲对儿子无微不至的爱。

（2）《"精彩极了"和"糟糕透了"》。

①近景镜头拍摄"母亲赞扬我的诗"。原因：近距离拍摄母亲对"我"的赞扬、拥抱，清晰地表现出"我"当时的腼腆和得意。

②近景镜头拍摄"父亲批评我的诗"。原因：近距离拍摄父亲对我的批评和扔诗的动作，清晰地表现父亲对"我"写的诗的不屑和不满。

活动3：选一个动人的镜头，制一张爱的明信片

1. 父母爱子女，方式也许不同，但是目标高度一致，我们在享受父母之爱的同时，也要把自己对父母的爱说出来、写下来。《慈母情深》描写了一个又一个动人的细节，《父爱之舟》描写了作者和父亲在一起的一个个生活场景，在这动人的场景和细节中，蕴含父母对孩子无私而又无微不至的爱，令作者记忆深刻，永不磨灭。

2. 我们制作一张爱的明信片，正面选择生活中父母爱你们的动人场景作为图案，可以拍照，可以手绘；明信片的背面需要抓住细节描写正面的场景，同时用语言文字写出你对父母的情感。

3. 学生制作明信片，师生评价。

表 5-28 "爱的明信片"评价表

评价内容	评价标准	星级
正面的场景图案	绘制的图案清晰明了，且能打动人心。	
背面的语言文字	抓住人物动作、神态、语言等进行细节描写，表达舐犊之情。	

4. 把明信片送给自己的父母。

【设计意图】2022 版课标指出："阅读叙事性作品，了解事件梗概，能简单描述印象最深的场景、人物、细节，说出自己的喜爱、憎恶、崇敬、向往、同情等感受。"本学习任务通过"选择镜头"来品读文中场景、细节，并体会其中蕴含的感情；通过"制作一张爱的明信片"来学习细节和场景描写的方法，创意表达对父母的爱。明信片正面选择动人场景作为图案，背面表达"爱"，回应文本特点和语文要素；明信片也是学生所熟悉的，回应着学生经验。

任务三：捕捉舐犊的瞬间

活动 1：聊聊父母之爱的不同方式

1. 父母爱子女的方式不尽相同，如果要将我们所学的三篇课文中父母之爱分分类，你会怎么分？交流汇报。

一种是慈爱：《慈母情深》的母爱，《父爱之舟》中的父爱，《"精彩极了"和"糟糕透了"》中的母爱；

一种是严爱：《"精彩极了"和"糟糕透了"》中的父爱。

2. 和同桌讨论：对于这两种爱的方式，你更认可哪一种？全班交流。

3. 出示"口语交际"中李强、王小雅、陈敏的父母表达爱的方式，请学生说说自己怎么看待以上事例中爸爸妈妈的做法。

4. 在生活中遇到类似的事情，你是怎么想的？又是怎么做的？和同学交流。

活动2：说说自己的反哺之意

1. 假如你是课文中的人物，想对父母说什么？选择其中一个写一写，完成学习单（四）。

学习单（四）

假如我是《慈母情深》中的"我"，我想对母亲说："_____
_____。"

假如我是《父爱之舟》中的"我"，我想对父亲说："_____
_____。"

假如我是《"精彩极了"和"糟糕透了"》中的"巴迪"，我想对母亲或者父亲说："_____
_____。"

---

2. "乌鸦反哺"的故事，大家一定听过吧。小乌鸦长大后，外出寻食送回窝中给年迈飞不动的老乌鸦享用，感谢父母的养育之恩。我们一直享受父母之爱，甜蜜而又温暖，我们也该回报父母的恩情。

活动3：写写自己的反哺之心

给父母明信片时，你想对父母说什么？把想说的话写下来，完成习作《爸爸（妈妈），我想对您说……》。

表5-29　习作评价表

评价内容	评价标准	星级
场景、细节描写	有场景、细节描写。	☆
	借助语言、动作、心理、神态等描写场景、细节。	☆
	场景、细节描写打动人心，体现父母之爱。	☆
情感表达	感情真挚。	☆
	能通过具体事例表达对父母的感恩之情。	☆

【设计意图】此环节不是停留在语言上的"妈妈，我爱你""爸爸，你辛

苦了"，而是静心思考，用语言文字表达对父母的感恩之心。在回报父母的同时，用所学的细节、场景描写方法，将自己的亲身经历付诸笔端，既习得表达方法，又见证父母子女之间的温情时刻，还增进父母子女之间的情感。

奇妙的阅读之旅
——五上第八单元整体教学设计

一、学习内容与学习目标

（一）学习内容

统编教材五上第八单元以"读书明智"为主题，编排了精读课文《古人谈读书》《忆读书》和略读课文《我的"长生果"》。三篇课文从不同角度介绍了从古至今人们读书的态度、方法、经历与感悟；语文园地中安排了口语交际《我最喜欢的人物形象》，习作《推荐一本书》。这些内容符合文学阅读与创意表达学习任务群第三学段第（3）条学习内容："阅读表现人与社会的优秀文学作品，走进广阔的文学艺术世界，学习品味作品语言、欣赏艺术形象，复述印象深刻的故事情节，积累多样的情感体验，学习联想与想象，尝试富有创意地表达。"同时也符合第三学段第（4）条学习内容："阅读反映少年成长的故事、小说、传记等，交流自己获得的启示；学习运用细节描写等文学表现手法，描述自己成长中的故事。"《古人谈读书》按朝代顺序选编了中国古代孔子、朱熹两位大家的读书之论，选文篇幅简短，语言精炼，配有古人席地而坐、手执竹简展卷苦读的插图，充满历史感和书香味。《忆读书》《我的"长生果"》体裁相同，均属于叙事性散文，语言清新优美，情感真挚，反映了作者在阅读中成长的故事。选文内容贴近学生实际，易于调动学生的思维投入和情感共鸣，有助于激发学生阅读兴趣、体会读书乐趣和培养想象、联想能力，与口语交际、习作训练相辅相成，是实现文学阅读与创意表达的重要载体。

（二）学习目标

1. 正确、流利、有感情地朗读课文。认识 36 个生字，读准 6 个多音字，会写 19 个字，能根据语境正确理解"知""尝"等古文字和"津津有味"等词语的意思。

2. 通过整体感知了解读书求学的态度和方法，借助思维导图、关键词句等梳理作者的读书经验，通过联想与想象学习作者的读书经验，体会作者从读书、作文中悟出的道理。

3. 能借助比喻句表达自己的读书体会，能向大家介绍自己喜欢的作品中的人物，分条说清楚人物的出处和喜欢的理由。

4. 结合自己的阅读与生活体验，有创意地推荐一本书；自信大胆地与他人分享自己的阅读经历及感受。

二、整体思路与整合方式

（一）整体思路

本单元的语文要素是"根据要求梳理信息，把握内容要点。根据表达的需要，分段表述，突出重点。"本单元所涉及的作家读书经历、读书方法、读书感悟等内容与学生的日常阅读密切相关。因此，创设"奇妙的阅读之旅"这一校园读书节的学习情境，让学生为班级图书角进行区域布展，设计"古人谈读书""今人谈读书""我们谈读书"三大学习任务，细化为十个不断进阶的学习活动，将课文的学习与口语交际、习作训练相结合，在语文实践活动中抓住关键词句梳理相关信息，了解从古至今学者的读书态度与经历，明确作者评价"好书"的标准，感悟作者从读书、作文中习得的方法和悟出的道理，领悟作者表情达意的方式，体验读书的快乐，通过口头和书面交流自己的阅读理解与感受，有条理、有创意地进行好书推荐（如表 5-30 所示）。

表 5-30　统编版小学语文教科书五上第八单元整体教学设计思路

学习情境	学习任务	学习活动	学习内容	评价设计	课时安排
奇妙的阅读之旅	古人谈读书	活动1：读好古文，感"读书之韵" 活动2：解词说句，晓"读书之理" 活动3：确定内容，制"创意书签"	1. 速读浏览，整体感知，读出韵味。 2. 回顾方法，品读语句，读中悟理。 3. 根据文本及平时积累，确定书签内容并尝试创意制作。	1. 朗读评价要点：难读的字词句读正确、流利，读出韵味。 2. 理解评价要点：能结合关键词句说出译文；知晓读书态度、读书方法。 3. 书签制作评价要点：内容适宜，设计有创意，整体美观。	2
	今人谈读书	活动1：理一理，明观点 活动2：品一品，悟最爱 活动3：试一试，绘导图 活动4：聊一聊，谈感受	1. 初读课文，了解冰心观点。 2. 梳理冰心的书单，品一品冰心的最爱。 3. 自学《我的"长生果"》，绘制读书导图。 4. 交流读书、作文中悟出的道理，品味课文语言。	1. 朗读评价要点：能读通读顺课文，不读错字，不加字不漏字。 2. 梳理评价要点：准确提取关键词，借助表格梳理读书经历。 3. 导图评价要点：内容准确简洁，了解作者读书经历。 4. 品味语言评价要点：结合重点词句了解读书道理，品悟富有感染力的语言，清晰表达自己的读书感受。	3

续表

学习情境	学习任务	学习活动	学习内容	评价设计	课时安排
我们谈读书		活动1：一幅情节导图 活动2：一份读书分享 活动3：一本好书推荐	1. 梳理读书篇目，挑选最喜欢的一本书进行情节导图绘制。 2. 选择自己喜欢的人物进行梳理分享。 3. 经典好书推荐。	1. 绘情节导图评价要点：能通过多种形式绘制情节导图，直观清晰，简洁明了。 2. 读书分享评价要点：能分条讲清理由、有典型事例、重点突出；讲述生动、有表现力。 3. 好书推荐评价要点：表达清晰自然，语言生动优美，情节丰富，人物个性鲜明。	3

（二）整合方式

"古人谈读书"旨在引导学生读好文言文，感受"读书之韵"；结合注释、联系上下文等方式，理解文本大意，知晓"读书之理"，在梳理古人读书求学的态度和方法基础上，联系平时的阅读积累，制作"创意书签"。

"今人谈读书"旨在以《忆读书》《我的"长生果"》两篇讲述作者阅读成长经历的文章为抓手，在阅读教学中，利用思维导图等方式梳理要点，引导学生走进文本、亲近人物、品读故事、生发感受，在故事与感受融合中品味语言内涵，收获智慧启迪，体会读书快乐，把握表述方法，为任务三的创意表达做好准备。

"我们谈读书"基于三篇文本的学习，在"我喜欢的人物形象"的口语交际以及"推荐一本书"的习作训练中，对任务二中的方法进行迁移运用。有理有据、情感真切地介绍人物、推荐书籍，让别人对你喜欢的人物和推荐的书产生认同感。

本课例总体设计是指导学生用合适的方法阅读课文，梳理信息，把握内容要点，获得读书启迪，探究作者读书的方法，将"梳理信息，把握内容要点"的阅读要求落到实处。同时在字里行间感受阅读之美，体验真挚的情感，并通过口头和书面交流自己的阅读感受与理解，尝试创造性表达。

三、具体方案与设计意图

一年一度的校园读书节又拉开帷幕啦。读书明智，从古到今，书籍作为人类的精神食粮影响着一代又一代人。为更好地营造班级阅读氛围，将班级图书角划分为"古人谈读书""今人谈读书""我们谈读书"三大区域，现在需要大家进行区域布展，相信大家已经迫不及待想要出谋划策了。别着急，让我们一起踏上本次的阅读之旅吧！

【设计意图】自古以来，读书都是人们充实精神世界、了解外界信息的主要途径之一。2022版课标明确要求学会运用多种阅读方法，具有独立阅读能力；能阅读日常的书报杂志，初步鉴赏文学作品，借助工具书阅读浅易文言文。为培养学生良好的阅读习惯，营造浓厚的阅读氛围，创设"奇妙的阅读之旅"的学习情境，为学生提供丰富的阅读材料和专业化的阅读指导，引导学生布置图书角，更好地激活学生的学习热情。

任务一：古人谈读书

文字承载了人类记忆，书籍是文字最好的载体。朱熹曾说："书只贵读，读多自然晓。"让我们与书本为友，一起踏上奇妙的阅读之旅，听先贤至圣谈读书，为图书角"古人谈读书"区域设计创意书签。

活动1：读好古文，感"读书之韵"

1. 查阅资料，认识作者。

古人谈读书，是哪些古人呢？介绍孔子和朱熹的信息，让学生了解是两位儒学大家、教育家在谈读书。

2. 初读古文，读出韵味。

（1）读好第一则古文。

自由朗读文言文，注意读准字音，读通句子，难读的地方多读几遍。

相机指导："是知也"的"知"是通假字，同"智"，是智慧的意思，所以读 zhì。"好学""好古"的"好"，表示喜好，读 hào。

（2）读好第二则古文。

重点指导第二句，相机引导理解"心眼""漫浪"的含义，读准停顿。

（3）师范读，强调节奏、韵律。学生仿读，配乐诵读。

活动 2：解词说句，晓"读书之理"

1. 回顾方法，理解文意。

（1）以前学习文言文，我们用借助注释、结合插图、联系上下文等方法理解文章大意。今天我们也用这些方法来理解文意。

（2）苏轼有诗云"旧书不厌百回读，熟读深思子自知"。古人谈读书，到底谈了什么呢？默读课文，圈画关键词句，梳理内容，了解古今异义。

①两则古文都有"尝"字，是曾经的意思。像这样古今意思不同的字，课文中还有"厌""急"等字，这就是汉字中的古今异义。

②古人谈读书，到底谈了什么？

孔子强调要有"敏而好学，不耻下问""知之为知之，不知为不知""默而知之，学而不厌"的读书态度。朱熹则强调读书方法为心到、眼到、口到，着重论述了三者之间的关系，强调了"心到"的重要性。

2. 联系生活，读中悟理。

（1）第一则文言文中分别表达了怎样的读书态度？如果要求从中选择一个句子作为自己的座右铭，你会选择哪一句？为什么？

预设：

我选"知之为知之，不知为不知，是知也"，因为我不想做不懂装懂的人，我想做一个真正有智慧的人。

我选"敏而好学，不耻下问"，因为我想做一个虚心好学的人。

（2）第二则文言文中为什么读书要求做到"三到"？"三到"的顺序可以换一换吗？从文中找到理由。

要点：①因为"心不在此，则眼不看仔细，心眼既不专一，却只漫浪诵读，决不能记，记亦不能久也"。②不行，因为"三到之中，心到最急。心既到矣，眼口岂不到乎"。

活动3：确定内容，制"创意书签"

经典传千年，文脉承千古。凡成就卓著之人无不对学习极其重视，留下了字字珠玑的读书感悟。大师们讲述读书佳话，教授读书诀窍，让我们受益匪浅。"天下第一好事，还是读书。"希望同学们都能好好读书，多读好书，书写好自己的人生之书。请同学们联系平时的阅读，想一想你还知道哪些关于阅读的名人名言、诗词名句，结合文本内容，制作个性化创意书签。

【设计意图】该任务旨在带领学生学习文言文，在读准、读通、读出韵味的基础上，理解文意，知晓古人读书态度和方法，领悟先哲智慧，端正学习态度。在前两个活动的基础上引导学生开展实践活动，由课内走向课外，提取有关读书的内容，制作创意书签，巩固本课的学习内容，加强阅读积累，激发读书兴趣，提升个人综合素养。

任务二：今人谈读书

古人谈读书，读书古今谈。昨天我们踏上了古人读书之旅，孔子告诫我们，读书要有好学的精神，朱熹启发我们读书要做到"三到"。这个单元，我们还会听到冰心奶奶聊读书的家常，作家叶文玲坦言读书的体会。今天我们继续在阅读之旅中进行探索，为"今人谈读书"区域收集展示素材吧！

活动1：理一理，明观点

1. 出示作家卡片。关于冰心，你有哪些了解？
2. 初读课文，读通读顺，相机检查反馈。

（1）读准字音：重点关注"浒""栩""某"的认读。读准"传""煞""卷"三个多音字。

（2）朗读积累，内容如学习单（一）所示。

> **学习单（一）**
>
> 话说天下大势，分久必合，合久必分。
>
> 三十六天罡七十二地煞。
>
> 满纸荒唐言，一把辛酸泪。
>
> 读万卷书，行万里路。

（3）分自然段朗读课文。

（4）这篇课文里，哪些句子写出了作者冰心想分享的读书经验呢？

要点：①总而言之，统而言之，我这一辈子读到的中外文艺作品不能算太少。②读书好，多读书，读好书。

活动2：品一品，悟最爱

1. 冰心书单我来理。

（1）用较快的速度默读课文，在文中标注冰心分别在什么时间、读了哪些书。尝试运用表格等方式梳理冰心的读书经历及她心目中的好书标准，在学习单（二）上填写相关信息。

学习单（二）
冰心的读书经历

时间	书目	阅读感受或评价	好书标准
四岁时	国文教科书		
七岁时			栩栩如生
	《荡寇志》		
十二三岁、中年以后	《红楼梦》		
1980年到日本访问回来	书刊		

先自己梳理，然后小组讨论交流：在冰心心目中，好书是什么样的？

要点：引发读者兴趣；情节精彩、令人感动；人物生动、有个性、栩栩如生；有真情实感；语言质朴浅显……

(2) 资料链接：冰心奶奶只爱读这些书吗？

这时，我同时还看了母亲针线笸（pǒ）箩里常放着的那几本《聊斋志异》，聊斋故事是短篇的，可以随时拿起放下，又是文言的，这对于我的作文课很有帮助。因为我的作文老师曾在我的作文本上，批着"柳州风骨，长吉清才"的句子，其实我那时还没有读过柳宗元和李贺的文章，只因那时的作文，都是用文言写的。

《精忠说岳》并没有给我留下太大的印象，虽然岳飞是我从小就崇拜的最伟大的爱国英雄。在此顺便说一句，我酷爱古典诗词，但能够从头背到底的，只有岳武穆的《满江红》"怒发冲冠"那一首，还有就是李易安的《声声慢》，她那几个叠字："寻寻觅觅，冷冷清清，凄凄惨惨戚戚……"写得十分动人，尤其是以"寻寻觅觅"起头，描写尽了"若有所失"的无聊情绪。

——节选自《忆读书》原文

祖父的前、后房，只有他一个人和满屋满架的书，那里成了我的乐园，我一得空就钻进去翻书看。我所看过的书，给我印象最深的是清代袁枚的笔记小说《子不语》，还有我祖父的老友林琴南老先生翻译的线装的法国名著《茶花女遗事》。这是我以后竭力搜求"林译小说"的开始，也可以说是我追求阅读西方文学作品的开始。

这时我也常看母亲订阅的各种杂志，如商务印书馆出版的《妇女杂志》《小说月报》和《东方杂志》等，我就是从《妇女杂志》的文苑栏内，首先接触到"词"这种诗歌形式的。

——节选自冰心《自传》

(3) 冰心奶奶之所以读这么多的书，根本的原因是什么？文章里有没有答案？相机出示："读书是我生命中最大的快乐！"

2. 冰心最爱我来品。

这些书籍中你认为冰心最喜欢哪一本？能从文中找出相应的句子读一读，说一说吗？

（1）第 2—5 自然段：紧扣"津津有味""好听极了""无限期待""含泪上床"等关键词，体会冰心的喜爱之情。

（2）第 6 自然段：《三国演义》《水浒传》到底更欣赏哪一部呢？（采用对比的方式，感受冰心对书籍的喜爱之情）

（3）第 7 自然段：抓住阅读《红楼梦》态度的变化，感受作者的情感变化。

3. 读书之乐我来说。

结合《忆读书》课后习题第二题："结合自己的读书经历，谈谈你对'我永远感到读书是我生命中最大的快乐'这句话的体会"，进行以"读书的快乐"为主题的口语交际，可以采用抓关键词、对比阅读书籍等方式来谈。

活动 3：试一试，绘导图

用较快的速度默读《我的"长生果"》，绘制思维导图，梳理作者读过哪些类型的书。

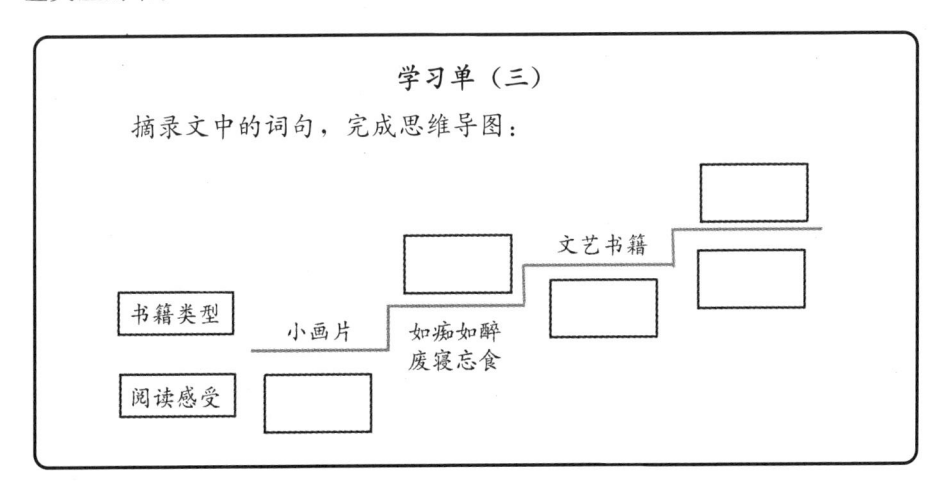

```
                    学习单（三）
         摘录文中的词句，完成思维导图：
                                          ┌──┐
                                          └──┘
                              ┌──┐  文艺书籍 
                              └──┘         ┌──┐
                                           └──┘
         ┌──────┐        ┌──┐
         │书籍类型│  小画片 │如痴如醉│
         └──────┘        │废寝忘食│
                         └──┘
         ┌──────┐  ┌──┐
         │阅读感受│  └──┘
         └──────┘
```

活动 4：聊一聊，谈感受

1. 作者从童年读书、作文中悟出了哪些道理呢？这次先不直接说答案，请同学们找出相关的关键句。大家默读课文，找一找，画一画。

①阅读也大大扩展了我的想象力……

②这小小的光荣，使我悟得一点道理：作文，首先构思要别出心裁，落笔也要有点儿与众不同的"鲜味"才好。

③做笔记锻炼了我的记忆力，也增强了我的理解力。

④于是，我又悟出了一点道理：作文，要写真情实感；作文练习，开始离不开借鉴和模仿，但是真正打动人心的东西，应该是自己呕心沥血的创造。

小结：这四句话作者告诉我们她从读书、作文中悟到的道理；其他都是例子，用来说明这些"道理"的例子。

2. 我们以作者从作文中悟出的道理为例，找找作者举了什么例子来说明这些道理。

表 5-31 例子梳理

序号	道理	例子
1	作文，首先构思要别出心裁，落笔也要有点儿与众不同的"鲜味"才好。	"我"不写千篇一律的秋天。"我"用自己的眼睛去看秋天，用自己的感受去写秋天。"我"的作文得了个"甲优"，老师在文中又圈又点，并将它作为范文在班上朗读。
2	作文，要写真情实感。	"我"写"一件不愉快的往事"，写了自己小时候受过的一次委屈。这篇充满真情实感的作文又得到了好评，被用大字誊抄出来贴在教室的墙上。
3	作文要有创造性。	"我"写作文时仿用巴金先生《家》里的词句，被老师用红笔圈出。

小结：作者就是这样从读书、做文章中悟出了道理。

3. 联系你的阅读经历，尝试分享你是否也有跟作者相同或者类似的经历。

4. 作者说语句要有新鲜感，这篇课文本身做到了吗？从课文中找一找。相机拓展语文园地中"词句段运用"第1题的内容。

像蜂蝶飞过花丛，像泉水流经山谷，我每忆及少年时代，就禁不住涌起愉悦之情。在记忆中，少年时代的读书生活恰似一幅流光溢彩的画页，也似一阕跳跃着欢快音符的乐章。

书，被人们称为人类文明的"长生果"。

莎士比亚说："书籍是全世界的营养品。"

一本你喜爱的书就是一位朋友，也是一处你随时想去就去的故地。

这段文字在表达上有什么特别之处？尝试像作者那样写一写自己的阅读感受。

要点：比喻句反复运用，比喻的部分放到句子前面，使文章具有情感的韵味，更表达出作者对少年时代读书生活的留恋。

【设计意图】该任务立足两篇朴实动人的散文展开学习，学习《忆读书》时借助"冰心书单我来理""冰心最爱我来品""读书之乐我来说"等活动落实"根据要求梳理信息，把握内容要点"的语文要素，梳理作者读书经历，品读语言，感受阅读之趣及喜爱之情。以《忆读书》搭建学习支架，由扶到放，自读《我的"长生果"》，懂得读书的独特感受及读书对作者生活的影响，感悟读书之美，积累多样的情感体验，学习联想与想象，尝试富有创意的表达。

任务三：我们谈读书

欢乐的时光总是短暂的，奇妙的阅读之旅也即将接近尾声。班级图书角还需要一些作品展示，在前两个任务中我们了解了古今名家大师们的读书态度，感受到丰富的读书经历让他们的生活充满情趣，名家的阅读轨迹对我们很有帮助。接下来，让我们一起分享自己的阅读体验，继续丰富"我们谈读书"区域的素材！

活动1：一幅情节导图

在之前的阅读之旅中我们知道冰心、叶文玲从小读了很多书，相信我们也读了很多书呢。请大家回忆梳理下读过哪些文学作品，选择最喜欢的一本作品，尝试绘制情节导图并进行分享展示。

活动2：一份读书分享

1. 细数过往，享受快乐。

遨游在精彩的文学作品中，哪些精彩的故事情节、人物形象让你印象深刻呢？

2. 指导梳理，分享交流。

我们将举行"我最喜欢的人物形象"交流会，请你选择最喜欢的一个人，从人物的本领、特点、典型故事、阅读感受等方面进行介绍。可以围绕人物特点，经典故事情节，摘录关键词句来表现；也可以运用联想与想象，用自己的语言创造性地表达；喜欢画画的还可以画一画，用画面展现人物的特点。

3. 完成活动评价表。

表 5-32 "我最喜欢的人物形象"评价表

学生姓名	评价项目		获星情况 （做到一项得一颗☆）	
			自评	他评
	讲述内容	1. 人物特点鲜明，有典型事例。		
		2. 分条讲述，理由充分、重点突出。		
		3. 有开场、有结尾、讲述完整。		
	现场效果	4. 声音响亮、吐字清晰，表情自然、落落大方。		
		5. 适当加入动作、手势、表情，生动地表现对人物的喜爱。		

活动 3：一本好书推荐

1. 交流"好书"，确定推荐书籍。

2. 梳理信息，列推荐提纲，包括这本书的书名、作者、出版社等基本信息，重点梳理推荐理由。

3. 结合前期积累素材，尝试写作，评价修改。

4. 佳作遴选，评选最佳好书推荐官，标准如表 5-33 所示。

表 5-33 "一本好书推荐"评价表

学生姓名	评价项目		获星情况 （做到一项得一颗☆）	
			自评	他评
	1. 介绍清楚书名、作者、出版社等基本信息。			
	2. 把推荐理由写清楚。	内容新奇有趣		
		语言优美生动		
		情节曲折离奇		
		人物个性鲜明		
		思想给人启迪		
	3. 用修改符号修改自己的习作。			

【设计意图】本任务立足整个单元的学习，在"奇妙的阅读之旅"情境中由输入到输出进行总结性评价。通过环环相扣、螺旋上升式的学习任务，以任务驱动方式开展进阶式的语文实践活动，引导学生在阅读与欣赏文本内容的同时配置语言实践的思维支架，联结阅读经历，走进广阔的文学艺术世界，欣赏艺术形象，以读、思、说、绘、写等丰富多样的语文学习方式，将自己的阅读体验创造性地表达并自信大胆地分享，在学习任务中实现语文核心素养的落地生根。

后记

黑夜里的追寻

2019年9月，统编版教材在全国推广使用，"双线组元""语文要素"立即成为语文教育界研究的热点。2020年秋冬之际，新一轮常州市级名师工作室甫一启动，我便带领工作室的成员们围绕"语文要素"展开研究，短短一年半的时间，经过反复打磨、多方考证之后，我们成功搭建了四大能力十二个关键要点的阅读能力体系，并完成了相关理论文章的初步撰写。借助这一研究项目，我成功申报为江苏省小学语文名师工作室主持人，15名来自全省13个大市的优秀骨干教师的加入，让这一研究成果得以快速辐射。

2022年4月，教育界迎来了一大盛事——《义务教育语文课程标准（2022版）》正式颁布。带着对统编教材的深入理解，我们旋即投入新课标的学习中。2022年7月，我应邀在中国语文报刊协会名师专业发展委员会和《中国教师报》联合举办的"课改中国行2022年暑期公益云端研修"活动中做题为《文学阅读与创意表达学习任务群解读与实施建议》的专题讲座。面对新课标中一系列的新名词、新概念，忐忑不安、压力满蓄的我一头扎进大量的文献研读中，希望借此加快对这些"新鲜事物"的理解。那段时间连续的旰食宵衣、挑灯夜读与超越时间、空间的头脑风暴，让我和小伙伴们收获颇丰。当大部分一线教师对新课标，对"文学阅读与创意表达"学习任务群还不知所以、充满陌生之时，我们已经对其发展概况、基本内涵和目标定位等有了较为深入的认识。我的讲座一经播出，便受到极大关注与广泛好评。当来自五湖四海的教师同仁给我发来私信向我表达谢意、同我探讨时，那与黑夜同舞的辛苦化作的喜悦激发出我更大的责任感：我要带着省市两级工作室成员走稳走好素养导向下语文教学研究的前行步伐；我要将研究成果分享给更多的一线教师，帮助他们搭建起从统编教材"语文要素"到新课标"学习任务群"的过渡之桥。那些在成堆的文献中不断推敲、逐渐清晰的夜晚编织成的讲座内容，成为撰写此书最初的理论纲要。

就这样，"用统编教材践行新课标理念"成为工作室后期研究的重点。2023年8月，带着对"文学阅读与创意表达"学习任务群的思考与实践，我从江苏常州跨越千里来到广东珠海工作，于是，这一研究在珠海市又有一批朝气蓬勃的新鲜血液融合了进来。在前期理论研究的基础上，我带领着江苏、广东两省三个工作室的伙伴继续展开大胆深入的实践探索。成员们边进行课堂转化，边将自己研究的课例撰写成书稿案例。这期间，我们先后邀请上海师范大学吴忠豪教授，江苏省教育学会名誉会长杨九俊先生，山西省教育科学研究院小学语文教研员、《小学教学设计》主编王冬精先生，《小学语文教师》主编杨文华先生，《小学语文教学》主编郭艳红女士，珠海市教育研究院语文教研员储强胜老师，广东省小学语文名师工作室主持人严杏老师，珠海市香洲区教师发展中心吴希华主任，常州市教育科学研究院小学语文教研员朱洁如老师，享受国务院政府特殊津贴的专家常州市局前街小学李伟平校长，常州市钟楼区教师发展中心王学进主任，江苏省小学语文特级教师薛辉校长、蒋丽清校长……对成员课例进行点评，在高校学者、资深编辑、一线专家的指导下，我们对该任务群的理解有了跨越式的认识。这一过程，很好地补充了初期理论研究的不足，我们据此完善了该学习任务群的学习内容与实施建议。

那一场充满未知的讲座促成了本书理论篇的形成，一次次课堂研讨则成为书中实践篇的坚实来源。然初成容易精进难。当数十篇初稿向我袭来的时候，我用所有空余时间与一个个寂静的黑夜去迎接它们。当我拿着书稿雏形与出版社联系的时候，福建教育出版社成知辛先生对此书出版的积极态度与莫大热情感染着我也鼓舞着我。一篇篇审稿、提出修改意见、再次审稿、修改……从格式到标点，从板块到行文，一处一处字斟句酌，用近乎"苛刻"的眼光审视着成员们的稿件。就这样，我和工作室的成员们在书稿的来回修改中度过我们的一个个周末与寒暑假。现在回想，昨日种种，那痛苦、煎熬、辛劳的夜似乎模糊，却又清晰着……

四年时间转瞬而逝，在"语文要素"中穿梭而成的、由四大能力与十二个关键要点组成的经纬线最终交织成"文学阅读与创意表达"学习任务群研究地图的基点。

感谢所有帮助我的人……

感谢那些与黑夜做伴的时光，成为我和工作室成员不断追寻的印记。

金玉

2024年4月于云顶澜山

图书在版编目（CIP）数据

文学阅读与创意表达：小学语文学习任务群解析与案例/金玉等著. —福州：福建教育出版社，2025.7. —ISBN 978-7-5758-0382-3

Ⅰ.G623.202

中国国家版本馆 CIP 数据核字第 2025R3L538 号

Wenxue Yuedu Yu Chuangyi Biaoda

文学阅读与创意表达
——小学语文学习任务群解析与案例

金　玉　等著

出版发行	福建教育出版社
	（福州市梦山路 27 号　邮编：350025　网址：www.fep.com.cn
	编辑部电话：0591-83726971　83726908
	发行部电话：0591-83721876　87115073　010-62024258）
出 版 人	江金辉
印　　刷	福州万达印刷有限公司
	（福州市闽侯县荆溪镇徐家村 166-1 号　邮编：350101）
开　　本	710 毫米×1000 毫米　1/16
印　　张	23.5
字　　数	360 千字
版　　次	2025 年 7 月第 1 版　2025 年 7 月第 1 次印刷
书　　号	ISBN 978-7-5758-0382-3
定　　价	59.80 元

如发现本书印装质量问题，请向本社出版科（电话：0591-83726019）调换。